불확실성 경영

HARVARD BUSINESS REVIEW ON MANAGING UNCERTAINTY

Original work copyright © 1987, 1988, 1994, 1995, 1997, 1998, 1999
President and Fellows of Harvard College
All rights reserved.

This Korean edition was published by Book21 Publishing Group in 2009
by arrangement with Harvard Business Press, Boston, MA
through KCC(Korea Copyright Center Inc.), Seoul.

이 책의 한국어판 저작권은 한국저작권센터(KCC)를 통한
저작권자와의 독점 계약으로 (주)북이십일에 있습니다.
저작권법에 의해 한국 내에서 보호를 받는 저작물이므로 무단전재와 무단복제를 금합니다.

불확실성 경영

미래 예측과 대응전략

클레이튼 크리스텐슨 외 지음
현대경제연구원 옮김

| 발간사 |

시대를 뛰어넘는 현대경영학의 진수

지금으로부터 100년 전인 1908년은 경영의 역사에서 상당히 의미 있는 해라고 볼 수 있다. 한때 세계 최고의 기업이었지만 지금은 파산 위기에 몰린 미국 자동차 회사 GM이 설립된 해가 1908년이며, 그보다 5년 앞서 설립된 포드가 본격적으로 조립식 생산방식을 도입해 '모델 T'라고 불리는 자동차를 생산하기 시작한 해도 1908년이다. 그러나 무엇보다 주목해야 할 것은 전 세계 경영학 교육의 메카라 불리는 '하버드 비즈니스 스쿨'이 1908년에 설립되었다는 점이다. 물론 최초의 경영학 교육기관은 1881년 설립된 펜실베이니아 대학의 와튼 스쿨이다. 그럼에도 불구하고 우리가 하버드 비즈니스 스쿨에 주목하는 것은 이 대학이 경영학 교육은 물론 실제 기업 경영에 미친 지대한 공헌 때문일 것이다.

실사구시의 전통

공교롭게도 하버드 비즈니스 스쿨의 시작은 경영학의 출발을 알리는 신호탄이었다. 1636년 설립된, 미국에서 가장 오래된 대학 중 하나였던 하버드가 본격적으로 경영학 교육에 뛰어들었다는 상징성 외에도, 하버드 비즈니스 스쿨은 경영학 교육의 정체성을 확립하는 데 결정적인 역할을 했기 때문이다. 경영학의 역사에서 해묵은 논쟁 중의 하나는 학문의 정체성을 둘러싼 논란이다. '경영학은 과연 과학인가 아니면 기술인가?'

사실 기업의 역사는 경영학의 역사보다 훨씬 길다. 굳이 기업의 역사를 들먹이지 않더라도 화학 산업의 선두주자인 듀폰이 1802년에 설립되었으며, 석유 산업의 원조인 '스탠다드 오일'과 유통 산업의 개척자인 '시어스'는 1870년과 1886년에 이미 설립되었다. 따라서 경영학이 존재하지 않던 시절에도 기업은 경영자에 의해 운영되고 있었다. 그러나 듀폰의 설립으로부터 100년이 훨씬 지난 1911년 프레데릭 테일러라는 한 경영자에 의해 경영학은 과학이라고 하는 역사적인 출발을 알리게 되었다.

미드베일과 베들레헴 철강회사의 엔지니어였던 테일러는 생산 현장에서 쌓았던 자신의 경험과 연구 성과들을 정리해서 1911년에 『과학적 관리법의 원리The principles of scientific management』라는 책을 출간하였다. 이 책이 바로 후대 경영학자들에 의해 테일러가 경영학의 아버지로 칭송되는 결정적인 근거가 되었다. 한 가지 재미있는 사실은 그가 하버드 대학에 합격하고도 시력 악화로 진학을 포기하고 경영자의 길을 걸었다는 점이다. 아무튼 이 책에서 그는 작업에 소요되는 시간과 작업자의 동작에 대한 연구를 통해 하루의 공정한 작업량을 측정하고 이에 근거해서 근로자들을 관리하였다. 즉, 단순한 감이나 오랜 경험과 같은 주먹구구식 방법이 아니라, 과학적 지식을 이용해서 기업 현장의 생산성을 향상시킬 수 있다는 점을 최초로 실증하였던 셈이다.

이로부터 개발된 경영학적 지식들이야말로 바로 이러한 테일러의 사상에 기반을 두고, 과학적인 연구결과와 방법론들을 통해 기업 경영의 효율성을 제고시키는 역할을 해왔다. 이처럼 경영학은 과학적인 지식을 활용해서 기업 현실의 문제를 풀어간다는 의미에서 과학이면서 동시에 기술이라는 양면성을 갖고 있다고 봐야 한다. 하지만 하버드 비즈니스 스쿨이야말로 경영자들이 당면한 기업 현실의 문제를 해결하기 위한 과학적 지식과 방법을 연구하고 전파시키는 경영학 교육 본연의 모습, 즉 원형을 창조하고 발전시킨 기관이라고 할 수 있다. 하버드 비즈니스 스쿨이 경영학 교육에 끼친 지대한 영향은 크게 다음 3가지로 요약할 수 있다. 기업 사례의 개발과 활용, MBA 교육의 시작, 『하버드 비즈니스 리뷰』의 발간 등이다.

기업 사례란 경영자들이 직면한 실제의 경영상황을 설명해주는 자료로, 학생들이 특정 기업이 처해 있는 실제적인 상황을 분석하고 토론하여 최종적인 의사결정을 해봄으로써 경영자들이 실제 경영에서 얻은 것과 유사한 경험을 갖게 하는 데 목적이 있다. 수업 시간에 주어진 사례를 분석하고 토론하는 과정에서 학생들은 단순한 강의로는 얻을 수 없는 경영의 지혜를 스스로 터득할 수 있다. 사실 사례는 오래전부터 의학이나 법학 분야에서 교육목적으로 널리 활용되어왔다. 병원에 있는 실제 환자의 사례 혹은 법정에서의 판례는 실제 의사나 판·검사, 변호사가 되기 이전에 학생들에게 충분한 교육과 연습으로서의 가치를 지닌 교육 자료이자 방법이었다.

하버드 비즈니스 스쿨은 경영학 최초로 1910년부터 강의 외에 학생들에게 토론의 기회를 주는 사례교육을 도입하였다. 뿐만 아니라 기업의 경영자들이 학교에 초빙되어 기업이 당면하고 있는 문제점을 제시하고, 이러한 문제점에 대해 학생들과 토론하는 수업이 진행되었다. 하버드 비즈니스 스쿨에 의해 시작된 사례교육 방법은 경영에 관한 일반적 지식을 다양한 현실에 적용시킬 수 있는 능력을 배양하는 효과적인 방법이었다. 강의식 교육이 교수의 주도적 역할에 의해 일반적인 지식을 학생에게 전수시키는 것이라면, 사례교육 방법은 학생의 적극적 참여에 의해 스스로 깨우치는 것에 초점을 두는 방법이라 할 것이다.

게다가 사례는 허구의 이야기가 아니라 생생한 기업 현장의 스토리였다. 강의실에서 가르치는 지식이 주로 보편적이고 일반적인 지식인 데 반해, 실제 경영 현상은 매우 다양하고 복잡했기 때문에 사례는 이러한 이론과 현실 간의 차이를 메워줄 수 있는 효과적인 수단이었던 셈이다. 지금도 하버드 비즈니스 스쿨은 경영학 모든 분야의 교육용 사례를 개발해서 배포하는 선두 기관으로 자리매김하고 있다. 과학적 지식뿐만 아니라 활발한 사례 개발과 교육을 통해 하버드 비즈니스 스쿨은 실사구시의 학풍을 확고히 정립할 수 있었다.

『하버드 비즈니스 리뷰』의 발간

1921년 하버드 비즈니스 스쿨이 최초로 경영자를 육성하는 MBA 교육을 시작할 무렵, 경영학계에는 2가지 의미 있는 일이 시작되었다. 첫 번째로 당시 신임 돈햄Donham 학장의 전폭적인 후원하에, 앞서 설명한 사례교육이 경영학 교육과정에 확고히 자리 잡기 시작했다. 법학자였던 돈햄 학장은 이미 사례교육에 익숙했고, 경영학에서도 사례교육이 중요하다는 확신을 갖고 사례교육 방법을 전 교과과정에서 채택하도록 노력했다. 이후 사례교육은 미국의 각 대학으로 번져나갔다.

두 번째로 『하버드 비즈니스 리뷰』라는 경영 학술지가 1922년부터 발간되기 시작했다. 『하버드 비즈니스 리뷰』는 여타 학술지와 다른 독특한 특성을 갖고 있었는데, 이는 하버드 비즈니스 스쿨의 실사구시 학풍과도 밀접한 관계가 있었다. 우선 『하버드 비즈니스 리뷰』는 일반적인 학술지와는 달리 철저하게 경영자를 위한 학술지였다. 통상 학술지라고 하면 학자들이 까다로운 기준에 맞춰 연구한 내용을 발표하기 때문에 일반 경영자들보다는 학자나 박사과정 학생들이 즐겨보는 것이 현실이다. 물론 엄밀한 과학성을 추구하는 것은 학술지로서 갖추어야 할 중요한 요건이지만, 학술지들이 너무 지나친 자기검열 기준에 따라 경영학 지식을 다루다보니 경영자들이 쉽게 읽고 이해하는 것이 어렵게 되어버렸다.

하지만 『하버드 비즈니스 리뷰』는 거의 유일하게 창간 이후 지금까지 독창적이면서 혁신적인 경영 아이디어를 다루면서도 결코 경영자들을 실망시키지 않는 풍부한 시사점을 갖춘 경영의 주제들을 담고 있다. 엄격한 학문적인 기준에서는 『하버드 비즈니스 리뷰』는 학술지가 아니라 경영 잡지에 불과하다는 혹독한 비판도 있지만, 기업계는 물론 학계나 기타 컨설팅 업계에서도 『하버드 비즈니스 리뷰』를 인정하는 것은 시대를 관통하는 촌철살인의 문제의식과 독창적인 아이디어를 담고 있기 때문이다. 이제 막 100년을 넘긴 경영학의 역사에서 한 시대를 대표하는 핵심적인 이론과 개념들이 『하버드 비즈니스 리뷰』를 통해 발표되었다는 것은 주목할 만한 일이다.

예컨대 마이클 포터의 산업구조분석5 forces model, 게리 하멜의 핵심역량core competence, 마이크 해머의 리엔지니어링reengineering, 로버트 캐플란의 균형성과표balanced scorecard 등 경영학의 역사에서 하나의 변곡점을 만들어낸 주요 개념과 이론들이 『하버드 비즈니스 리뷰』를 통해 소개되었다. 뿐만 아니라 20세기 초의 GM, 포드, 듀폰, 코닥, P&G는 물론 20세기 후반 GE, IBM, 인텔, 마이크로소프트, 애플, 구글 등 수많은 성공 기업의 사례도 이 학술지를 통해 전 세계적으로 널리 알려지게 되었다. 어디 그뿐인가? 우리는 『하버드 비즈니스 리뷰』를 통해 피터 드러커, 테오도르 레빗, 로자베스 모스 캔터, C. K. 프라할라드, 잭 웰치, 마이클 델 등 세계적인 석학이나 성공한 경영자의 사상과 경험들을 접할 수도 있다. 전 세계적으로 유명한 학자나 성공한 기업가, 똑똑한 컨설턴트들이 자신의 원고를 『하버드 비즈니스 리뷰』에 게재하고 싶어 안달인 것은 그만큼 이 학술지가 업계에 미치는 엄청난 영향력을 잘 알고 있기 때문이다.

그 동안 『하버드 비즈니스 리뷰』는 시대를 앞선 트랜드와 시대를 넘어서는 고전이라는 두 마리 토끼를 동시에 잡아왔다. 이 학술지에 실린 글들 중 상당수는 당시의 트렌드를 잘 반영하고 있지만, 그렇다고 해서 이 글들이 일시적인 유행에만 머문 것이 아니라 시대를 관통하는 경영학의 고전들이 되었다. 마이클 포터의 산업구조분석에 대한 연구가 없었다면 경영자들은 아직도 산업 내에서 벌어지는 기업 간 경쟁에 대해서 체계적으로 대응할 수 없었을 것이다. 마이크 해머의 리엔지니어링 개념이 소개되지 않았다면, 아마도 많은 경영자들이 기업 내 다양한 프로세스의 중요성을 인식하지 못했을 것이고, 여전히 고객들은 다양한 부서들의 틈바구니에서 불편함을 겪었을 것이다. 또한 로버트 캐플란이 균형성과표를 소개하지 않았다면, 경영자들은 아직도 단기적인 재무 성과지표들에만 집착한 나머지 장기적인 관점에서 기업의 성과에 영향을 미치는 고객이나 내부 프로세스, 종업원 등에 대한 성과 측정과 개선이 이루어지지 않았을 것이다.

현대 경영학의 결정판

이런 관점에서 이번에 21세기북스에서 발간되는 '하버드 비즈니스 클래식'은 지난 100년간 발전되어온 현대 경영학의 진수를 제대로 살펴볼 수 있는 좋은 기회라고 생각된다. 1990년대 말부터 『하버드 비즈니스 리뷰』에서는 학술지에 실렸던 우수한 논문이나 기고문 중에서 시대를 넘어서는 글들을 엄선해서 주제별 단행본을 출간하고 있다. 예컨대 변화관리, 리더십, 브랜드 관리, 윤리 경영 등 다양한 주제별로 『하버드 비즈니스 리뷰』에 발표되었던 주옥같은 글들을 묶어서 정리하는 방식이다. 즉, 시대별로 발간되는 『하버드 비즈니스 리뷰』를 주제별로 묶어서 재발간하는 셈이다. 이 단행본들을 이번에 21세기북스에서 '하버드 비즈니스 클래식'이라는 제목으로 소개하게 된 것이다.

하버드 비즈니스 클래식은 다음과 같은 3가지 측면에서 경영자들이나 학생들에게 큰 도움을 줄 수 있다고 생각한다. 첫째, 다양성이다. 각각의 단행본들이 다루고 있는 주제들에 대한 다양한 시각을 살펴볼 수 있다. 굉장히 복잡한 경영의 이슈들을 하나의 이론이나 주장으로 이해한다는 것은 애초부터 불가능한 일이었을 것이다. 예컨대 기업의 영원한 숙제인 '성장 전략'만 하더라도 한두 개의 이론이나 사례로 해결할 수 있는 이슈가 아니다. 기업이 성장하기 위해서는 기존 사업을 혁신시킬 수도 있고, 다른 기업을 인수합병할 수도 있다. 마찬가지로 신규 사업으로 다각화할 수도 있고 파트너들과의 전략적 제휴를 활용할 수도 있다. 하버드 비즈니스 클래식은 성장 전략에 대해 유일무이한 하나의 해답을 제공하려고 애쓰지 않고, 각기 다른 시각에서 연구되어온 다양한 시각을 제공한다. 그리고 마치 토론을 통해 스스로 해답을 찾아가는 사례교육 방법처럼, 다양한 시각을 담은 글 속에서 독자들 스스로 깨달음을 얻도록 유도하고 있다.

둘째, 연계성이다. 각 단행본들이 담고 있는 글들은 다루는 주제에 대한 다양한 시각을 담고 있지만, 이 글들이 따로 노는 것이 아니라 하나의 주제에 맞게 서로 연결된다는 점이다. 예컨대 '변화관리'의 경우 총 8개의 논문으로 구성되어 있는데, 첫 번째 논문이 변화의 8단계를 설명했다면, 다른 논문은 경영자들이 8단계 모델에 따라 변화를 주도할 때 고려해야 하는 비전, 리더십, 저항, 프로그램 등의 주제를 각기 다루고 있다. 따라서 독자들은 성공적인 변화관리에 위한 다양한 주제들을 읽으면서도, 이들 서로 다른 논문들을 통해 변화관리를 성공하기 위한 공통점이나 보완점들을 발견할 수 있다. 다양한 논문들은 각기 다른 시각을 제공하지만, 이들 관점들이 하나의 체계를 갖추고 있기 때문에 독자들이 일독을 끝냈을 무렵에는 머릿속에 주제와 관련된 큰 그림이 그려지는 셈이다.

셋째, 실용성이다. 책에 담긴 논문들은 연구를 위한 연구, 소수 학자들을 위한 현학적 수사를 배제한 철저하게 실무적인 이슈와 시사점들을 다루고 있다. 이미 언급한 것처럼 『하버드 비즈니스 리뷰』는 창간 때부터 경영자를 위한 학술지라는 독특한 위치를 고수했다. 아무리 이론이 훌륭하더라도 실제 기업 경영에 대한 시사점이 부족하고 경영자들이 이해하기 힘든 개념이나 숫자들로 채워져 있다면 결코 『하버드 비즈니스 리뷰』에 소개되기 어렵다. 따라서 『하버드 비즈니스 리뷰』에 실린 글들은 저마다 다양한 주제를 다루고 있지만, 실제 기업 경영에 미치는 영향력이라는 공통적인 잣대를 기준으로 평가되고 있다. 경영자들에게 큰 영향력을 미친 논문이 우수한 논문인 셈이다. 예컨대 마케팅에 관한 책을 보면 브랜드, 가격전쟁, 웹 마케팅, 마케팅 실험 등 철저하게 기업의 성과와 직결되는 실천적인 마케팅 주제들을 다루고 있다.

최근에도 기업을 둘러싼 환경은 끊임없이 변하고 있다. 따라서 기업 경영을 주제로 다루고 있는 경영학도 예외는 아닐 것이다. 20세기 기업 경영에 도움이 되었던 경영학의 제반 지식이 21세기에도 그대로 적용되리라는 보장은 없다. 그러나 온고이지신이라고 했던가? 전통적인 것이나 새로운 것 어느 한쪽에만 치우치지 않아야 한다는 논어의 가르침처럼, 21세기를 위한 새로운 경영을 만들어나감에 있어 20세기 경영학의 핵심이라고 할 수 있는 하버드 비즈니스 클래식에 담긴 주옥같은 글들은 분명 독자들에게 결정적인 도움이 될 것이다.

이동현
〈하버드비즈니스클래식〉 기획위원
가톨릭대학교 경영학부 교수

| 저자 소개 |

클레이튼 크리스텐슨 Clayton M. Christensen은 하버드 경영대학원 교수로 기술, 운영관리, 일반관리 분야를 담당하고 있다. 주 연구 분야는 기술 혁신 경영, 조직 능력의 개발, 신기술을 위한 신시장 개척 등이다. 하버드대 교수가 되기 전에는 응용과학 회사인 CPS의 회장 겸 사장으로 일했다. 그의 대표작으로 꼽히는 『성공 기업의 딜레마』, 『성장과 혁신』, 『미래기업의 조건』을 포함해 수많은 책을 집필했다. 이중 『성공 기업의 딜레마』는 1997년 글로벌 비즈니스북 어워드에서 최고 경영서로 선정된 바 있다. 브리검영 대학과 하버드 대학에서 경영학 석사 학위를, 1992년 하버드 대학에서 박사 학위를 취득했다.

휴 커트니 Hugh Courtney는 맥킨지앤컴퍼니 워싱턴DC 지사의 경영컨설턴트이다. 맥킨지앤컴퍼니의 글로벌 전략 실행 부문 책임자 중 한 사람으로, 화학, 보건, 에너지, 통신 산업 등의 광범위한 전략 문제에 관해 컨설팅 해왔다. MIT 대학에서 박사 학위를 받았으며 경제학 교수로 활동한 바 있다.

제인 커크랜드 Jane Kirkland는 맥킨지앤컴퍼니의 지식경영 담당 이사다. 그녀는 기업의 지식경영 기술과 그에 대한 전세계적인 연구와 정보 서비스 조직을 책임지고 있으며, 산업 분야나 기능적 실무에 종사하는 지식경영 전문가들을 관리하고 있다. 맥킨지앤컴퍼니의 클리블랜드/피츠버그 지사장을 역임했으며, 당시 금융 서비스와 전자산업 분야에서 전략 부문에 관해 컨설팅 업무를 수행하였다.

패트릭 비구에리 Patrick Viguerie는 맥킨지앤컴퍼니 애틀랜타 지사장이다. 통신, 전자, 화학을 포함한 광범위한 분야에서 맥킨지앤컴퍼니의 전략 실무 중역으로서 불확실한 경영환경 하에서의 기업전략을 전문적으로 다루고 있다. 또한 그는 맥킨지앤컴퍼니의 미시경제학 실무 책임자로 게임이론과 같은 첨단 분석 능력을 클라이언트가 적절히 활용할 수 있도록 돕고 있다.

게리 하멜 Gary Hamel은 현대 경영자들에게 가장 큰 영향력을 끼친 대표적 경영석학으로 현재 런던 경영대학원 교수로 재직하고 있다. 컨설팅 업체인 스트라티고스를 설립한 그는 세계적인 경영 컨설턴트로 전략혁신 이론의 대가로 꼽힌다. 그의 첫 저서인 『코어 컴피턴스 경영혁명』에서 제시한 '핵심역량'과 '전략적 의도' 등의 용어는 경영학계에서 중요한 키워드가 되었다. 두 번째 저서인 『꿀벌과 게릴라』는 핵심전략, 전략적 자원, 고객과의 접점, 가치 네트워크 등의 4가지 핵심요소를 다룬 비즈니스 모델을 제시하며, 경영자들에게 '더 빠르고 더 우수하고 더 싸게'라는 전통적인 사고방식에서 벗어나라고 주문한다. 프라할라드와 공동으로 저술한 『미래를 위한 경쟁(Competing for the Future)』은 『비즈니스위크』가 선정하는 '올해 최고의 경영서'이기도 하다. 2008년 『월스트리트저널』 선정 세계 경영 대가 1위로 선정됐다.

C. K. 프라할라드C. K. Prahalad는 미시건 경영대학원의 경영학 석좌교수이다. 지금까지 150권이 넘는 저서와 글을 출판했으며, 그 중 상당수는 기술혁신과 사업 조직에 관한 내용이다. 게리 하멜과 함께 쓴 『기업의 핵심역량(Core Competence of the Corporation)』 『지적 자본 관리(Managing Intellectual Capital)』 「기술 혁신을 통한 수익 추구(Profiting from Technological Innovation)」 등이 있다. 지금까지 AT&T, 코닥, TRW, 하니웰, 필립스, NCR, 오라클 등 세계적 기업들의 컨설팅을 맡아 예리한 분석과 해법을 제시한 그는 『파이낸스타임즈』 선정 2001년 세계 10대 경영 구루에 오른 바 있다.

아리 드 호이스 Arie P. de Geus는 로열더치쉘 그룹에서 38년간 근무하면서 기업의 생명력을 유지시키는 근본적인 요인들을 연구해왔다. 은퇴 이후에는 많은 정부 기관과 민간 기관을 자문했고 세계 곳곳에서 강연했다. 런던 경영대학원 교환교수로 재직한 바 있으며 MIT 조직학습센터 이사회와 네덜란드의 나이안로

데 학습센터의 이사를 역임했다. 대표적 저서인『살아있는 기업(The Living Company)』은 가장 혁신적이고 통찰력 있는 경영 저서로 1997 에드윈 부즈상을 수상했다.

아담 브랜든버거 Adam M. Brandenburger는 하버드 경영대학원 교수로, 주요 연구 분야는 게임이론과 경영전략이다. 게임이론에 관한 수많은 논문들을 저술하였으며, 배리 네일버프와 함께 공동게임이론을 경영에 적용시킨『코피티션(Co-opetition)』을 저술하였다.

배리 네일버프 Barry J. Nalebuff는 예일 대학교 경제경영학부의 석좌교수이다. 게임이론의 전문가로서 경영자들이 이 이론을 폭넓게 응용할 수 있도록 많은 저술활동을 해왔다. 그는『전략적으로 사고하기(Thinking Strategically: The Competitive Edge in Business, Politics, and Everyday Life)』를 공동 저술하였고, 아담 브랜든버거와 함께 저술한『코피티션(Co-opetition)』은 본 책에 포함되어 있는 논문의 확대 개정판이다.

리타 건더 맥그레스 Rita Gunther McGrath는 컬럼비아 경영대학원의 조직경영 부문 교수이다. 주요 연구 분야는 새로운 벤처사업, 기업가 정신, 기술 혁신 등이다. 그녀는 대학에 부임하기 전에 정보기술 관리자이자 컨설턴트로 활동했다.

이안 맥밀란 Ian C. MacMillan은 펜실베이니아 대학 와튼 스쿨 교수이다. 조직 경쟁력과 전략경영을 주요 연구 주제로 삼고 있으며 듀폰, 시티은행 등 세계적 기업들을 자문하고 있다.

히렐 아인혼 Hillel J. Einhorn은 시카고 경영대학원 행동과학부 석좌교수, 시카고 대학의 의사결정 연구 센터를 창립하였고 홉킨스병으로 세상을 떠났다.

로빈 호가스 Robin M. Hogarth는 시카고 경영대학원 행동과학부 석좌교수이다. 1979년부터 시카고 대학교 교수로 있었으며 인시아드와 런던 경영대학원에서 근무하였다. 1983년부터 1998년까지 시카고 대학교 의사결정 연구 센터 소장을 역임하였고 1993년부터 1998년까지 부학장을 지냈다. 의사결정과 관련된 주제로 몇 편의 책과 수많은 논문을 출간하였다.

조셉 바우어 Joseph L. Bower는 하버드 경영대학원 석좌교수이다. 주요 연구 분야는 급변하는 세계 경제하에서의 전략, 조직, 인사 문제이다. 수많은 저서와 논문을 발표했으며 각종 저술상을 수상하였다.

캐슬린 아이젠하르트 Kathleen M. Eisenhardt는 스탠퍼드 대학교 공과대학의 전략과 조직 담당 교수이다. 그녀는 신속한 전략적 의사결정에 대한 통찰로 '퍼시픽 텔레시스 파운데이션(Pacific Telesis Foundation)상' 과 급변하는 시장에서 글로벌 기업의 조직에 관한 저서로 '위트모어(Whittemore Prize)상' 을 받았다.

쇼나 브라운 Shona L. Brown은 맥킨지앤컴퍼니의 컨설턴트로, 복합기술에 바탕을 둔 산업 및 소비자 지향적 산업에 대한 연구를 진행하고 있다. 기술 혁신의 관리, 전략 그리고 매우 불확실하고 급속히 변화하는 시장에서의 마케팅 등을 전문으로 다룬다.

차례 | 불확실성 경영

발간사 4
저자 소개 12

1 CHAPTER 불확실한 경영환경에서의 전략 수립 19
휴 커트니, 제인 커크랜드, 패트릭 비구에리

불확실한 환경과 전략 수립의 어려움 | 불확실성의 4가지 수준 | 불확실성 수준에 따른 전략적 분석 | 상황에 맞는 전략적 태도와 실행 방법 | 불확실성에 대한 새로운 접근 방식

2 CHAPTER 미래를 준비하는 능력 51
게리 하멜, C. K. 프라할라드

10년 후 미래는 어떻게 될 것인가 | 리스트럭처링을 넘어서 | 리엔지니어링도 정답이 아니다 | 미래를 창조하는 기업 | 비전 보다 산업 예측력을 가져라

3 CHAPTER 변화적응속도 높이기 71
아리 드 호이스

기업의 제도적 학습은 개인 학습과 다르다 | 변화를 제도화 하라 | 기업 학습에서 계획의 역할 | 학습의 가속화 방법 | 학습 능력이 뛰어난 조직의 특성

4 CHAPTER 불확실성을 기회로 전환하는 방법 89
아담 브랜든버거, 배리 네일버프

게임 원리와 비즈니스 원리 | 윈-윈 게임으로 전환 | 비즈니스는 게임이다 | 게임의 판을 바꾸는 5가지 방법 | 참가자를 바꾼다 | 부가가치를 바꾼다 | 규칙을 바꾼다 | 인식을 바꾼다 | 범위를 바꾼다 | 비즈니스 게임의 5가지 함정

5 CHAPTER 불확실한 신규사업 안정성 확보 전략 ——— 131
리타 건더 맥그레스, 이안 맥밀란
신규사업기획법 2가지 | 유로디즈니의 신규사업기획법 | 카오의 신규사업기획법

6 CHAPTER 미래 예측력을 결정하는 2가지 사고방식 ——— 157
히렐 아인혼, 로빈 호가스
과거 지향 사고의 유용성 | 과거 지향 사고 향상법 5가지 | 미래 지향 사고의 실제 | 2가지 사고방식의 결합

7 CHAPTER 혁신 기술과 기업 재창조 ——— 175
조셉 바우어, 클레이튼 크리스텐슨
혁신 기술이 기업에 미치는 영향 | '성능향상궤도'를 활용하라 | 혁신 기술에 대응하지 못한 시게이트 | 혁신 기술을 인지하고 배양하는 방법

8 CHAPTER 시장변화 주도전략: 타임 페이싱 ——— 205
캐슬린 아이젠하르트, 쇼나 브라운
인텔의 타임 페이싱 전략 | 타임 페이싱 vs 이벤트 페이싱 | 타임 페이싱에 의한 변화관리 | 타임 페이싱에 의한 리듬 관리 | 경쟁 페이스를 조절하는 타임 페이싱

출처 및 주석 ——— 235

1

불확실한 경영환경에서의 전략 수립

휴 커트니
Hugh Courtney

제인 커크랜드
Jane Kirkland

패트릭 비구에리
Patrick Viguerie

요약 | 불확실한 경영환경에서의 전략 수립

전략에 대한 전통적 접근 방식의 핵심은, 강력한 분석도구를 활용하면 사업의 미래를 정확히 예측할 수 있다고 가정하는 것이다. 이러한 접근 방식은 안정적인 경영환경에서는 효과가 있을지 모르지만 불확실한 환경에서는 아무리 뛰어난 분석도구를 이용해도 미래를 적절히 예측하지 못한다. 미래 예측을 제대로 하지 못하게 될 때 어떤 일이 발생할 것인가? 경영환경이 매우 불확실할 때 어떻게 성공적 전략을 수립할 수 있을까?

세계적인 컨설팅 회사인 맥킨지앤컴퍼니의 컨설턴트로 활동하고 있는 저자들은 기업의 전략 수립 과정에서 가장 잘못된 관행으로 불확실성에 대한 이분법적인 사고방식을 지적하고 있다. 즉, 경영자들은 회사의 계획이나 자본예산 수립 등을 통하여 미래에 대한 예측이 가능한 것처럼 불확실성을 과소평가하거나, 아니면 모든 분석을 포기하고 오로지 감에만 의존함으로써 불확실성을 과대평가하고 있다는 것이다.

필자들은 이런 문제에 대한 해법으로 전략에 대한 새로운 사고방식을 제시하고 있다. 우선 기업이 직면하는 불확실성을 미래 예측의 정확성 정도에 따라 예측 가능한 명확한 미래, 선택 대안이 있는 미래, 발생 가능한 범위 내 미래, 완전히 모호한 미래 등 4가지 수준으로 구분하고, 각각의 중요한 차이점과 특징을 비교하고 있다. 그리고 불확실성을 극복하기 위한 전략으로 미래형성전략, 미래적응전략, 그리고 활동권 확보전략 등 3가지를 제시하고, 불확실성의 각 수준별로 어떠한 전략이 유용하며 적합한지를 평가하고 있다.

결론적으로 필자들이 제시한 새로운 접근 방식은, 여러 수준의 불확실성하에서 어떤 분석도구가 경영자의 의사결정에 도움을 줄 수 있고, 줄 수 없는가를 판단할 수 있도록 해준다.

불확실한 환경과 전략 수립의 어려움

매우 불확실한 기업환경에서 훌륭한 전략 수립이란 무엇일까? 어떤 경영자들은 거액의 투자를 통해 미래의 방향을 설정하고자 한다. 예를 들면, 이스트먼 코닥Eastman Kodak은 사람들이 사진을 찍고 보관하고 보는 방법을 근본적으로 바꾸고자 디지털 제품개발에 매년 5억 달러를 투자하고 있다.

한편, 휴렛 팩커드는 가정용 사진 인화기를 중심으로 한 새로운 시장 창출을 위해 매년 5천만 달러를 투자한다. 경영 잡지들은 위와 같은 산업형성(industry-shaping) 전략이 거대한 부를 창출할 가능성이 있다는 이유로 자주 보도하지만, 대부분의 회사는 그러한 전략을 수행하는 데 필요한 업계 내 지위가 미약하거나 자산 또는 리스크 감수 성향 등이 부족한 것이 현실이다.

리스크 회피 성향이 높은 경영자는 소규모의 분산투자를 통하여 손실 극소화를 꾀하고 있다. 많은 소비재 회사들이 신흥시장(emerging market)에서 성장기회를 확보하기 위해 생산 또는 유통 부문에서 제한적인 제휴관계를 형성하고 있는 것이 한 예라 할 수 있다. 그러나 그러한 제한적인 투자가 신흥시장에서 활동할 수 있는 권리를 실제로 확보하는 것인지 또는 단지 잃을 권리를 확보하는 것인지를 판단하기란 굉장히 힘든 일이다.

또 다른 방안으로 경영자들은 시장이 발전함에 따라 신속하게 적응할 수 있도록 유연성을 증대시키려고 한다. 그러나 유연성을 확보하는 비용은 상당히 높은 편이다. 더구나 미래가 확실해질 때까지 대규모 투자를 미루는 관망(wait-and-see) 전략을 선택하는 경우에는 경쟁자에게 시장기회를 넘겨줄 수도 있다.

거대한 불확실성에 직면한 경영자는 대규모 투자(big bet), 리스크 회피 또는 관망 중에서 어떠한 선택을 해야 하는가? 전통적인 전략 기획(strategic-planning) 과정이 많은 도움을 주지 못할 것이라는 점은 확실하다.

일반적인 관행은 현금흐름 할인분석(discounted-cash-flow analysis)을 통해 파악할 수 있는 미래의 모습을 설계하는 것이다. 물론, 경영자는 여러 가지 시나리오를 함께 검토함으로써 그들의 예측이 주요 변수의 변화에 얼마나 민감한가를 검증해볼 수도 있다. 이러한 전통적 분석 기법의 목적은 가장 확률이 높은 결과를 찾아서 이에 기초한 전략을 세우는 것이다.

이와 같은 접근 방식은 상대적으로 안정적인 기업환경을 가진 회사에게는 도움이 된다. 그러나 미래에 대한 불확실성이 클 때 이러한 전통적 분석 방법은 제한적으로 유용할 뿐이며, 더구나 불확실성이 최고조에 이르렀을 때에는 아주 위험한 결과를 낳을 수도 있다.

전통적인 접근 방식의 단점은 경영자가 불확실성에 대해 이분법적인 방법(binary way)으로 접근하게 만든다는 것이다. 즉, 경영환경이 확실해서 미래에 대해 정확한 예측을 할 수 있다고 생각하게 만들거나, 반대로 환경이 불확실하여 전혀 예측 불가능하다고 가정하게 만드는 것이다.

지수예측(point forecast)을 요구하는 계획이나 자본예산 설정(capital-budgeting) 과정은 현금흐름에 내재하는 불확실성을 과소평가하도록 유도한다.

하지만 불확실성을 과소평가하면 리스크로부터 자신을 방어할 수도 없으며, 높은 수준의 불확실성 속에서 포착되는 기회를 이용할 수도 없게 된다. 이와 관련된 가장 대표적인 사례는, 1977년 당시 디지털 이큅먼트 Digital Equipment의 회장이었던 케네스 올슨Kenneth H. Olson이 "누구나 집에서 컴퓨터를 가지고 있을 이유가 없다."고 공표한 것이었다. 그러나 1977년에 개인용 컴퓨터(PC) 시장의 폭발적 성장은 주목할만한 수준은 아니었지만, 그 당시 산업전문가들이 논의하고 있었던 발생 가능한 범위 안에는 확실하게 존재하던 것이었다.

이와 정반대로 세상은 예측불가능하다고 가정하면 경영자는 전통적 계획 과정에서의 분석보다 주로 직관(gut instinct)에 기초하여 전략적인 의사결정을 하게 된다. 이러한 '그냥 실행하라(just do it)' 식의 전략은 경영자에게 신제품과 신흥시장에 대한 잘못된 투자를 유도하여 막대한 손해를 불러올 수 있다.

매우 불확실한 상황에 놓여 있다고 생각하는 리스크 회피적인 경영자는 직관도 믿지 못하게 되어 의사결정 불능 상태에 빠질 것이다. 그들은 개발해야 하는 제품·시장·기술에 관한 중요한 전략적 의사결정을 피한다. 대신에 리엔지니어링, 품질관리, 또는 내부 비용절감 프로그램에 관심을 쏟는다. 그러한 프로그램은 나름의 가치가 있을지는 몰라도 궁극적으로 전략을 대체하지는 못한다.

불확실성하에서 체계적으로 견실한 전략적인 의사결정을 하기 위해서는 이분법적 관점이 가진 위험성을 피할 수 있는 다른 접근 방식이 필요하다. 매우 불확실한 상황이라 하더라도 경영자는 전략적으로 중요한 문제에 대해 전혀 모르지는 않는다. 실제로 대부분의 경영자들은 잠재적 결과의 범위 또는 서로 다른 몇 가지 시나리오 정도는 검토할 수 있다.

이러한 단순한 통찰력은 매우 효과가 있다. 왜냐하면 어떠한 전략이 최고인가, 그리고 어떤 과정을 통해 전략을 발전시켜야 하는가를 결정하는 일은 불확실성의 수준에 절대적으로 달려 있기 때문이다.

그 다음에 뒤따르는 것은 전략적 의사결정을 둘러싼 불확실성의 수준을 측정하고, 거기에 맞는 전략을 세우는 것이다. 어떠한 접근 방식도 불확실성을 완전히 없앨 수는 없다. 그러나 이 방식은 상황을 심층적으로 파악하여 전략적 의사결정 시 실용적인 지침을 제공한다.

불확실성의 4가지 수준

가장 불확실한 기업환경에서도 필요한 전략적 정보를 많이 찾을 수 있다. 첫째, 미래의 제품과 서비스에 대한 잠재수요를 규명하는 데 도움을 주는 인구통계 변수와 같은 요인은 명확하게 추세를 파악할 수 있다. 둘째, 현재는 알려지지 않았지만 적절한 분석을 통해 알 수 있는 수많은 요인이 존재한다. 현재의 기술에 대한 성과속성(performance attribute), 안정적인 제품군에 대한 수요 탄력성 그리고 경쟁자의 설비 확장 계획 등은 어느 정도 파악이 가능한 변수들이다.

최상의 분석이 이루어진 후에 남게 되는 불확실성을 '잔여 불확실성(residual uncertainty)'이라 하는데, 진행되고 있는 토의의 결과 또는 개발 중인 기술의 성과속성 등을 예로 들 수 있다. 또 잔여 불확실성에 대해서도

표 1-1 4가지 수준의 불확실성 활용 방법

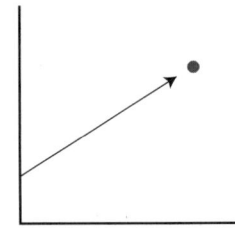
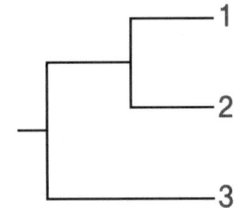

수준 1 : 예측 가능한 명확한 미래   수준 2 : 선택 대안이 있는 미래

알 수 있는 것	• 전략을 결정하기에 충분히 정확한 예측	• 미래를 규정하는 서로 다른 몇 가지 시나리오
분석도구	• 전통적인 전략도구들	• 의사결정분석 • 옵션 평가모형 • 게임이론
해당사례	• 저비용 항공사의 진입에 대응하는 전략	• 규제가 완화된 지역통신 시장 진입을 위한 장거리 전화 회사들의 전략 • 화학공장에 대한 설비 전략

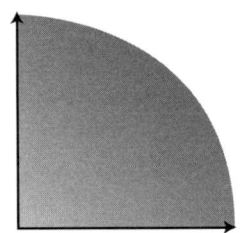
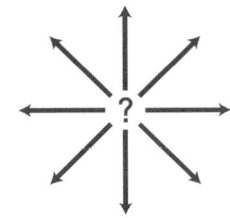

수준 3 : 발생 가능한 범위 내 미래   수준 4 : 완전히 모호한 미래

알 수 있는 것	• 가능한 결과 범위, 하지만 자연스럽게 도출되는 시나리오 없음	• 미래를 예측하는 근거가 없음
분석도구	• 잠재수요 연구 • 기술예측 • 시나리오 계획	• 유추와 형식 인식 • 비선형 동적 모형
해당사례	• 인도 같은 신흥 시장 진입 • 개인용 전자제품에서 신기술 개발·획득	• 개인용 멀티미디어 제품에 대한 시장 진입 • 1992년의 러시아 시장 진입

많은 것이 알려져 있을 수도 있다.(표 1-1 참조) 실제로 대부분의 전략적 의사결정자가 당면하는 잔여 불확실성은 4가지 광범위한 불확실성 수준 내에 위치하고 있다.

수준 1 : 예측 가능한 명확한 미래

수준 1 정도의 불확실성하에서는 경영자가 전략 수립에 충분할 정도로 정확하게 미래에 대한 예측을 할 수 있다. 비록 모든 경영환경이 본질적으로 불확실하기는 하지만, 한 가지 전략적 방향을 정할 수 있을 정도의 예측은 가능하다. 다시 말하면, 수준 1에서의 잔여 불확실성은 전략적 의사결정을 하는 데 큰 문제가 되지 않는다.

저비용과 실속 위주로 경영하는 경쟁 항공사가 자사의 시장거점 공항에 진입하려고 한다면, 어떤 전략적 대응을 해야 하는가? 저비용 서비스로 대응해야 하는가? 새로운 진입자에게 저비용 틈새시장을 양보해야 하는가? 그렇지 않으면 진입자를 몰아내기 위해 가격과 서비스 부분에서 공격적으로 경쟁해야 하는가?

그러한 전략적 의사결정을 하기 위해, 항공사 경영자는 세분화된 이질적 소비자 시장의 규모, 그리고 가격과 서비스의 다양한 조합에 대한 각 세분시장의 예상 반응 등에 관해 시장조사를 해야 한다. 또한 경쟁자가 투입해야 할 비용이 어느 정도인지, 그리고 고려하고 있는 모든 항로에 경쟁자가 어느 정도의 설비를 보유해야 하는지를 알아야 한다. 마지막으로 자신이 취할 전략적 대안에 새로운 진입자가 어떻게 대응할지를 사전에 예측하려면 그들의 경쟁목표를 알아야 한다. 오늘날 미국 항공산업에서, 그러한 정보는 이미 알려졌거나 알 수 있는 것들이다. 물론 수집하기가 쉽지는 않겠지만 본질적으로 알 수 있는 것들이다. 그리고 그 정보가 알려지면, 잔여 불확실성은 줄어들 것이며, 기존의 항공사는 자신감 있게 사업을 추진할 수 있을 것이다.

수준 2 : 선택 대안이 있는 미래

수준 2에서는 미래를 몇 개의 대안 또는 시나리오로 설명할 수 있다. 발생할 확률을 측정할 수는 있지만, 어떤 결과가 발생할지는 규명할 수 없다. 전부는 아닐지라도, 결과의 일부가 예측 가능하다면 전략 수립에 가장 중요한 몇 개의 요소는 변화될 것이다.

중요한 규제적 · 법률적인 변화에 직면한 많은 기업들이 수준 2의 불확실성에 직면한다. 1995년 말 지역전화 시장에 진입하기 위해 전략을 설정했던 미국의 장거리 전화회사를 생각해보자. 1995년 말에 그 산업에 대하여 자율권을 부여하는 법안이 의회에 상정되었고, 그 새로운 법규의 광범위한 내용이 모든 산업 관계자에게 알려졌다. 그러나 그 법안이 통과될 것인지, 통과되면 얼마나 빨리 실행될 것인지는 불확실하였다. 아무리 분석을 해도 장거리 전화회사는 특정 결과를 예측할 수 없었으며, 통신망 기반구축에 대한 투자 시기와 같은 정확한 행동 방향은 그 결과에 따라 크게 달라질 수밖에 없었다.

일반적으로 수준 2의 상황에서 전략의 유용성은 주로 경쟁자의 전략에 의존하는데, 경쟁자의 전략은 쉽게 관찰하거나 예측할 수 없다. 예를 들면, 목재 · 종이 · 화학 · 기초원자재 같은 과점시장에서의 불확실성 요소는 경쟁자가 새로운 공장을 지을 것인지 여부와 같은 경쟁자의 설비 확장 계획이다. 규모의 경제에 따라 대규모로 건설된 공장이 가격이나 이윤에 중대한 영향을 미칠 것으로 판단된다. 그러므로 공장을 지으려는 회사의 결정은 경쟁자의 결정에 의존하는 경우가 많다. 이것이 수준 2의 대표적인 상황이다. 수준 2에서 잠재적 결과는 명확하다. 물론 어떤 결과가 발생할지를 예측하는 것은 어렵지만, 최상의 전략은 항상 어떻게 예측하느냐에 따라 달라진다.

수준 3 : 발생 가능한 범위 내 미래

수준 3에서는 잠재적 미래의 범위가 규명될 수 있다. 그러한 범위는 제한된 몇 개의 주요 변수에 의해 정의되지만, 실제 결과는 그러한 범위에 의해 한정된 연속선상의 어딘가에 놓여 있다. 시나리오도 몇 가지로 분명하게 구분할 수 없다. 수준 2에서처럼 결과를 예측할 수 있다면 전략의 요소 대부분이 변할 것이다.

신흥산업 또는 새로운 지역시장에 진입하려는 회사는 수준 3의 불확실성에 자주 직면한다. 인도 시장에 자사 제품을 소개할 것인가를 결정하려는 유럽의 어느 소비재 회사를 예를 들어보자. 최상의 시장조사라도 단지 잠재소비자침투율(potential customer-penetration rate)이 10퍼센트에서 30퍼센트 정도일 것이라는 범위를 규명할 수 있을 뿐이다. 그러한 범위 내에서는 어떤 명확한 시나리오도 나올 수 없다. 그러한 광범위한 추정치는 완전히 새로운 제품과 서비스를 시장에 소개할 때 자주 발생한다. 잠재수요 수준을 결정하기란 매우 어려운 일이다. 만약 인도에 진입하려는 그 회사가 소비자침투율이 10퍼센트보다는 30퍼센트에 가깝다는 것을 확실히 안다면, 진입 전략을 전혀 다르고 공격적으로 설정할 것이다.

이와 유사한 문제가 반도체 산업과 같이 기술 혁신에 의해 좌우되는 분야의 회사에도 존재한다. 새로운 기술에 투자할 것인가를 결정할 때, 생산자들은 단지 기술에 대한 잠재적 비용의 범위와 성과속성만을 추정할 수 있을 뿐이다. 하지만 그 투자에 의한 전반적인 이윤창출 가능성은 그러한 속성에 의존하게 된다.

수준 4 : 완전히 모호한 미래

수준 4에서는 불확실성의 다양한 차원들이 상호작용함으로써 사실상 예측이 전혀 불가능한 환경을 만든다. 수준 3의 상황과는 달리, 잠재력 결과의 범위는 물론 그러한 범위 내의 시나리오조차도 식별할 수 없다. 미래를 명시할 수 있는 모든 관련 변수들을 예측할 수 없는 것은 물론, 변수가 무엇인지조차 규명하는 것도 불가능하다.

수준 4의 상황은 매우 드물며, 시간의 흐름에 따라 다른 수준으로 이동하는 경향이 있다. 그럼에도 불구하고 수준 4의 상황은 존재한다. 개인용 멀티미디어 시장을 대상으로 어느 곳에서 어떻게 경쟁할 것인가를 결정하려는 통신회사를 예를 들어보자. 그 시장에는 기술, 수요, 그리고 하드웨어와 정보제공자 사이의 관계와 관련된 다양한 불확실성이 존재한다. 더욱이 이 모든 변수들은 예측할 수 없는 방향으로 상호작용함으로써 어떤 시나리오도 규명할 수 없게 한다.

1992년 공산당 체제 붕괴 이후 러시아에 진입하려고 대규모 투자를 고려하고 있던 한 회사는 수준 4의 불확실성에 직면했다. 그들은 재산권이나 거래를 규정하는 법률이나 규제에 대한 윤곽을 그릴 수 없었다. 그러한 불확실성은 공급경로의 생존 가능성이나 전에는 이용할 수 없었던 소비재와 서비스 수요에 대한 추가적인 불확실성과 혼합되었다. 그리고 정치적 암살, 현금지급 불능 같은 충격적인 사건은 모든 제도를 완전히 예측할 수 없는 방향으로 몰고 갔다.

위와 같은 예는 수준 4에서의 전략적 의사결정이 얼마나 어려운가를 보여주고 있다. 그러나 한편으로는 이러한 예를 통하여 불확실성의 일시적인 성격을 알 수 있다. 보다 더 정치적이고 규제적인 안정은 러시아 시장에 진입할 것인가의 결정을 수준 3의 문제로 변화시켰다. 마찬가지로 개인용 멀티미디어 시장에서의 전략적 의사결정에 관한 불확실성은 산업이 향후 몇 년 동안 구체적인 형태를 갖춤에 따라 수준 3 또는 수준 2로 바뀔 것이다.

불확실성 수준에 따른 전략적 분석

경험에 의하면, 적어도 모든 전략적 문제의 절반 정도가 수준 2 또는 수준 3에 속한다. 나머지 대부분은 수준 1의 문제라 할 수 있다. 그러나 불확실성에 대해 이분법적으로 접근하는 경영자는 모든 전략적인 문제를 수준 1이나 수준 4에 속해 있는 것처럼 취급하는 경향이 있다. 그리고 그러한 경영자는 엄밀한 분석에 기초하여 전략을 설정할 때, 자신이 당면하는 잔여 불확실성의 수준에 관계없이 동일한 분석도구를 적용할 가능성이 크다. 예를 들면, 최첨단 무선인터넷의 수요를 예측할 때조차 기존의 표준적이고 정량적인(guantitative) 시장 기법을 사용하려고 할지도 모른다.

그러나 각 수준별 불확실성에 대한 전략적 선택안을 파악하고 평가하기 위해서는, 서로 다른 종류의 분석을 행해야 한다. 모든 전략결정은 오늘날 세계가 어떤 모습이고 미래에는 어떤 일이 발생할 것인가에 대한 여러 형태의 상황분석에서 출발한다. 그러므로 불확실성의 수준을 사전 파악하면, 특정 산업에서 발생 가능한 미래를 예측할 수 있는 최적의 분석방법을 선정하기가 수월해진다.

수준 1의 정확한 미래예측을 위해 경영자는 시장조사, 경쟁사의 원가와 설비분석, 가치순환분석, 마이클 포터Michael Porter의 5요소 분석체계 등과 같은 표준적인 전략적 도구들을 사용할 수 있다. 그러면 그러한 예측이 결합된 현금흐름 할인모형(discounted-cash-flow model)을 다양한 전략 대안의 가치를 측정하는 데 사용할 수 있다. 대다수의 경영자가 수준 1의 상황에서 매우 만족해하는 것은 놀라운 일이 아니다. 왜냐하면 이것들이 미국 내 모든 유명 경영대학원에서 가르치는 도구와 분석체계이기 때문이다.

수준 2의 상황은 약간 더 복잡하다. 첫째, 경영자들은 규제완화 여부, 경쟁자의 새로운 공장 건설 여부 등 주요 잔여 불확실성에 대한 지식을 바탕으로 몇 개의 개별적인 시나리오를 작성해야만 한다. 개개의 시나리오는 각기 다른 평가모형을 필요로 한다. 즉 일반적인 산업구조와 행위는 어떤 시나리오가 발생하는가에 따라 근본적으로 다를 수 있으므로, 선택안의 평가는 한 개의 기본모형을 중심으로 한 민감도분석을 통해 처리될 수 없다. 대안의 발생 가능성에 대한 확률을 구하는 데 필요한 정보를 확보하는 일이 우선되어야 한다.

잠재적 결과 각각에 대한 적합한 평가모형을 만들고 발생 가능성이 얼마나 높은가를 결정한 후에는, 대체 전략에 내재하는 리스크와 수익을 평가하기 위한 고전적인 의사결정분석 방법을 사용할 수 있다. 이런 과정을 통해 대안 시나리오에서 승자와 패자를 구별할 수 있게 된다. 더욱 중요하게는 현상유지 전략을 따르는 회사에서는 무엇이 성패를 좌우하는지를 수량화하는 데 도움을 줄 것이다. 그런 분석은 전략적 변화에 대한 사례를 만들 때 길잡이가 된다.

수준 2의 상황에서는 여러 잠재적 결과를 규명하는 것뿐만 아니라, 그러한 미래에 도달하기 위해 그 산업이 택할 수 있는 가능한 경로를 생각하는 것도 중요하다. 제한 규정이나 시장 진입에 대한 경쟁자의 의사결정과 같은 것에 따르기 마련인 변화는 어느 특정한 시기에 큰 폭으로 발생할 것인가? 또는 흔히 변화는 경쟁적인 기술수준을 해결한 후에 자주 나타나는데, 그러한 변화가 얼마나 더 진화된 양상으로 발생할 것인가?

이러한 상황들은 어떠한 시장징후나 유발변수(trigger variables)가 자세히 관찰되어야 하는지를 결정하는 것이기 때문에 매우 중요한 정보다. 상황이 전개되고 대안적 시나리오들의 발생 가능성이 변함에 따라, 전략 또한 이런 변화에 적응할 필요가 있는 것이다.

어떤 수준에서는 수준 3의 분석이 수준 2에서의 분석과 매우 유사할 때가 있다. 대안적인 미래의 결과를 나타내는 일련의 시나리오가 식별되어야 하고, 분석은 시장이 한 가지 또는 다른 시나리오 쪽으로 이동하고 있다는 조짐을 알려주는 사건에 초점을 맞춰야 한다. 그러나 수준 3에서는 의미 있는 일련의 시나리오를 개발하는 것이 그리 간단하지 않다. 잠재적 결과의 범위에서 극단을 표현하는 시나리오는 상대적으로 개발하기 쉽지만, 이것은 현재의 전략적 의사결정을 내리는 데 구체적인 길잡이 역할을 하지는 못한다.

수준 3에서는 다른 개별적인 시나리오가 없기 때문에, 어떤 잠재적 결과가 대안적 시나리오로 발전할 것인가를 결정하기가 매우 어렵다. 그러나 여기에도 몇 가지의 일반적인 규칙이 있다. 첫째, 대안적 시나리오를 몇 가지로 한정하여 개발해야 한다. 시나리오를 넷이나 다섯 개 이상 개발하면 복잡해져서 오히려 의사결정을 방해한다. 둘째, 전략적 의사결정에 독특한 시사점을 주지 못하는 불필요한 시나리오 개발은 피해야 한다. 각각의 시나리오가 산업의 구조·행위·성과에 대해 서로 다른 설명을 할 수 있도록 해야 한다. 셋째, 반드시 일어날 수 있는 범위는 아닐지라도, 미래 결과에 대한 있음직한 범위를 총체적으로 설명할 수 있는 일련의 시나리오를 개발해야 한다.

수준 3에서는 시나리오와 관련된 발생 가능한 모든 목록을 명시하는 것이 불가능하기 때문에, 여러 상이한 전략의 기대가치를 계산하는 것이 불가능하다. 그러나 시나리오의 범위를 설정함으로써 경쟁자는 전략이 얼마나 효과적인가를 결정할 수 있고, 승자와 패자를 짐작할 수 있으며, 현상유지 전략에 따르는 리스크를 대략적으로 파악할 수 있다.

수준 4에서의 상황분석은 훨씬 더 정성적(qualitative)이다. 중요한 것은 그냥 포기하거나 또는 직관에 따라 행동하려는 충동을 피하는 것이다. 경영자는 자신이 알고 있는 것과 알 가능성이 있는 것을 체계적으로 목록화할 필요가 있다. 수준 4의 상황에서는 있음직한, 또는 일어날 수 있는 결과를 반영한 의미 있는 목록을 개발하는 것이 불가능할지라도, 경영자는 유용한 전략적 전망을 얻을 수 있다. 그들은 때때로 소비자침투율이나 기술의 성과속성과 같이 시간의 흐름에 따라 시장이 어떻게 진화할 것인가를 결정할 변수들을 식별할 수 있다. 또한 시간의 흐름에 따라 시장의 진화를 추적할 수 있도록 하며, 새로운 정보의 유입에 따라 전략을 수정하는 데 유리하거나 불리한 변수의 지표를 파악할 수도 있다.

또한 경영자는 수준 4의 또 다른 상황에서 유사한 시장이 어떻게 발전했는지를 연구하고 승패의 주요 요인을 파악하며 그들이 채택한 전략을 구분함으로써, 시장의 진화 방향을 나타내는 형태를 식별할 수 있다. 마지막으로 상이한 전략의 리스크와 수익을 계량화하는 것이 불가능할지라도, 경영자는 그들이 고려하는 투자를 정당화하기 위해 미래에 어떤 정보를 믿어야 하는가를 식별할 수 있어야 한다. 유사한 시장에서의 초기 시장지표와 유추는 그러한 믿음이 실질적인지를 판단하는 데 도움이 된다.

불확실성을 다루려면 상황분석에 대해 보다 유연한 접근이 필요하다. 기존의 한 가지 방법으로 모든 것을 해결하려는(one-size-fits-all) 접근 방식은 결코 적절하지 않다. 시간의 흐름에 따라 기업은 제각기 다른 수준의 잔여 불확실성을 포함하고 있는 전략적 문제에 당면할 것이다. 그렇기 때문에 불확실성 수준에 따라 그에 맞게 이루어지는 전략적 분석은 기업의 미래에 매우 중요하다.

상황에 맞는 전략적 태도와 실행 방법

각 수준의 불확실성에서 전략 설정의 역학에 대해 언급하기 전에, 전략에 대한 기본적인 용어를 알아둘 필요가 있다. 우선, 기업이 불확실성에 대처하는 전략적 태도로 3가지가 있다. 미래를 형성하기(shaping), 미래에 적응하기(adapting), 활동권 확보하기(reserving the right to play)가 그것이다. 그리고 그러한 전략의 구체적인 실행 방법(portfolio of actions)으로 대규모 투자(big bet), 옵션(option), 후회없는행동(no-regrets move) 3가지가 있다.

전략적 태도

훌륭한 전략 세우기의 1단계는 전략적 태도를 선택하는 것이다. 기본적으로 '태도'는 현재와 미래의 산업 상태와 관련하여 전략의 실행 목적을 규정하기 마련이다.(표 1-2 참조)

'미래형성자(shaper)'는 자신이 설계한 구조 쪽으로 산업을 이끌어 가려고 한다. 그들의 전략은 상대적으로 안정적인 수준 1의 산업을 뒤흔들거나, 높은 수준의 불확실성에 있는 산업의 시장 방향을 통제함으로써 새로운 시장기회를 창조하려는 것이다.

　예를 들면, 코닥은 현재 모든 수입의 원천을 대체할 새로운 기술인 디지털 사진에 투자를 함으로써 시장 내 주도적인 위치를 유지하려고 한다. 그런데 비록 코닥의 기술이 새로운 것이긴 하지만 코닥의 전략은 기존 사진관의 사진 인화와 보관기능에 부가적으로 디지털 카메라와 필름을 제공하는 전통적인 모형에 토대를 두고 있다. 반면 휴렛 팩커드 또한 사진 시장에서 미래형성자가 되려고 한다. 그러나 낮은 가격에 좋은 품질의 인화기를 보급함으로써 가정에서 사진 인화가 가능하도록 하는 전혀 다른 모형을 추구한다.

　대조적으로 '미래적응자(adapter)'는 현재의 산업구조와 미래를 주어진 것으로 가정하고 시장이 제공하는 기회에 반응한다. 불확실성이 낮은 환경에서는 어디서 어떻게 경쟁할 것인가에 대한 전략적 위치를 선택할 수 있다. 그러나 높은 수준의 불확실성하에서는 시장 발전에 대한 인식과 빠른 대응능력을 바탕으로 전략을 설정하게 된다. 예를 들면, 아주 변동이 심한 통신서비스 산업에서는 서비스 소매업자가 미래적응자라야 한다. 그들은 경쟁우위의 원천으로 제품 혁신보다는 가격과 효과적인 업무수행에 의존하면서, 주요 통신 사업자가 제공하는 최신의 제품과 서비스를 구매하고 재판매한다.

　세 번째 전략적 태도인 '활동권 확보(reserving the right to play)'는 적응의 특별한 형태이다. 이러한 태도는 수준 2에서 수준 4까지에 적합한데, 고급 정보와 비용구조 또는 소비자와 공급자 간의 관계를 통해 회사를 특권적인 위치에 올려놓으려는 점증적인 투자를 포함한다. 때로 활동권 확보는 불확실성이 다소 나아진 후에 발현되기도 한다. 예컨대 많은 제약회사들이 적합한 전문성을 보유하고 있는 소규모의 생물공학 기업을 보

표 1-2 3가지 전략적 태도

미래를 형성하기

산업의 작동 원리를 만드는 데 선도자 역할을 하라.
예를 들면 :
- 기준 확립
- 수요 창출

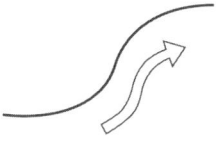

미래에 적응하기

기존 시장에서의 기회를 인식하고 포착할 때 속도, 민첩성, 유연성을 가져라.

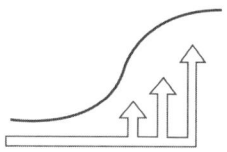

활동권 확보하기

경쟁의 장에 계속 머무르려면 충분히 투자하라. 하지만 조급한 몰입은 피하라.

유하거나 제휴를 통해서 유전자요법을 적용하는 시장에서 활동권 확보의 태도를 보인다. 이러한 최첨단 산업 발전에 대한 특권적인 접근은 유전자요법 연구개발 프로그램을 독점으로 내부에 구축하는 것에 비해 그 투자비용이 저렴하다.

실행 방법

태도만 수립했다고 해서 완전한 전략이 될 수 없다. 비록 태도는 전략적 목적을 명확하게 해주지만, 그러한 목적을 충족시키는 데 필요한 행동이 무엇인지를 말해주지는 못한다. 불확실한 환경에서 전략을 실행하는 방법으로, 대규모 투자, 옵션, 후회없는행동, 3가지가 있다.(표 1-3 참조)

'대규모 투자(big bet)'는 큰 자본투자나 인수와 같은 광범위한 방법으로, 시나리오에 따라서 커다란 이득을 가져오기도 커다란 손실을 가져오기도 한다. 보통 산업형성은 대규모 투자를 수반하며, 미래에 적응하기와 활동권 확보는 그렇지 않다.

'옵션(option)'은 최악의 시나리오에서 손실을 최소화시키는 반면, 최상의 시나리오에서는 큰 이익을 확보할 수 있게 해준다. 이러한 비대칭적인 이익구조는 금융옵션과 유사하다. 대부분의 옵션은 시장 발전에 따라 투자를 늘리거나 축소시킬 적당한 초기투자를 하도록 허용한다. 전통적인 예로, 신제품을 본격적으로 소개하기 전의 실험적인 시도, 새로운 시장 진입에 따르는 리스크를 최소화하기 위한 유통망 제휴, 뛰어난 대체기술의 라이센싱 등이 있다. 일반적으로는 활동권을 확보하려는 조직들이 옵션에 많은 의존한다. 그러나 초기의 개척자로서 급부상하고는 있지만 형성된 시장이 불확실하거나 대규모 투자의 리스크를 분산해야 할 필요가 있을 경우에는 미래형성자들도 옵션을 사용한다.

마지막으로 '후회없는행동(no-regrets move)'은 어떤 상황에도 좋은 결과를 가져오는 방법이다. 경영자는 비용절감, 경쟁적인 정보수집, 또는 기술축적 등을 겨냥한 주도권 확보와 같이 확실한 후회없는행동에 초점을 맞춘다. 그러나 아주 불확실한 환경에서도 설비확장에 투자하거나 특정 시장에 진입하는 것과 같은 전략적 의사결정은 후회없는행동이 될 수 있다. 대부분의 경영자는 후회없는행동이 어떤 전략에서도 필요한 요소라는 것을 직관적으로 이해한다.

전략적 태도와 이에 상응한 실행 방법을 선택하는 것이 아주 단순하게 보일지 모른다. 그러나 실무에서 이러한 결정은 불확실성 수준에 따라 단순할 수도 복잡할 수도 있다. 그러므로 불확실성의 4가지 수준은 전략적 태도와 행동을 선택하는 데 도움을 줄 수 있다. 이제 각 수준의 불확실성에 따라 실행 방법이 어떻게 적용될 수 있는지 살펴보자.

표 1-3 실행 방법 3가지

실행 방법은 현재까지의 투자량과 그 투자가 양의 수익을 산출할 환경에 따라 3가지 수익 측면으로 구별된다.

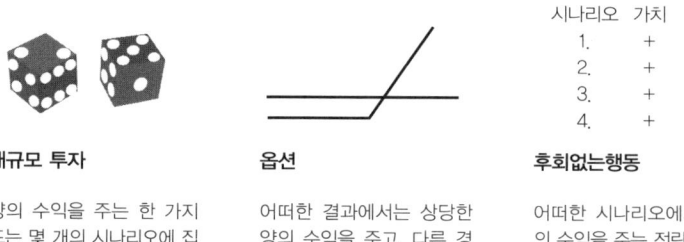

대규모 투자
양의 수익을 주는 한 가지 또는 몇 개의 시나리오에 집중하는 전략이지만, 다른 경우는 음의 효과를 보임

옵션
어떠한 결과에서는 상당한 양의 수익을 주고, 다른 경우에는 (작은) 음의 효과를 주는 결정

후회없는행동
어떠한 시나리오에서도 양의 수익을 주는 전략적 결정

수준 1 : 예측 가능한 명확한 미래에서의 전략

예측 가능한 기업환경에서는 대부분의 회사가 미래적응자이다. 모든 분석은 산업의 미래 전망을 예측하기 위함이며, 전략은 어디에서 어떻게 경쟁할지에 관한 위치 선정을 포함한다. 정확한 분석을 토대로 세워진 전략은 일련의 후회없는행동으로 구성된다.

수준 1 상황에서의 미래적응자전략(adapter strategy)이라고 해서 반드시 점증적인 것은 아니다. 예를 들면, 사우스웨스트 항공의 실속 위주의 직접 서비스는 1980년대 말 게이트웨이 2000(Gateway 2000)이 PC 시장에 진입하면서 사용했던 저가 직배 전략과 마찬가지로, 아주 혁신적이고 가치를 창출하는 미래적응자전략이다. 두 사례 모두, 경영자가 기존 시장구조 내의 불확실성이 상대적으로 낮은 환경에서 미처 발견되지 않았던 기회를 감지했던 것이다. 수준 1 상황에서 가장 훌륭한 미래적응자는 제품과 서비스의 혁신을 통해, 또는 근본적인 산업 변화가 없을 때 사업체계를 개선함으로써 가치를 창출한다.

물론 수준 1의 상황에서도 미래형성자가 되는 것은 가능하다. 그러나 위험하면서도 보기 드문 경우이다. 왜냐하면 장기간 유지되어온 산업구조와 활동을 근본적으로 바꾸기 위한 미래형성자의 노력이, 예측할 수 없는 잔여 불확실성을 높이기 때문이다.

페덱스의 '1일 내 배달(overnight-delivery)' 전략을 생각해보자. 페덱스가 우편 및 화물배달 산업에 진입했을 때 그 산업은 안정적인 수준 1의 상황이었는데, 페덱스의 전략은 사실상 수준 3의 불확실성을 유발시켰다. 즉, 회장인 프레드릭 스미스Frederic W. Smith는 이 사업의 실현 가능성을 검증할 수 있는 자세한 자문 보고서를 의뢰했지만, 그 당시에는 단지 하루 만에 배달하는 서비스에 대한 광범위한 잠재수요만 파악할 수 있었다. 또한 유나이티드 파설 서비스(United Parcel Service, UPS)와 같은 기존 사업체에 페덱스는 수준 2의 불확실성을 가져다주었다.

페덱스의 행동은 UPS에 2가지 질문을 제기하였다. 1일 내 배달 전략이 성공할 것인가? 그리고 UPS가 시장에서 살아남은 경쟁자로 남기 위해서는 유사한 서비스를 제공해야만 하는가?

시간이 지나면서 그 산업은 수준 1의 안정성으로 되돌아왔지만, 근본적으로 새로운 구조를 만들었다. 페덱스는 나머지 기업들에 1일 내 배달에 대한 새로운 수요에 적응해야 하는 과제를 안겨주면서 큰 성공을 거두었다.

그러한 전략을 실현하기 위해 어떤 실행 방법을 택했는가? 수준 1의 상황이었지만 대부분의 미래형성자전략(shaper strategy)처럼 이것은 대규모 투자를 필요로 했다. 그럴 경우, 잘못된 투자에 대한 리스크를 분산시키기 위해 미래형성자전략에 옵션을 구축하는 것이 종종 유용하다고 말한다. 페덱스는 소형 화물수송기를 구입해서 개조하는 대신에, 기존의 화물수송기를 임대함으로써 투자리스크를 분산시킬 수 있었고, 기존의 소형 화물자동차도 외부에서 조달하여 배달서비스를 제공할 수 있었다. 그런 활동은 새로운 전략에 투입해야 할 자본 규모를 줄였으며, 그 개념이 실패했을 경우에 대비하여 용이한 탈출구를 마련하는 것이었다.

그러나 그러한 종류의 보험은 항상 싼값에 쉽게 얻을 수 있는 것이 아니다. 페덱스의 경우 만약 스미스가 표준 규격의 화물수송기들을 임대했다면, 민간항공위원회Civil Aeronautics Board의 제한적인 규정에 의해 제재를 받았을 것이다. 소형 화물자동차와 배달의 아웃소싱은 고객의 집 앞에까지 배달하는 페덱스의 독특한 서비스 가치를 희석시켰을지도 모른다. 그래서 스미스는 그의 전략을 실행하기 위해 대규모 투자에 주로 매달렸다. 그리고 그 대규모 투자로 처음 2년 동안 파산위기에까지 몰렸으나 궁극적으로는 산업계 전체를 재편성하였다.

수준 2 : 선택 대안이 있는 미래에서의 전략

수준 1에서의 미래형성자가 불확실성을 야기한다면, 수준 2에서 수준 4까지 그들은 불확실성을 줄이고 혼돈 상태에서 질서를 만들려고 한다. 수준 2에서, 미래형성자전략은 원하는 산업 시나리오의 발생 가능성을 높일 목적으로 계획된다. 예를 들면, 제지와 같은 자본집약적 산업의 미래형성자는 경쟁자가 산업이윤을 파괴할 만큼의 과도한 설비능력을 갖지 못하도록 하려고 한다. 결과적으로 그러한 경우에 미래형성자는 경쟁을 미리 차단하기 위해 수요를 초과하는 새로운 설비능력을 구축한다고 미리 선언하거나, 인수나 합병을 통해 산업을 통합시킬 수도 있다.

마이크로소프트 네트워크(Microsoft Network, 이하 MSN)의 예를 들어보자. 몇 년 전에 통신망을 통해 연결된 컴퓨터 간 거래가 이루어질 수 있도록 하는 방법들이 제기되었다. MSN 같은 독점적 네트워크가 표준이 될 수도 있었고, 인터넷 같은 개방형 네트워크가 지배할 수도 있었다. 이와 관련된 전략적 사안들, 예를 들면 통신망 이용에 대한 소비자 수요수준을 결정하는 문제 등은 다분히 수준 3의 문제였지만, 불확실성은 수준 2에 있었다.

독점적인 MSN 통신망을 구축했다면 마이크로소프트는 전자상거래 시장의 발전 방향과 발전 방안도 함께 만들었을 것이다. 그것은 사실상 MSN이 통해 공급자와 소비자를 연결하는 상거래의 중심이 되는 것이었다. 이런 전략은 대규모 투자로서 엄청난 개발비용과 아주 높은 수준의 산업노출, 관심을 각오해야 하는 것이었다. 그 전략을 통해 마이크로소프트는 지배적인 신뢰를 구축할 수도 있었다. 또한 마이크로소프트의 다른 분야에서의 활동들도 이러한 대규모 투자의 수익률을 높이기 위해 계획되었다.

그러나 아무리 탁월한 미래형성자라도 적응하기 위해서는 준비를 해야 한다. 독점형과 개방형 네트워크 간의 싸움에서 인터넷과 MSN 가입자의 성장, 또는 초기 MSN 가입자의 활동 내역 등과 같은 특정 유발변수를 통해서 시장 진화에 대해 유용한 통찰력을 얻을 수 있었다. 개방형 네트워크의 우세함이 명확해짐에 따라 마이크로소프트는 인터넷을 중심으로 MSN 개념을 재조정하였다.

마이크로소프트의 이러한 움직임은 전략적 태도가 고정적인 것이 아니라는 것을 보여준다. 또한 불확실성하에서 전략적인 유연성을 유지하는 것이 얼마나 유익한지를 강조하고 있다. 전략은 실패할 수 있다. 이럴 때 조직은 필요하면 재빨리 방향을 선회함으로써 대규모 투자를 보완해야 한다. 마이크로소프트는 손실을 줄이려고 일반적인 범용 프로그래밍과 제품 개발기술을 갖고 있는 엔지니어 조직을 구축했다. 중요 유발변수를 세심하게 관찰하는 등 유연성을 유지하고 있었기 때문에 그와 같이 할 수 있었다. 불확실한 환경에서는 전략이 자동적으로 실행되게 하다가 연말에 표준화된 전략재평가를 통해서 수정하려고 하는 것은 잘못이다.

수준 2에서 유발변수는 상대적으로 관찰되기 쉽기 때문에, 적응하거나 활동권 확보가 쉬울 수 있다. 예컨대 전기 회사 또는 에너지 집약적 생산 공정에 의존하는 회사들은 다른 대체연료에 대한 비용을 결정할 때 수준 2의 불확실성에 자주 직면하게 된다.

이럴 때 천연가스나 오일이 저비용 연료가 될 거라는 식의 시나리오를 만들 수 있다. 실제로 많은 회사들이 새로운 공장을 건설할 때, 서로 다른 연료를 쉽게 교환할 수 있는 유연한 제조 공정을 구축하는 등 미래적 응자전략을 선택한다.

화학회사는 새로운 기술의 성과치를 예측하는 수준 2의 불확실성에 당면할 때, 활동권 확보를 선택하곤 한다. 만약 기술의 성과가 좋다면, 살아남기 위해 활동권 확보 전략을 채택해야만 할 것이다. 그러나 그 기술이 기대에 못 미친다면 기존 기업들은 지금의 기술만으로도 효과적으로 경쟁할 수 있다. 대부분의 기업이 그 효과가 증명될 때까지는 신기술 실현을 위해 새로운 생산시설을 건설하거나 기존 공장을 재조정하는 데 수백만 달러를 투자하지 않는다. 그러나 단기에 최소한의 투자를 하지 않으면, 그 기술이 성공했을 때 경쟁사들보다 훨씬 뒤떨어질 위험이 있다. 그래서 많은 기업들이 특정 기간 동안 새로운 기술을 라이센싱 하거나 신기술을 중심으로 기존의 설비 중 일부분을 재조정한다. 기업은 소규모의 선도투자를 통해 신기술의 성과속성이 명확해질 때 계속 발전시킬지 중단시킬지를 결정할 수 있는 특권적 지위를 가지게 된다.

수준 3 : 발생 가능한 범위 내 미래에서의 전략

수준 3에서 '미래를 형성하기'는 다른 형태를 취한다. 수준 2에서는 미래형성자가 별개의 결과가 발생하도록 노력한다면, 수준 3에서는 단지 잠재적 결과의 범위만 식별할 수 있기 때문에 시장을 무난하게 이끌어가려고 노력한다. 전자화폐거래의 표준화에 대한 논쟁을 고려해보면, 종이화폐거래와 전자화폐거래 사이에 있는 가능한 제품과 서비스의 범위를 정의할 수는 있지만 그 범위 내에서 어떤 자연적인 별개의 시나리오가 있는지는 불확실하기 때문에, 수준 3의 문제로 보고 있다.

금융 서비스 제공자와 기술회사의 컨소시엄인 몬덱스 인터내셔널 Mondex International은 미래형성자전략의 일환으로 보편적인 전자화폐 표준을 만들고 있다. 이 전략은 제품개발, 기반구조 그리고 고객수용을 가속화하기 위한 모의실험 등에 대한 대규모 투자를 통해 실행되고 있다.

반면 지역은행은 주로 미래적응자전략을 선택하고 있다. 수준 3이나 수준 4의 불확실성에서의 미래적응자전략은 다양한 옵션을 확보하기 위해 기업역량에 투자를 한다. 빠른 시간 내에 전략을 선택해야 하기 때문에, 미래적응자는 최고의 시장 정보와 가장 유연한 조직구조를 가지고 있어야 한다. 예를 들면, 많은 지역은행들은 전자결제기술과 시장의 발전을 지속적으로 검토하기 위해 전자결제, R&D 계획, 경쟁정보 시스템에 초점을 둔 운영위원회를 설립한다.(표 1-4 참조) 또 수많은 지역은행이 추이를 지켜보기 위해 산업 컨소시엄에 소규모 투자를 하고 있다.

이러한 미래적응자전략은 대부분의 지역은행에 유용하다. 그들에게 전자결제 시장에서 표준을 만드는 데 필요한 거대한 자본과 기술이 없다 하더라도 그러한 서비스가 가능해질 때 고객에게 최신의 전자 서비스를 제공해야 한다.

표 1-4 전자상거래의 불확실성에 대한 지역은행의 대처 방법

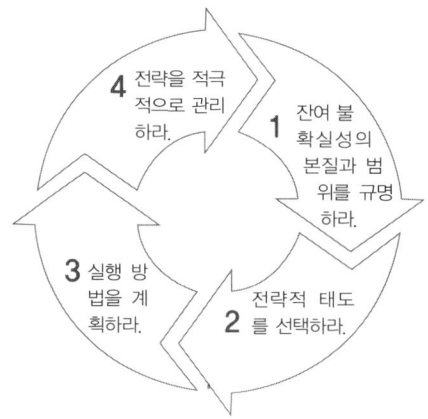

1. **잔여 불확실성의 본질과 범위를 규명하라.**
   ① 불확실성의 주요 분야는 다음을 포함한다.
      - 인터넷에서 전자상거래의 발생 정도
      - 소비자가 전자결제로 이동하는 속도
      - 어떤 특정 도구가 주요 지불수단이 될 것인가(스마트카드? 아니면 전자화폐?)
      - 전자상거래 산업의 구조
      - 사업자의 수직적 통합 정도
      - 은행과 비은행의 역할
   ② 은행의 어떤 분야는 수준 3의 불확실성에, 어떤 분야는 수준 4의 불확실성에 직면하고 있다.

2. **전략적 태도를 선택하라.**
   ① 목적 :
      - 신기술에 기초한 경쟁자의 공격으로부터 현재 소비자 판매권을 지켜라.
      - 빠르게 성장하는 시장에서 새로운 사업기회를 포착하라.
   ② 전반적인 태도 : 활동권을 확보하라.

3. **실행 방법을 계획하라**
   ① 은행이 경쟁력 있는 특별한 분야(예를 들면, 조달카드, 산업 특유의 지불상품)에서 가까운 장래에 보다 혁신적 제품을 내놓을 수 있다면 '후회없는행동'으로 나타난다.
   ② 공격자의 가장 취약한 부분인 고부가가치의 고객 세분시장에서 최신의 사은품을 제공하는 것은 또 하나의 후회없는행동이다.
   ③ 작고 새로운 사업 부분 형성은 다음 사항에 대한 성장옵션이다.
      - 새로운 지불 아이디어에 대한 R&D를 수행하라.
      - 소매전자결제 분야에서 산업발전을 관찰하라.

4. **전략을 적극적으로 관리하라.**
   ① 유망 상품에 대한 채택률 같은 유발변수와 전화회사 같은 비전통적인 경쟁자의 행동을 주시하라.
   ② 실행 방법의 단기적 검토 체계를 구축하라.
   ③ 불확실성을 줄이기 위해 여러 산업 컨소시엄에 참여하라.

활동권 확보는 수준 3에서 공통된 실행 방법이다. 1990년대 초 광역케이블 네트워크에 10억 달러 규모의 투자를 할 것인가를 결정하려는 통신회사를 예로 들어보자. 그 결정은 수준 3의 불확실성에 달려 있다. 어떤 견고한 시장조사라도 존재하지 않는 서비스에 대한 수요를 정확하게 예측할 수는 없다. 그러나 광역 네트워크 시도에 대한 점증적인 투자는 유용한 정보를 제공했고, 미래의 매력적인 사업을 확장시킬 수 있는 특권적인 위치를 차지하게 하였다. 즉, 그 회사는 대규모 투자에서부터 일련의 옵션까지 광역사업 투자결정을 조정하면서, 경쟁자의 시장 선점을 걱정할 필요 없이 수익가능성이 있는 시장에서의 활동권을 확보하였다.

수준 4 : 완전히 모호한 미래에서의 전략

역설적으로 수준 4는 가장 높은 불확실성을 갖고 있음에도 불구하고, 수준 2 또는 수준 3보다 시장을 만들려는 회사에 높은 수익을 제공하며 낮은 리스크를 내포하고 있다. 수준 4의 상황은 엄청난 기술적·경제적·법적인 충격 후에 발생하는 과도기적 성격을 가진다. 어떠한 기업도 이런 환경에 적합한 최고의 전략을 모르기 때문에, 미래형성자의 역할은 다른 기업의 전략을 조정하고 시장을 보다 안정적이고 유리한 쪽으로 이끌어갈 산업구조와 표준을 제공하는 것이다.

말레이시아 총리인 마하티르 모하메드Mahathir bin Mohamad는 아시아 태평양 지역에서 멀티미디어 산업의 미래를 형성하려고 노력했다. 이것은 당시 시점에서 수준 4의 전략 문제였다. 잠재적 제품은 기업, 소비자 수요 수준 그리고 기술표준처럼 명확히 정의되지 않는다.

말레이시아 정부는 소위 멀티미디어 수퍼 코리더(Multimedia Super Corridor, MSC)를 창조하기 위해 적어도 150억 달러를 투자함으로써 이 혼란 상태를 수습하려고 하였다. MSC에는, 쿠알라룸푸르 남쪽의 750평방미터 지역, 즉 소프트웨어 회사를 위한 최첨단 건물, 다국적기업을 위한 지역본부, 멀티미디어대학, 푸트라자야Putrajaya라고 불리는 서류 없는 정부센터, 그리고 사이버자야Cyberjaya라고 불리는 신도시가 포함된다.

10년 동안 이윤과세를 면세시켜주는 등의 유인제도를 실시함으로써, MSC는 40개 이상이나 되는 말레이시아 국내 기업과 인텔, 마이크로소프트, NTTNippon Telegraph and Telephone, 오라클, 선마이크로시스템즈Sun Microsystems 등 유력 기업을 포함하여 여러 외국 기업으로부터 투자약속을 받았다.

마하티르의 전략은 MSC가 명확한 산업표준과 보완적인 멀티미디어 제품, 그리고 서비스를 집약할 소프트웨어와 하드웨어 제공자 간의 관계망을 구축할 것이라는 개념에 바탕을 두고 있다. 인텔의 말레이시아 경영 책임자인 데이비드 마싱David B. Marsing은 "만약 당신이 진화론자라면 이상하게 생각할 것이다. 말레이시아 정부는 진화하도록 내버려두기보다는 개입하려고 한다."고 말했는데, 이 말을 통해서 마하티르가 얼마나 시장을 구축하려고 하는지 알 수 있다.

그러나 미래형성자는 말레이시아 정부처럼 수준 3 또는 수준 4의 상황에서 성공하려고 꼭 대규모 투자를 할 필요는 없다. 필요한 것은 상이한 기업의 전략을 조정할 수 있는 신뢰성의 확보이다. 예를 들면, 넷스케이프 커뮤니케이션Netscape Communications Corporation은 인터넷 브라우저 표준을 만드는 데 큰 자금을 쓰지 않았다. 대신에 다른 기업이 "만약 이 친구가 이쪽이 가야 할 방향이라고 한다면, 그것은 맞을 것이다."라고 인정하도록 선도자로서 신뢰성을 축적하였다.

수준 4의 상황에서 활동권을 확보하는 일은 일반적인 실행 방법이지만 잠재적 리스크가 존재한다. 어떤 정유회사는 20년 전에 중국 내에 많은 교두보를 마련할 수 있는 옵션을 확보함으로써 중국에서 경쟁할 수 있는 권리를 확보했다고 믿었다. 그러나 그러한 수준 4의 상황에서, 점진적인 투자가 실제로 활동권을 확보하는 것인지 아니면 단지 잃을 권리를 확보하는 것인지를 판단하는 것은 매우 어렵다. 여기에는 몇 가지 일반론이 적용된다.

첫째, 높은 배수진을 구축하라. 만약에 중국에서의 교두보 마련이 작지만 비싼 지역활동 유지 또는 지역배급업자와 제한된 합작투자를 해야 하는 것이라면 저비용 옵션을 찾아보라. 만약 고비용 옵션이라면 왜 그것이 시간의 흐름에 따라 회사를 특권적인 위치에 있게 하는지에 대한 명확한 이유가 있어야 한다.

둘째, 한 위치에 오랫동안 머물러 있지 마라. 옵션은 언제나 중요한 불확실성이 확실해질 때마다, 즉 최소한 6개월마다 철저하게 재평가되어야 한다. 수준 4의 상황은 과도기적이며, 대부분이 수준 3과 수준 2로 빨리 움직일 것이라는 점을 명심해야 한다.

수준 4의 상황에서는 경영 선택이 어렵기 때문에 회사를 종종 적응자로 몰고 간다. 수준 3에서처럼, 수준 4에서의 미래적응자전략은 기업역량에 투자함으로써 실행된다. 멀티미디어 산업의 잠재적 사업자는 산업이 수준 3 또는 수준 2의 불확실성으로 옮겨가게 되면 더 많이 투자를 할 것이다.

불확실성에 대한 새로운 접근 방식

전략에 대한 전통적인 접근 방식은, 강력한 분석도구를 사용하면 명확한 전략 방향을 선택하기에 충분할 정도로 어떤 사업의 미래를 정확히 예측할 수 있다는 가정에 기반을 두고 있었다. 안정적인 사업에서 그러한 접근 방식은 효과가 있었다. 그러나 환경이 너무 불확실해서 어떤 훌륭한 분석도 미래를 예측하지 못하게 될 때는 아무 소용이 없다.

　오늘날 경영자에게 닥치는 불확실성 수준은 너무 높다. 기존의 전략으로는 이 상황을 극복할 수 없다.(이 장 마지막에 있는 '새로운 전략도구' 참조) 지금까지 설명한 접근 방식은 경영자에게 불확실성에 대한 이분법적인 시각의 위험을 피할 수 있도록 도와주며, 불확실성에 대해 체계적으로 생각할 수 있는 원칙을 제공한다. 또한 그것은 여러 수준의 불확실성 하에서 어떤 분석도구가 의사결정 하는 데 도움을 줄 수 있고, 어떤 것이 도움을 줄 수 없는가를 판단하는 안내서 역할을 한다. 부가적으로 이러한 분석 접근 방식은 오늘날 경영자가 직면하는 불확실성에 대해 가치 있는 지식을 제공한다.

:: 새로운 전략도구

높은 수준의 불확실성에 적합한 여러 종류의 분석하려면, 많은 회사들이 그들의 표준적인 전략도구를 보완해야 한다. '시나리오 계획'은 불확실성의 조건하에서 전략을 결정하는 데 기본적인 것이다. '게임이론'은 경영자에게 경쟁자의 행동에 기초한 불확실성을 이해하도록 도와줄 것이다. '구조역학'과 '대리인에 근거한 시뮬레이션 모형'은 시장 내 복잡한 상호작용을 이해하는 데 도움을 줄 수 있다. '실물옵션 평가모형'은 학습과 유연성에 유용한 투자를 하는 데 도움을 줄 수 있다. 다음 자료는 경영자들이 전략을 수립하는 데 도움을 줄 것이다.

- **시나리오 계획(Scenario Planning)**

  Kees van der Heijden, Scenarios : The Art of Strategic Conversation(New York : John Wiley & Sons, 1996) ; Paul J. H. Schoemaker, "Scenario Planning : A New Tool for Strategic Thinking", Sloan Management Review, Winter 1995.

- **게임이론(Game Theory)**

  Avinash K. Dixit and Barry J. Nalebuff, Thinking Strategically : The Competitive Edge in Business, Politics, and Everyday Life(New York: W. W. Norton, 1991) ; Adam M. Brandenburger and Barry J. Nalebuff, "The Right Game: Use Game Theory to Shape Strategy", HBR July-August 1995.

- **구조역학(System Dynamics)**

  Peter N. Senge, Fifth Discipline : The Art and Practice of the Learning Organization(New York: Doubleday, 1990) ; Arie de Geus, "Planning as Learning", HBR March-April 1988.

- **대리인에 근거한 모형(Agent-Based Models)**

  John L. Casti, Would-Be Worlds : How Simulation Is Changing the Frontiers of Science(New York: John Wiley & Sons, 1997).

- **실물옵션(Real Options)**

  Avinash K. Dixit and Robert S. Pindyck, "The Options Approach to Capital Investment", HBR May-June 1995 ; Timothy A. Luehrman, "What's It Worth?", HBR May-June 1997.

2

미래를 준비하는 능력

게리 하멜
Gary Hamel

C. K. 프라할라드
C. K. Prahalad

요약 | 미래를 준비하는 능력

당신 회사는 시장의 규칙을 만드는가 아니면 따르는가? 당신 회사는 선두를 뒤쫓아 가는 데 급급한가, 아니면 선두로 나서는 데 중점을 두고 있는가? 당신은 대부분의 시간을 현상 유지에 사용하는가, 아니면 미래를 계획하는 데 사용하는가? 이와 같은 난해한 질문들은 바로 대답을 얻기가 쉽지 않다. 그것은 경영자들이 게으르기 때문이 아니라 회사의 미래를 통제하는 데 조금이나마 허점이 있다는 것을 시인하려고 하지 않기 때문이다.

경영자들은 미래에 관심을 두기 보다는 리스트럭처링(restructuring)과 리엔지니어링(reengineering)처럼 현재 벌어지고 있는 일들에 관심이 더 많다. 리스트럭처링이 과거의 실수를 고치려는 시도라면, 리엔지니어링은 대체로 경쟁사를 뒤쫓아 가는 것과 관련이 있다.

변화가 불가피하다면, '그 변화를 현재의 안일한 태도로 맞이할 것인가, 아니면 미래에 대한 예측력을 가지고 미래를 준비하면서 맞이할 것인가', '변화에 대한 대응전략을 자기 회사만의 독특한 미래에 대한 전망으로 설계할 것인가, 아니면 경쟁사의 전략을 따를 것인가'를 결정해야 한다.

흔히들 현재의 성공이 잠식되고 나서야 미래에 대해 고심하게 된다. 그러나 미래에 관한 전망은 단 한 번의 노력에 의해서가 아니라 회사 내에서의 끊임없는 논쟁에 의해 지속적으로 진행되는 프로젝트여야 한다. 불행하게도 대부분의 기업은 리스트럭처링과 리엔지니어링이 회사의 쇠퇴 과정을 멈출 수 없을 경우에만 그들의 전략을 재생성하고 산업을 재창안할 필요성을 느낀다. 선도 기업이 되기 위해서 경영자들은 회사가 실질적으로 주목해야 할 부분이 미래를 위한 경쟁 기회라는 점을 인식해야 한다.

미래를 준비하는 능력

10년 후 미래는 어떻게 될 것인가

당신의 회사 주변을 살펴보라. 최근에 시작한 유망한 사업 계획과 경영자들이 관심을 갖는 문제점들, 그리고 업무 성과를 측정하는 척도와 기준을 살펴보라. 동료들이 어떤 야망과 두려움을 가지고 있는지 그들의 표정을 살펴보라. 먼저 미래를 내다보고, 회사가 몇 년 혹은 몇십 년 뒤에 다가올 미래에 어떻게 대처해 나갈 것인지 그 능력을 가늠해보라.

스스로에게 질문을 던져보자. 우리 회사의 경영진들은 향후 십년 후에 산업이 어떻게 변화할 것인가에 대해 명확하고, 공유될 수 있는 이해력을 가지고 있는가? 미래를 바라보는 우리 회사의 시각은 경쟁사들과 차별화되어 있는가?

이러한 것은 결코 의례적인 질문들이 아니다. 이제 연필을 들고 당신의 회사를 평가해보라.

미래에 대한 경영진의 전망은 경쟁사와 비교해볼 때 어떠한가?

진부하고 보수적 ——————————————— 독특하며 장기적

경영진의 관심을 끌 수 있는 사업안은 어떤 종류인가?

핵심 과정의 리엔지니어링 ——————— 핵심 전략의 재창출

경쟁사들은 당신의 회사에 대해 어떻게 생각하고 있는가?

주로 규칙의 추종자로서 ——————— 주로 규칙의 제정자로서

당신의 회사가 보유한 강점은 무엇인가?

운영의 효율성 ——————————————— 기술 혁신과 성장

경쟁우위를 차지하기 위한 노력의 주안점은 무엇인가?

경쟁사 쫓아내기 ——————————————— 선두에 나서기

당신이 변화를 추구하는 요인은 무엇인가?

경쟁사 ——————————————————— 미래에 대한 예지력

당신은 대부분의 시간을 현상 유지를 하기 위한 정비 기술자로서 일하는가, 혹은 미래를 계획하는 설계자로서 일하는가?

기술자로서 ——————————————————— 설계자로서

만약 당신의 평가 등급이 중간 정도에 있다거나 왼쪽으로 치우쳐 있다면, 당신의 회사는 과거의 것을 지키려는 데 힘쓴 나머지 미래를 창조하

는 데는 소홀하다고 볼 수 있다.

미래를 위한 경쟁에 관해 경영진들과 이야기할 때, 우리는 그들에게 보통 3가지 질문을 던진다.

첫째, 회사 내부적인 것 외에 대외적인 문제를 다루는 데 사용하는 시간은 어느 정도인가? 예를 들면, 조직의 비용 분배를 논의하는 대신에 새로운 특정 기술과 관련된 사항을 이해하는 데 얼마나 많은 시간을 쓰는가 등이다.

둘째, 이와 같이 대외적인 사항을 검토할 때 당면한 큰 계약을 어떻게 체결할 것인가, 혹은 경쟁사의 가격 변동에 어떻게 대응할 것인가 등의 걱정보다는 5~10년 뒤의 변화를 생각하는 데 얼마나 많은 시간을 할애하는가?

셋째, 대외적이고 미래지향적인 사항을 검토할 때 동료들의 견해가 자신의 견해와 반대될 경우, 깊이 공감할 수 있고 제대로 검증된 미래 전망을 설계하기 위해 팀워크를 이루어 작업하는 데 얼마나 많은 시간을 투입하고 있는가?

이와 같은 질문에 대한 응답은 일반적으로 소위 '40/30/20 법칙'을 따른다. 경험적으로 볼 때 최고경영자는 자기 시간 중 약 40퍼센트 정도를 대외적인 사항에 집중적으로 사용하며, 이 중 30퍼센트는 앞으로 몇 년 혹은 그 이상의 미래에 대한 전망에 쓴다. 미래 전망에 사용되는 시간 중 20퍼센트 정도만이 미래에 대한 총체적인 견해를 설정하는 데 할애된다(나머지 80퍼센트는 특정 사업에 대한 장래성을 검토하는 데 소요된다). 따라서 평균적으로 최고경영진들이 미래에 대한 기업 차원의 예지력을 설계하는 데 사용하는 시간은 3퍼센트(40퍼센트×30퍼센트×20퍼센트) 미만 정도이다. 일부 회사의 경우 그 비율이 1퍼센트도 안 될 때가 있다.

경험상으로 볼 때 미래에 대한 명확한 전망을 위해서는 경영자들이 보다 많은 시간을 기꺼이 투입해야만 한다고 생각한다. 그리고 경영자들은 미래에 대한 명확한 이해를 위해 처음의 노력을 이어 나가, 미래가 그들 앞에 펼쳐졌을 때 그 통찰력을 현실에 잘 적용시켜야 한다.

실질적이고 지속적인 지적 능력뿐만 아니라 높은 수준의 몰입도를 가지고 다음과 같은 질문에 대답해야만 한다. 우리는 어떠한 새로운 핵심 역량을 구축할 필요가 있는가? 우리가 시도해야 할 새로운 제품 개념은 무엇인가? 어떠한 제휴를 형성해야 하는가? 우리가 유지해야 할 기초 투자 계획은 무엇인가? 우리가 추구해야 할 장기 조정 계획은 무엇인가?

이와 같은 질문들이 대부분의 회사들로부터 주목받지 못하고 있는 것은 경영자들이 태만하기 때문은 아니다. 오히려 대부분의 경영자들은 그 어느 때보다 더 열심히 일하고 있다. 그 이유는 그들 스스로나 혹은 종업원들에게, 자사의 미래를 완벽하게 통제하고 있지 못하다는 사실을 인정하고 싶지 않기 때문이다.

이와 같은 어려운 질문들에 대해 제대로 답변이 이루어지지 않는 이유는 이 질문들이 일련의 가정에 대한 도전으로 여겨질 수 있기 때문이다. 그 가정이란 최고경영진이 실제로 미래를 통제하고 있고, 조직 내의 다른 누구보다도 정확한 예지력을 가지고 있으며, 또한 회사의 장래성에 대한 명확하고 확신에 찬 전망을 하고 있다는 것이다. 이것은 일종의 착각이지만, 경영자들은 흔히 이와 같은 착각에서 빠져나오려고 하지 않는다. 따라서 당면한 업무가 회사의 미래에 관련된 중요한 업무보다 우선하게 되며, 미래는 미개척 상태로 남고 미래에 대한 예측보다는 행동하는 능력이 리더십의 유일한 척도가 된다.

리스트럭처링을 넘어서

최근 몇 년간 많은 기업들이 경험한 고통스러운 격변들은 산업 변화의 가속도를 따라잡는 데 구시대 산업 지도자들이 실패했음을 잘 반영해준다. 변화에 대한 노력은 몇십 년에 걸쳐 시어즈Sears, GM, IBM, 웨스팅하우스Westinghouse, 폭스바겐Volkswagen 등 여러 기업에서 진행되어왔지만, 결국 과거의 연장선상에 머물러 있는 상태였다. 이 회사들은 리더가 아닌 관리자에 의해서, 즉 미래의 설계자가 아닌 관리기술자(maintenance engineer)에 의해서 경영되어왔다.

만약 미래의 설계에 경영자들이 시간을 할애하지 않는다면 무엇이 그들의 관심사일까? 리스트럭처링(restructuring)과 리엔지니어링(reengineering)이다. 두 가지 모두 필요하고 중요한 업무이기는 하지만, 이것들은 미래 산업의 건설보다는 현재 진행 중인 사업의 유지에 더 밀접하게 관련되어 있다. 그러나 미래로 가는 길목에서 방관자로 정체돼 있는 기업은 조직 구조나 가치, 기술이 점진적으로 산업 현실에 적응하지 못하게 된다.

산업 변화의 속도와 기업 내 변화 속도 간의 격차가 조직 전환의 필요성을 야기하게 된다. 기업의 조직 전환은 전형적으로 다운사이징(downsizing), 비용절감, 권한위임, 업무 프로세스 재설계, 자산 포트폴리오 합리화 등을 포함한다. 경쟁의 문제가 더 이상 간과될 수 없을 때 (예를 들면, 성장 침체, 수익 감소, 시장 점유율 하락 등의 현상으로) 대부분의 경영자들은 칼을 들고 고통스런 리스트럭처링을 시작한다. 그 목적은 조직의 지방층을 제거하고 성과가 부진한 사업을 절단하는 것이다. 응급 수술을 할 배짱이 없는 경영진들은 IBM의 존 에이커스John Akers나 GM의 로버트 스템플Robert Stempel처럼 CEO의 자리를 내놓을 수밖에 없을 것이다.

재집중(refocusing), 직층 통폐합(delayering), 재정비(decluttering), 적정 규모 유지(대부분의 경우 '적정 규모'가 '작은 규모'를 의미하는 것은 왜일까?) 등이 리스트럭처링이란 미명하에 이루어지는 결론은 항상 고용인원의 감축이었다. 1993년 미국의 대기업들은 약 60만 명의 고용인원을 정리해고했다. 이는 1992년에 비해 25퍼센트, 그리고 미국의 경기침체가 극에 달했던 1991년보다 10퍼센트가 더 증가된 규모였다. 한편 유럽의 기업들도 자신들의 심판의 날을 연기하기 위해 오랫동안 노력해왔지만 고임금과 통제할 수 없는 고용비용으로 인해 미국처럼 다운사이징 경영에 착수할 수밖에 없었다. 글로벌 경쟁, 생산성 강화, 기술의 영향 등의 변명에도 불구하고, 미국 대기업이 단행한 정리해고의 대부분은 의자에 앉은 채 잠이 들어 미래를 향한 전환점을 놓쳤던 경영자들이 저지른 실책의 산물이었다.

전혀 성장하지 않거나 성장이 느린 기업이 신입사원 고용과 전통적인 연구개발 예산, 투자 계획 등을 충당해내기란 거의 불가능하다. 특히 성장이 저조한 경우는 흔히 비용 증가(IBM의 경우), 비관련 사업 다각화로 인한 투자 분산(제록스의 금융 서비스 업종 개입), 완강한 보수적인 사원에 의한 조직 마비 상태 등과 같은 문제에서 비롯된다. 주주들이 빈사 상태의 회사에 대해 거리낌 없이 계속적인 전진 명령을 내리는 것은 그리 놀랄 만한 일이 아니다.

예를 들어, '다운사이징 하시오', '자산 증가를 위해 노력하시오', '기본으로 돌아가시오' 등이다. 대부분의 기업에서는 투하자본수익, 주주가치, 종업원 1인당 수익 등이 최고경영진의 성과에 대한 주요 평가기준이 되어버렸다.

리스트럭처링은 불가피하게 수행되었고, 대부분의 경우 훌륭하게 수행되었다. 하지만 리스트럭처링은 효율성과 생산성이라는 미명하에 개인의 삶과 가정과 사회를 파괴하고 있다. 경영자들이 한 가지 목적만을 추구하도록 하면 기업의 경쟁력에 좋은 영향을 미칠 수 있겠지만 그만큼의 악영향을 초래한다. 이 부분에 관해서 자세히 살펴보기로 하자.

만약 기업 자원을 효과적으로 활용하지 못하면, 다른 사람이 그 기회를 가지게 될 것이라는 사실을 너무나 잘 간파하고 있는 최고경영자가 있다고 상상해보자. 이 최고경영자는 강도 높은 투자수익 증가 계획을 시도할 것이다. 투자수익률(Return of Investment, ROI)는 2가지 구성요소를 가지고 있는데, 분자는 순수익이며, 분모는 투자나 순자산, 혹은 투하자본이다.(서비스 산업의 경우, 보다 적절한 분모는 종업원 수일 것이다.) 경영자들은 순이익을 올리는 것이 자산이나 종업원을 감축하는 것보다 더 어렵다는 것을 안다. 분자(순수익)를 증가시키기 위해서는 최고경영자가 새로운 사업 영역을 개척하는 데 대한 감각이 있어야 하고, 변화하는 고객의 욕구를 충족시킬 수 있어야 하며, 새로운 경쟁력 제고를 위한 투자 확대 등의 역할을 수행할 수 있어야 한다. 따라서 민첩하게 투자수익률을 향상시켜야 한다는 강박관념에 빠져 있는 경영자들은 가장 빠르고 확실한 결과를 불러일으킬 수 있는 수단, 즉 분모를 조정하는 작업을 하게 된다.

미국과 영국은 분모에 집착하는 경영자 세대를 배출했다. 그들은 다른 어떤 경영자들보다 다운사이징 경영, 재정비, 직층 통폐합, 지위박탈 등을 이끌어내는 데 능수능란하다. 최근의 다운사이징 경영 파장이 일기 전부터 미국과 영국의 기업들은 평균적으로 세계에서 가장 높은 자산 생산성 비율을 나타냈다. 즉, 분모를 관리하는 경영이 바로 자산 생산성을 높이는 회계상의 지름길이라고 이야기할 수 있을 것이다.

기업이 미래를 설계할 때 반드시 선두주자가 되어야 한다고 오해하지 않기를 바란다.

  생산성을 향상시킬 수 있는 길은 여러 가지가 있다. 분모를 삭감하여 총수익은 그대로 유지하면서 자본 생산성을 증가시키는 방법도 있고, 총수익을 성공적으로 증가시키는 방법도 있다. 후자의 경우라면 어떤 기업이라도 성장이 다소 느려질지는 몰라도 자본과 고용 기반을 최고의 위치로 끌어올릴 수 있다. 그러므로 전자의 접근법이 필요하기는 하지만 후자의 접근법이 일반적으로 더 바람직하다고 믿는다.

  경쟁 업체가 총수익의 실질적인 성장률을 5퍼센트, 10퍼센트 혹은 15퍼센트까지도 이루어낼 수 있는 능력이 있는 상황에서, 수익이 신통치 않다고 공격적으로 분모를 감축하는 것은 단순히 시장점유율과 회사의 미래를 팔아치우는 것에 불과하다. 마케팅 전문가들은 이를 수확 전략(harvest strategy)이라는 용어로 표현하면서 매우 어리석은 행동이라고 주장한다.

  예를 들면, 1969년과 1991년 사이 영국의 제조업 생산액(분자)은 실질 증가율이 단지 10퍼센트 정도였다. 그런데 같은 기간 동안 영국의 제조업체에 고용된 종업원 수(분모)는 거의 절반으로 줄었다. 그 결과 1980년대 초반과 중반에 영국의 제조업 생산성은 일본을 제외한 다른 어떤 산업국가들보다 빨리 증가했다. 이를 두고 영국의 경제 논평지와 보수당 관료들은 성공이라고 표현했지만, 실제로는 씁쓸했다.

  노동조합의 역할을 제한하는 새로운 법률과 노동력 감축을 제한하는 법률적 장애가 완화됨으로써 경영자들이 비효율적이고 시대에 뒤떨어진 업무수행을 하는 동안 영국 기업들은 국내외에 새로운 시장을 개척할 능력이 거의 없다는 것이 증명되었다. 그 결과 영국 기업들은 세계적으로 시장 점유율의 하락을 경험하게 되었다. 그 당시의 『파이낸셜 타임즈』를 읽으면 영국이 마침내 일본의 생산성과 동등한 수준에 이르게 되었다는 기사를 접할 수 있을 것이다. 그리고 영국 제조업계에서 마지막까지 살아남은 사람은 지구상에서 가장 생산력이 뛰어난 천재라고 칭찬하는 기사를 발견할 수 있을 것이다.

그러나 이와 같이 분모를 줄이기 위해 늘어난 실직자들로 인한 사회적 비용은 매우 컸다. 비록 개별 기업이 이와 같은 비용을 일부 피할 수 있다 하더라도 사회는 그럴 수 없었다. 영국에서는 서비스 업종이 실직 당한 모든 제조업 노동자들을 흡수할 수 없었을 뿐 아니라, 1989년에 시작된 경기침체로 인해 서비스 부문 역시 지독한 다운사이징을 겪었다. 다운사이징은 또한 종업원의 사기를 급격히 저하시켰다. 종업원들은 '사람이 가장 귀한 자산이다'라고 들었지만 실제로 그들이 느끼는 현실은 사람이 가장 소비적인 자산으로 전락한 것이었다.

리스트럭처링은 근본적으로 경영 향상을 가져오지 못한다. 기껏해야 시간을 버는 정도이다. 적어도 3년간의 리스트럭처링 경험이 있는 미국의 16개 대기업을 연구한 결과, 다음과 같은 사실을 알게 되었다. 즉, 리스트럭처링은 주로 기업의 주가를 올리는 데 기여했지만, 그 같은 주가 상승은 일시적이라는 것이다. 설문조사에 따르면, 3년간의 리스트럭처링을 거친 기업의 주가는 리스트럭처링 이전보다 성장률 지표가 평균적으로 훨씬 떨어져 있었다.

리엔지니어링도 정답이 아니다

다운사이징은 과거의 실수를 바로잡으려는 시도이지 미래의 시장을 창조하려는 것이 아니다. 그러므로 외형상 규모를 작게 하는 것만으로는 충분하지 않다. 리스트럭처링의 한계를 인식한 현명한 경영자들은 리엔지니어링으로 관심을 돌린다. 리스트럭처링과 리엔지니어링의 차이점은, 리엔지니어링의 경우 실제로 항상 그런 것은 아니지만, 일반적으로 외형상의 긴축뿐만 아니라 호전될 것이라는 미래에 대한 희망을 안겨준다. 그러나 대부분의 기업에서는 리엔지니어링을 실시하는 데 선도적이기보다는 뒤쫓아 가기에 급급한 편이다.

예를 들면, 디트로이트에 소재한 미국의 자동차 제조업체들은 품질과 가격 면에서 일본을 경쟁적으로 쫓아가고 있다. 공급망이 재구성되었고, 제품개발과정이 재설계되었으며, 제조 과정의 재구축이 이루어졌다. 그러나 미국 자동차 업계의 회생을 알리는 주요 소식들은 보다 깊은 속사정을 간과했다. 수천 명이 직장을 잃게 되었고, 미국 내 시장점유율이 약 20퍼센트 정도 감소했으며, 미국 자동차 제조업계가 가까운 미래에 경기가 활성화될 아시아 시장에서 일본을 이겨낼 희망이 전혀 없다는 것 등을 말이다.

따라가는 것만으로는 충분하지 않다. 1980년대 말에 실시된 설문조사에 따르면, 미국 경영자들의 80퍼센트가 2000년대에는 품질이 경쟁우위의 근본적인 원천이 될 것이라고 믿고 있었다. 그러나 일본 경영자들의 절반은 이에 동의하지 않았다. 그들의 주된 목표는 새로운 제품과 사업을 창조해내는 것이었다.[1] 이것은 일본 경영자들이 품질을 등한시한다는 것을 의미하는가? 물론 아니다. 단지 2000년대에는 품질이 시장 진입을 위한 수단이 될 뿐이지 경쟁력을 차별화할 수 있는 요소는 아니라는 것이다. 일본 경영자들은 미래의 경쟁우위가 현재와는 다를 것이라는 것을 깨달은 것이다. 이것은 디트로이트의 자동차 회사들이 미래의 경쟁을 위해 연비(燃比) 효율과 신뢰성의 제고를 통해 흥미를 끌 수 있는 차종을 생산해낼 것인지, 아니면 다시 한 번 과거의 월계관에 의존할 것인지를 관망해볼 수 있게 한다.

아직도 많은 최고경영자들이 경쟁우위가 품질·출시 시기·고객 요구 만족 등의 요소에 의해 결정된다는 생각을 갖고 있다. 이러한 요소의 우위는 생존을 위한 전제 조건이기는 하지만 미래의 경영을 구상하기에는 미흡하다. 경영자들은 흔히 모방으로부터 가치를 창조하여 이를 적응성이라는 감각적인 색깔로 포장하려고 애쓰지만, 대부분 보다 상상력이 뛰어난 경쟁자들의 전략을 모방한 것에 불과한 것이다.

제록스의 경우를 보자. 1970년대와 1980년대까지 제록스는 시장점유율의 상당 부분을 캐논, 샤프와 같은 일본 경쟁사에 빼앗겼다. 회사가 존폐 위기에 놓였다는 것을 인식한 제록스는 경쟁사를 기준 모델로 하여 업무 과정을 근본적으로 리엔지니어링 했다. 덕분에 1990년대 초에는 비용을 절감하고 품질을 향상시켜 고객을 만족시킬 수 있는 방법을 제시하는 교과서상의 모범 사례로 부각되었다.

그러나 새로운 '미국의 사무라이' 라는 말 속에는 2가지 사실이 간과되었다. 첫째, 제록스가 시장점유율의 잠식을 막을 수는 있었지만 일본 경쟁사에 빼앗긴 점유율을 완전히 되찾지는 못했다는 사실이다. 캐논은 아직까지 세계에서 가장 큰 복사기 제조업체 중의 하나이다. 둘째, 제록스는 레이저 프린터, 네트워킹, 아이콘형 컴퓨터, 휴대용 컴퓨터 등의 연구에 선구적인 역할을 하고 있었음에도 불구하고 복사기 사업을 벗어난 실질적인 새로운 사업을 창조해내지 못했다.

제록스는 오늘날 우리가 알고 있는, 그리고 미래에 나타날 사무실을 창안해냈지만 실제로는 그들이 창조해낸 것으로부터 거의 수익을 얻지 못했다.

　사실상 제록스는 역사상 다른 어떤 기업보다도 더 많은 매출 규모의 시장을 상품화시키지 못한 채 기술 혁신의 상태로 보류하였다. 이는 새로운 사업을 창출해내기 위해서 제록스가 자사의 핵심 전략을 리엔지니어링 하지 못했기 때문이다. 시장, 유통 경로, 고객, 경쟁사, 관리자를 승진시키는 기준, 성공을 측정하는 척도를 규정하는 방법 등을 새로 마련했어야 했다. 기업이란 호전될 때보다는 축소될 때 현재의 사업을 더 빨리 포기하게 된다. 마찬가지로 기업이 아무런 변화 없이 호전된다면 그 기업은 미래의 사업을 포기하는 셈이 된다.

　우리는 자신의 기업을 시장의 선도자로 자칭하는 경영자들을 접하게 된다.(시장의 한계를 결정하기에 충분한 창의성을 가진 기업이라면 거의 어떤 기업도 시장의 선도자라고 주장할 수 있다.) 그러나 현재의 시장 리더십이 미래의 시장 리더십을 확실하게 보장하지는 않는다. 다음의 2가지 방향의 질문에 대해 생각해보라.

현재	미래
• 현재 어떤 고객에게 서비스를 제공하는가? • 현재 어떤 경로를 통해서 고객에게 접근하는가? • 현재 경쟁사는 어디인가? • 현재 당신의 경쟁우위 기본은 무엇인가? • 현재 수익은 어디로부터 오는가? • 현재 당신을 차별화시키는 기술과 능력은 무엇인가?	• 미래에 어떤 고객에게 서비스를 제공하게 될 것인가? • 미래에 어떤 경로를 통해서 고객에게 접근할 것인가? • 미래 경쟁사는 어디가 될 것인가? • 미래 당신의 경쟁우위의 기본은 무엇이 될 것인가? • 미래 수익은 어디에서 올 것인가? • 미래의 당신을 차별화시킬 기술과 능력은 무엇이 될 것인가?

　만약 최고경영자들이 미래에 대한 질문에 비교적 세밀한 답변을 가지고 있지 않다면, 그리고 그들이 가지고 있는 답변이 현재에 대한 답변과

별다른 차이가 없다면, 그 기업이 미래 시장의 선도자로 남게 될 가능성은 거의 없다. 한 기업이 현재 지배하고 있는 시장은 앞으로 10년에 걸쳐 실질적으로 크게 변화할 것이다. 지속적인 시장 선도자는 존재하지 않으며, 그것은 반드시 끊임없이 재창조되어야 한다.

미래를 창조하는 기업

조직 전환은 미래 산업에 대한 전망을 통해 추진되어야 한다. 우리는 현재의 산업이 앞으로 5년 혹은 10년 후에 어떠한 모습으로 형성되기를 원하는가? 산업이 우리에게 최대한 유리한 방향으로 발전하도록 만들기 위해서 우리는 무엇을 해야 하는가? 현재 산업이 미래에 유리한 지위를 획득하기 위해 우리는 지금 어떤 기술과 능력을 구축해야 하는가? 현재 규정된 사업 단위와 부문에는 잘 들어맞지 않는 기회들을 어떻게 운용해 나가야 할 것인가? 대부분의 기업이 조직 내에서 미래에 대한 공통된 시각을 가지고 시작하는 것은 아니기 때문에 최고경영자들의 첫 번째 임무는 조직 내의 총체적인 지혜를 함께 도출해내기 위한 과정을 개발하는 것이다.

미래에 대한 관심, 기회의 영역에 대한 감지력, 조직 변화의 이해력 등은 어떤 특정 그룹의 영역이 아니다. 한 회사의 전 계층에 있는 구성원들이 서로 협력해야만 미래를 구상할 수 있는 것이다.

미래에 대한 전망을 수립하기 위한 과정을 개발한 기업으로는 미국 텍사스 주 플라노Plano에 위치한 EDSElectronic Data System를 들 수 있다. 1992년 당시 EDS의 지위는 견고해 보였다. 82억 달러의 매출과 함께 EDS는

30년간 연속적으로 기록적인 수익을 기록했으며, 컴퓨터 서비스 아웃소싱에서도 지속적인 수요의 증가를 기대했다. EDS는 2000년까지 적어도 외형상 250억 달러의 회사가 될 것으로 기대되었다.

그러나 레스터 알버탈Lester Alberthal 회장을 포함한 일부 최고경영자들은 일련의 문제점들을 예견했다. 앤더슨 컨설팅Andersen Consulting과 같은 새로운 경쟁사들에 의해 수익 면에서 강한 압박을 받고 있었으며, 고객들은 장기 서비스 계약을 체결할 때 대폭적인 할인을 요구하였다.

또한 미국에서는 첨단의 정보기술(IT) 사용자들 가운데 신규 고객이 거의 나타나지 않았다. 미래 산업은 EDS의 전문 분야인 대형 컴퓨터(mainframe)가 아닌 데스크탑 컴퓨터(desktop computer)를 요구할 것이다. 왜냐하면, 가장 흥미 있는 새로운 정보 네트워크 서비스는 더 이상 사무실이 아닌 일반 가정집에 초점을 두게 될 것이기 때문이다.

리더십위원회Leadership Council에 속한 그 회사의 고위급 임원들은 EDS가 다른 성공한 기업들과 마찬가지로 더 이상 '위대한 기업 병(great company disease)'에 걸리지 않는다고 장담할 수 없다고 결론 내렸다. 이 위원회의 구성원들은 1990년대 이후 업계의 선도적 위치를 재구축해야 할 것이라고 자신들의 입장을 밝혔다.

공교롭게도 그 회사의 다른 사람들도 이미 비슷한 생각을 하고 있었다. 1990년 EDS 관리자들이 모여 기업변화 팀을 만들었다. 팀원들은 그 어느 누구도 회사의 임원이 아니었을 뿐더러, 공식적인 권한이 없었음에도 불구하고 EDS가 나아가야 할 방향과 가장 근본적인 가정을 재고할 필요가 있다고 믿었다. 그들은 곧 이 일이 하나의 작은 팀보다는 훨씬 더 많은 인재들로 구성된 팀에서 추진되어야 한다고 생각했다.

이 팀의 근본 목적에 대하여 리더십위원회와 논의한 후에 기업변화 팀은 회사를 재건시키기 위한 독특한 접근법을 개발해냈다. 전세계에 소재한 그 회사의 인력 중에서 도전적이고 영리하며, 진취적이라고 알려진 핵심 관리자들이 한 팀당 30명씩, 총 150명이 미래 창조를 논의하기 위하여 달라스Dallas에 모였다. 5개 팀은 별도로 모여서 EDS에 닥쳐올 경제적 위협과 디지털 혁명에 의해 주어질 사업기회를 세부적으로 논의했다.

각 팀은 서로 다른 과제를 한 가지씩 부여받았다. 첫 번째 팀은 EDS가 산업의 외형을 변형시키기 위해 사용할 수 있는 불연속성들을 연구했다. 두 번째와 세 번째 팀은 현재 EDS가 활동하고 있는 시장의 범주를 벗어나서 실질적으로 독립된 회사의 경쟁력을 키우기 위한 방안을 마련하는 과제를 부여받았다.

그들은 EDS의 가장 강력한 경쟁사들에 대적할 만한 경쟁력의 기준점을 마련했다. 네 번째 팀은 앞서 언급한 세 개 팀들의 작업 결과를 활용하여 사업기회의 범위를 모색했다. 다섯 번째 팀은 경쟁력을 키우고 사업기회를 개발하는 데 EDS의 더 많은 자원을 투입할 것인가를 심사숙고했다.

각 팀의 결론은 리더십위원회를 위시한 다른 팀들에 의해서 철저하게 재검토되었다. 마침내 모든 팀의 구성원들이 모여서 기업전략의 초안을 작성했으며, 그 초안은 다시 전사적으로 논의되었다.

EDS의 새로운 전략은 국제화, 정보화, 개인화라는 세 단어로 집약된다. 이 전략은 정보기술을 이용하여 지리적·문화적·조직적 한계를 극복하기 위한 회사의 능력에 기초한다. 이것은 고객의 자료를 정보로, 정보를 지식으로, 지식을 행동으로 전환할 수 있도록 돕기 위한 것이다. 그리고 매스커스터마이제이션(mass-customization)을 통해 고객들이 정보 서비스와 제품들을 대량 주문할 수 있도록 하기 위한 것이었다.

미래에 대비해 이 전략을 개발하는 과정에서 좌절과 놀라움, 예상치 못한 통찰력이 일어났고 마감 시간을 놓치는 경우도 많았다. 2천 명 이상의 인원이 EDS의 새 전략을 창조하는 데 참여했으며, 거의 3만 명분의 작업 시간이 이를 준비하는 데 투여되었다. 투자한 시간의 3분의 1 이상이 회사의 정상 근무외 시간으로 이루어졌다.

이 과정을 통해 EDS는 1년 전보다 실질적으로 더욱 광범위하고 창조적이며 예지적인 역할에 대한 의식을 가지고 다시 일어섰다. 이러한 전망은 단순히 몇몇 기술 전문가나 기업 비전 수립자에 의해서가 아니라 모든 EDS 고위경영자들에 의해서 채택되었다. 실로 이 과정에 참여했던 사람들은 이것이 전략 개발에 공헌한 것과 마찬가지로 리더십 개발에도 기여했다고 했다.

비전 보다 산업 예측력을 가져라

EDS가 이룩해낸 것과 같이 미래를 창조하기 위해서는 산업 예측력(industry foresight)이 필요하다. 왜 우리는 단순히 비전이 아닌 예측력(foresight)이라고 이야기하는가? 비전은 꿈이라든가 환영이라는 뜻을 내포한다. 그리고 산업 예측력이라는 것은 한 줄기 섬광의 통찰력(insight) 이상의 뜻을 내포한다. 산업 예측력은 기술, 인구 통계, 법규, 생활양식 등의 추세에 대한 깊은 통찰력을 바탕으로 한다. 즉, 이러한 추세에 대한 통찰력을 이용해서 새로운 산업 규율과 경쟁 영역을 창출하게 된다. 이와 같은 추세에 대한 잠재적인 의미들을 이해하기 위해서는 창의력과 상상력이 요구되지만 견고한 토대를 바탕으로 하지 않는 비전은 비현실적이 되기 쉽다.

이런 이유로, 산업 예측력은 여러 사람들의 비전의 통합체이다. 흔히 저널리스트들이나 아첨하기 좋아하는 부하들은 예측력을 특정한 한 사람의 비전으로 단정 짓는다. '컴퓨터와 통신'이라는 NEC의 비전 개념이 신뢰를 얻게 된 것은 아키라 고바야시가 창안했기 때문이라고 할 수도 있다. 그러나 컴퓨터와 통신이라는 두 산업 분야 간의 수렴점을 개발하려는 그 아이디어는 NEC의 다수 구성원들의 생각을 통합한 것이다. 중역들만이 산업 예측력을 가지고 있는 것은 아니다. 사실상 그들의 주된 임무는 전 조직에 걸쳐 존재하는 예측력을 집약하고 개발하는 것이다.

변화가 불가피한 것이라면, 경영자들이 결정해야 할 실질적인 문제들은 다음과 같다. 즉, 변화를 뒤늦게 위기 상황에서 맞이할 것인가 아니면 예측력을 가지고, 조용하고 신중하게 준비된 상황에서 맞이할 것인가, 조직 전환이 보다 예측력이 있는 경쟁사들에 의해 이루어질 것인가 아니면 스스로의 전망에 의해 이루어질 것인가, 조직 전환이 단속적이고 무모하게 이루어질 것인가 아니면 연속적이고 평화적으로 이루어질 것인가 하는 것이다. 화려한 한방은 신문지상에 대서특필되기도 하지만, 그 실질적인 목적은 결과 면에서 혁명적이고 실행에서는 점진적인 전환이어야 한다.

미래에 관한 전망은 단 한 번의 대대적인 노력에 의해서가 아니라 회사 내에서 끊임없는 논쟁을 통해 지속적으로 진행되는 프로젝트이어야 한다. 불행하게도 대부분의 기업들은 리스트럭처링과 리엔지니어링이 회사의 쇠퇴 과정을 멈출 수 없을 경우에만 그들의 전략을 재생성하고 산업을 재창안할 필요성을 느낀다. 산업 변환에서 선도적인 위치에 서기 위해서, 그리고 출혈 없는 혁명을 실행할 기회를 갖기 위해서, 최고경영자들은 기업이 실질적으로 주목해야 할 부분이 미래를 위한 경쟁기회라는 점을 인식해야 한다.

3

변화적응속도 높이기

아리 드 호이스
Arie P. de Geus

장수하는 기업들의 공통점은 환경에 대한 적응력이 뛰어나다는 점이다. 이들 기업은 경영 환경이 좋을 때는 적극적인 성장전략을 취하다가도 불황이 닥쳐오면 즉시 생존 중심의 전략으로 전환한다. 이러한 전략의 전환은 그냥 이루어지는 것이 아니다. 경영진이 환경변화를 인지하고 이에 적절히 대응해 나갈 수 있는 학습 능력을 갖추고 있을 때에만 가능하다. 이러한 이유에서 계획은 학습으로, 기업의 전략 기획은 제도적 학습의 문제로 볼 수 있다.

제도적 학습은 개인의 학습보다 훨씬 어려운 작업이다. 새로운 정보를 받아들이는 문제에서 조직은 아무래도 개개인의 속도에 비해 뒤떨어진다. 조직이 새로운 신호를 받아들이고 이해하고, 확신하며, 실행에 옮기는 데에는 상당한 시간이 소요된다. 기업 내에서 이러한 프로세스에 소요되는 시간을 줄이고 효율을 높이기 위해서는 효과적이고 수준 높은 제도적 학습이 지속되어야 한다. 기업 내 학습에서 일방적 가르침은 그 효과가 미미하며, 운용상에도 어려움이 따른다. 이보다는 게임의 형식을 통해 학습 대상자들이 스스로 문제를 해결하고 새로운 것에 대해 적응해 나가도록 하는 방안이 보다 효과적이다.

여기서 중요한 역할을 담당하는 것이 전이 대상(transitional object)의 존재이다. 어린아이가 인형 놀이를 하면서 실제 세상에 대해 많은 것을 익혀 나가듯이, 기업의 경영자들도 컨설턴트나 컴퓨터 모형을 통해 경영에 관한 학습을 해나갈 수 있게 된다.

제도적 학습과 관련하여 또 한 가지 중요한 것은, 이것이 원활한 정보 전달을 위한 언어 개발의 과정이라는 점이다. 유연하고 원활한 의사소통이 가능한 조직일수록 이러한 과정에 소요되는 시간이 단축되고 학습도 신속하게 진행될 수 있다. 결국 미래 기업에서 경쟁우위의 지속 여부는 경쟁 기업보다 빨리 학습할 수 있느냐에 달려 있다.

변화적응속도 높이기

기업의 제도적 학습은 개인 학습과 다르다

몇 년 전 쉘Shell의 전략기획팀은 75년 이상 사업을 지속해온 30개 기업을 대상으로 설문조사를 실시했다. 이 조사에서 가장 인상적이었던 내용은 경영환경 변화에 대해 이들 기업이 적응해가는 방식이었다.

즉, 이들 기업은 환경 변화가 심한 위기 상황에서는 생존형 전략을, 그리고 안정기에는 자기개발 전략을 취해왔다. 이는 쉘이 과거 성장 과정에서 보여준 확장, 자기보전, 재성장의 변화 과정과 유사한 것으로 설문조사를 수행한 기획팀에는 매우 익숙한 형태이기도 했다.

쉘은 초창기에 극동지역에서 번영을 누리면서 통에 담아 파는 등유와 중국식 등잔용 기름 시장을 장악하고 있었다. 그러나 록펠러의 스탠더드 오일Standard Oil이 가격 인하를 통해 시장의 우위를 확보하게 되면서 위기감을 느낀 쉘은 번영이 아니라 생존을 위한 전략으로 전환하였다. 그전까지 극동지역에서 독립적인 기업으로 경쟁을 벌이던 로열더치Royal Dutch 석유회사와 쉘 운송 및 무역회사가 1907년 합병하게 된 것도 생존을 위한 본능적인 움직임이었다.

이 합병은 4년 후 쉘이 스탠더드 오일에 대한 대응으로 신제품인 수마트라 가솔린을 갖고 미국 시장에 진출하는 데 기반이 되었다.

이러한 전략의 전환은 그냥 이루어지는 것이 아니다. 기업의 최고경영자가 경영환경 변화를 인지하고 이에 적절한 대응을 해나가는 능력이 있는 경우에만 가능하다. 다시 말하면, 이는 제도적 학습(institutional learning), 즉 기업의 경영진이 자사, 시장, 경쟁사에 대해 자신들이 공유하고 있는 정신적 모델을 바꿔 나가는 프로세스에 의존하고 있는 것이다. 이러한 이유에서 계획은 학습으로, 기업의 전략기획은 제도적 학습의 문제로 파악할 수 있다.

제도적 학습은 개인의 학습보다 훨씬 어려운 작업이다. 기업에서 경영자 개개인이 갖고 있는 사고의 수준은 매우 높아도, 정작 이들이 팀으로 활동하게 될 때 그 그룹의 사고 수준은 실망스러운 경우가 많다. 대개의 경우 팀 전체의 사고 수준은 팀 내에서 사고 수준이 가장 낮은 사람의 수준에도 미치지 못한다. 이러한 현상은 특히 팀 내에서 팀원의 활동이 자신의 영역에만 한정된 상황, 즉 생산담당자는 생산, 유통담당자는 유통, 마케팅담당자는 마케팅만을 생각하는 팀에서 두드러진다.

효과적이고 지속적인 높은 수준의 제도적 학습이 기업 성공에 필수불가결한 요인이라는 판단 아래 우리는 다음의 질문을 제기하였다.

"기업은 어떻게 학습하고 적응하는가?"
"기업의 학습에서 계획의 역할은 무엇인가?"

변화를 제도화 하라

첫 번째 질문인 '기업이 어떻게 학습하고 적응하는가?'에 대해 생각해 보자. 실제로 많은 기업들이 학습하고 적응하는 데 실패하며, 성공하더라도 오랜 시간이 걸린다는 것이 이 질문에 대한 바른 대답이 될 것이다. 1970년대에 당당히 『포춘』이 선정한 '500대 기업'에 들었던 기업들 중 3분의 1이 1983년에 이르러서는 사라졌다는 점을 볼 때, 이러한 사실은 보다 분명해진다. 또한 스튜어트 하우W. Stewart Howe가 1986년에 쓴 『기업전략(Corporate Strategy)』에 따르면, 위기를 성공적으로 극복하는 기업이 있는 반면에 그 두 배에 달하는 수의 실패 기업도 분명 존재한다. 그러나 이런 부정적 견해에도 불구하고 학습하고 적응하는 기업들이 분명히 존재한다. 설문조사 결과에 따르면 몇백 년, 심지어는 700년 동안이나 왕성하게 활동하는 기업들이 존재한다. 그 기업들은 무엇이 다른가? 어떻게 다른 기업보다 잘 적응하는 것일까?

사회학자나 심리학자에 따르면, 사람을 비롯한 모든 생명체는 변화에 따른 고통을 느낀다. 마찬가지로 기업도 고통스러운 위기를 경험하는데, 그 한 예가 인수 및 인수 위협의 물결이다. 이와 같은 위기의 경우, 기업이 수행하는 위기관리 혹은 고통관리의 방식은 변화에 대응하기 위한 방법으로는 상당히 위험한 것이다.

일단 위기에 빠져들게 되면 모든 조직 구성원은 고통을 경험하게 된다. 변화의 필요성은 명백하다. 문제는 시간과 선택의 여지가 거의 없다는 점이다. 점차 위기에 빠져들수록 선택의 여지는 점점 줄어들게 된다. 위기관리는 필연적으로 독재적 관리로 변화해간다. 위기의 긍정적인 측면은 의사결정이 신속하게 이루어진다는 점이지만, 성공적인 수행이 힘들다는 부정적인 면 또한 존재한다. 이 상황에서 대부분의 기업들은 살아남지 못하게 된다.

따라서 기업에 필요한 것은 고통을 수반하는 위기 상황에 빠지기 전에 미리 환경 변화를 인지하고 적절히 대응할 수 있는 능력이다. 설문조사에서 나타난 장수 기업들에서는 이러한 능력을 쉽게 발견할 수 있었다.

장수 기업들은 변화를 제도화制度化 하는 데 놀랄 만한 능력을 갖고 있다. 이들 기업은 절대로 한곳에 머물러 있지 않는다. 더욱이 이들 기업은 환경이 변화함에 따라 개발될 수 있는 내부 역량이 있음을 인식하고 있었던 듯하다. 한 예로 1906년 설탕 회사로 시작한 부커 맥코넬Booker McConnel은 점차 해운업의 능력을 증진시켰다. 브리티시 아메리칸 타바코British American Tobacco는 향수를 판매하는 것도 결국엔 담배를 판매하는 것과 같다는 사실을 알게 되었다. 1870년 해운 및 수송회사로 설립된 미츠비시의 경우도 선박 연료의 확보를 위해 탄광을 인수하고, 수입 선박의 수리를 위해 조선소를 설립했으며, 결국엔 해운업자의 자금 조달을 위해 수행하던 환전업을 기반으로 금융업에 뛰어들었다.

이와 같은 변화는 각 기업이 자사 및 환경의 변화에 대해 갖고 있는 지식에서 발생한다. 인간을 비롯한 모든 생명체가 학습을 하는 것처럼 기업 경영자들도 이러한 지식을 갖고 조직을 개발해 나간다. 사실 기업 내에서 이루어지는 대부분의 의사결정은 학습 과정으로 볼 수 있다. 이는 사람들이 논의를 통해 자신의 정신적 모델을 변화시키고 새로운 결합을 창출해내기 때문이다. 문제는, 특히 경쟁자보다 빨리 학습하는 능력이 거의 유일한 지속적 경쟁우위인 현 시점에서, 이러한 과정이 너무 뒤늦게 이루어진다는 점에 있다.

기업 학습에서 계획의 역할

두 번째 질문인 '기업 학습에서 계획의 역할은 무엇인가?'에 대해 생각해보자. 몇 년 전쯤 우리는 기업에 유익한 메시지가 제대로 받아들여지는 데 얼마나 많은 시간이 소요되는지에 대한 좋은 예를 찾을 수 있었다. 쉘에서 제도적 학습을 촉발하는 방법 중에 시나리오를 활용하는 방법이 있다. 쉘의 기획 담당자들에게 주어진 일련의 시나리오는 기존에 고도로 결합되어 있던 석유 산업이 더 이상 그렇지 않다는 명백한 사실을 보여주고 있었다. 그것은 기존에 그들이 갖고 있던 모든 모델에 대치되는 것이었다.

고도의 결합이 의미하는 바는, 자신이 속한 산업 내의 대부분을 통제할 수 있다고 가정해야만 최적화가 가능해진다는 것이다. 당연히 쉘이 과거에 추구하던 전략적 모델도 최적화에 기반한 것이었다. 하지만 시나리오를 통해 새롭게 도출된 결론은 과거에 추구했던 최적화와는 다른 경영 방식이 필요하다는 사실이었다.

그러나 기획담당자들이 보여준 첫 번째 반응은 정중한 사절이었다. 별다른 문제 제기나 토론도 없었고, 일부 경영자들의 태도는 비판적이기까지 했다. 이들은 시나리오가 기본적 이론에 근거한 것으로 누구나 알고 있는 것이며, 실제 기업 경영과는 괴리가 있다고 주장하였다. 결국 메시지가 이들에게 도달하기는 했으나, 제대로 받아들여지지는 않았던 것이다.

3개월이 지난 후에야 사람들은 메시지에 대해 많은 질문을 하기 시작했고, 토론도 이루어졌다. 메시지가 정착되고 경영자들이 새로운 몇 가지 사실들을 근거로 자신이 기존에 갖고 있던 정신적 모델을 변화시키는 데 그만큼의 시간이 소요된 것이다. 학습의 제1 과정인 흡수(absorption)가 일어난 것이다.

이후 9개월 동안 학습 과정 상의 다른 단계들이 이루어졌다. 쉘의 운영 관리자들은 자신의 모델에 새로운 정보를 추가하였다. 그들은 새롭게 구성된 모델을 근거로 결론을 이끌어내고 이를 과거 경험을 토대로 시험해 보았다. 그 결과 최종적으로 변화된 모델을 새로운 활동의 기반으로 삼았다. 청취(hearing), 소화(digestion), 확인(confirmation), 행동(action)의 각 단계가 각각 나름의 시간이 소요되면서 진행되었던 것이다.

경험에 비추어볼 때 이런 단계별 시간 소요는 전형적인 것이다. 대부분의 경우 처음 신호가 접수된 순간부터 실행에 옮겨지기까지는 12개월에서 18개월 정도의 시간이 걸린다. 여기서 우리의 관심은 기업 학습의 가능성 여부가 아니라 얼마나 빠른 시간 내에 학습할 수 있는가에 있다. 즉, 제도적 학습을 가속화시킬 수 있는지가 중요한 문제로 떠오른다.

제도적 학습의 가속화가 가능하다는 확신은 점차 강해지고 있다. 그 이유에 대해 설명하기 전에 먼저 학습과 계획 수립자의 역할에서 중요한 점에 대해 언급하고자 한다. 기업 내 학습은 오직 실행 권한이 있는 사람이 학습할 때에만 이루어진다.(쉘의 경우, 운영관리팀) 따라서 효과적인 계획 수립의 진정한 목적은 계획을 세우는 것이 아니라 소우주小宇宙, 즉 이들 의사결정자들이 갖고 있는 정신적 모델을 변화시키는 것이다. 이것이 바로 쉘을 비롯한 대부분의 기업들이 행하고자 하는 바이다.

기업의 학습을 보다 촉진시키고 가속화시키는 역할을 수행하면서 계획 수립자는 종종 몇 가지 함정에 빠지곤 한다. 학습 대상자들이 이해할 수 없는 정신적 모델을 기반으로 전파 작업을 시작하는 것, 또는 한꺼번에 너무 많은 단계를 수행하려는 것 등이다. 하지만 무엇보다 가장 심각한 문제는 정보를 전달할 때 가르친다는 측면에 치우쳐 있다는 점이다. 사실 가르친다는 것은 우리가 일상에서 너무나 익숙해져 있는 방식이다. 그러나 존 홀트John Holt가 지적한 대로 '가르치는' 형태는 지식을 전달하는 가장 비효율적인 방식 중의 하나이다. 이를 통해서는 기껏해야 40퍼센트 정도이고, 대부분의 경우 25퍼센트 정도의 내용만이 전달될 뿐이다.

일방적으로 전달되는 가르침이 얼마나 비효율적인가는 매우 충격적인 사실이다. 그러나 이는 과거의 경험을 통해 비추어볼 때 충분히 인정할 만한 사실이다. 결국, 한 사람의 업무량 기준으로 15년이 걸리는 시나리오를 요약해서 2시간 반 만에 전달하고는 청중의 이해를 바라는 것은 무리일 수밖에 없다.

기업의 경우 이러한 일방적인 가르침은 실행에서 또 다른 문제점을 갖고 있다. 가르침이라는 것은 권위가 동반되어야 한다. 즉, 해당 문제에 대해 교사가 학생보다 더 많은 지식과 이해력을 갖고 있다는 인식하에 가르치는 사람의 권위가 인정되어야 하는 것이다. 기업에서 오랜 기간 동안의 환경분석을 통해 계획을 수립한 사람은 그동안의 노력과 분석을 인정하는 경영진에 의해 권위가 부여된다. 그러나 그 권위가 이사회에서까지 유지되기는 어렵다. 권위가 유지되지 않는 상황에서는 더 이상의 가르침이 이루어질 수 없다.

학습의 가속화 방법

계획 수립과 그 역할에 대한 명백한 이해를 바탕으로 제도적 학습을 가속화시키는 방법을 찾아본 결과, 우리는 두 건의 사례를 통해 규정을 바꾸거나 그 적용을 일시 중지하는 것이 오히려 학습을 촉진한다는 사실을 발견하였다. 기업에서 규정은 매우 중요한 것이다. 대부분의 사람들이 규정 자체를 좋아하지는 않지만 기업 조직을 하나로 묶을 수 있는 매개체라는 점에서 이를 따르게 된다. 그럼에도 불구하고 종종 이러한 규정을 바꿈으로써 조직을 과거의 구태舊態에서 벗어나게 한 특별한 경영자들이 있다. 그들은 직관을 통해 조직과 그 조직이 현상을 바라보는 시각에 변화를 줌으로써 결과적으로 학습을 가속화하였다.

몇 해 전 우리는 '매년 상반기에 전략적 계획을 수립하라'는 새로운 규정을 도입하였다(당시 쉘은 하반기에 자본 예산을 다루는 사업계획 주기를 운용하고 있었다). 그 과정에서 우리는 우리가 가진 의도를 자세히 명시하지는 않았다. 이에 전략적 계획의 명확한 의미가 무엇인지를 문의하는 전화가 영업 부문 자회사로부터 계속 왔지만, 중요한 것은 숫자가 아니라 아이디어라는 모호한 대답만을 제시하였다. 자회사들은 점차 봄에 전략 계획 수립회의를 개최하기 시작하였다.

첫해에는 이 새로운 시도가 별 성과를 거두지 못했고, 단지 과거 이루어지던 사업계획의 반복에 불과한 정도였다. 그러나 두 번째 해가 되자 상황은 바뀌어 점차 참신한 아이디어가 발현되었고, 시간이 지날수록 전략적 계획에 관련된 사고의 질이 더욱 진보하였다. 이러한 결과를 토대로 규정의 변화가 제도적 학습을 촉진시키는가(왜냐하면 계획 시스템 자체가 하나의 규정이기 때문이다)에 대한 의문이 다시금 제기되었고, 그 대답은 '그렇다'로 결론이 났다. 규정이 변화됨에 따라 기업은 그 과정에서 진화되어온 새로운 규정에 맞춰 움직이게 되었다.

규정을 일시적으로 적용하지 않는 시도에서도 유사한 결과가 일어났다. 1984년 우리는 원유가가 배럴당 15달러라는 가상의 시나리오를 제시하였다.(참고로 1984년 당시 원유가는 배럴당 28달러였고, 15달러라는 수준은 해당 업계 종사자에게는 종말과도 같은 가격이었다.) 우리의 의도는 가능한 빠른 시간 내에 쉘의 모든 경영진이 15달러 가격 상황에 대해 학습하도록 하는 것이었다. 그러나 이 시나리오에 대한 경영진의 반응은 "만약 우리가 이 시나리오에 대해 생각하기를 원한다면 언제 가격이 그렇게 폭락할 것인지, 어느 정도 떨어질 것인지, 그리고 얼마나 오래 지속될 것인지에 대해 먼저 설명해야 할 것이다."는 것이었다.

우리는 다음과 같은 서문이 포함된 연구 사례를 작성함으로써 이러한 난관을 헤쳐 나갔다. "우리나 여러분 모두 미래에 어떤 상황이 발생할지는 모른다. 실제로 가격이 폭락할지는 알 수 없지만, 만약 그러한 일이 발생한다면 그것은 매우 심각한 문제라는 것만은 알 수 있다. 따라서 우리는 가격 폭락에 따라 발생 가능한 다양한 상황 중 하나를 나타내는 사례를 고안한 것이다." 1985년 말 유가가 하락한다는 가상 사례를 설정하고 다음과 같은 말을 덧붙였다. "1986년 봄, 현재 당신은 배럴당 16달러인 가격 상황에 처해 있다. 이 상황에서 다음의 3가지 질문에 대한 해답을 생각하길 바란다. 정부는 어떤 행동을 취할 것인가? 경쟁사의 움직임은 어떨 것인가? 그리고 당신은 어떻게 대처할 것인가?"

당시 상황에서 유가는 계속 배럴당 28달러였고 또 상승세에 있었기 때문에 시나리오는 하나의 게임에 불과했다. 그러나 쉘에서는 이 게임을 진지하게 받아들였다. 단지 어떤 일이 일어날 것인가를 고려하는 것이 아니라 그러한 일이 발생할 경우 어떤 대응을 취할 것인가가 진지하게 탐구되었다. 바로 제도적 학습의 과정이 가속화된 것이다.

이러한 시나리오를 통해 수행한 게임은 곧 실제로 기업에 커다란 도움을 주게 되었다. 1986년 1월 초까지도 27달러 수준을 유지하던 유가가 2월 들어 갑자기 폭락한 것이다. 그해 2월 1일 유가는 17달러로 떨어졌고,

시간이 지남에 따라 더욱 하락하여 그해 4월에 이르러서는 10달러까지 떨어졌다. 이러한 위기의 소용돌이 속에서도 쉘은 이미 게임을 통해 이와 비슷한 상황을 경험했기 때문에 적절히 대응해 나갈 수 있었다.

이제 우리는 게임이 제도적 학습을 가속화시키는 데 커다란 역할을 한다는 사실을 인식하게 되었다. 이는 그다지 놀라운 일도 아니다. 실제로 우리는 자전거 혹은 테니스를 배우거나 악기를 연주하는 등의 상당히 까다롭고 복잡한 일도 놀이를 통해 배우기도 하고, 어려운 이론도 실험을 통해서 쉽게 익히고 있다. 그러나 제도적 학습을 만족스럽게 잘하기 위해서는 어떻게 해야 할까?

실제 경영에서 "약간의 실수는 상관없어. 자, 어서 어서 실험 삼아 한번 해봐."라고 말할 수 있는 경영자는 드물다. 특히 기업에 위기가 닥치고 있는 상황에서는 더욱 찾아보기 힘들다. 또한 세계 유수의 기업 경영자에게 "우리 게임 한번 할까요?"라고 말할 수도 없다. 어떤 경우에도 이 사회에는 처리해야 할 안건이 있고, 일정 시간까지 마쳐야 하며, 어떤 행동을 취해야 할 것인가가 정해져 있다. 하지만 여전히 그러한 제약에도 게임을 통해 학습할 수 있는 방안이 있다.

런던에 위치하고 있는 타비스톡연구소Tavistock Institute의 연구가 보여주었듯이 게임의 특성 중 하나는 전이 대상(transitional object)이 존재한다는 점이다. 게임을 하는 사람에게 전이 대상은 실제 세상을 묘사하는 것이다. 어린아이는 인형 놀이를 하면서 실제 세상에 대한 많은 것을 빠른 속도로 익혀 나간다.

성공적인 컨설턴트들은 자신들이 전이 대상으로 취급되기를 바란다. 이러한 프로세스는 컨설턴트가 경영진에게 다음과 같은 말을 하면서 시작된다. "우리는 경험을 통해 대부분의 우수한 전략은 암묵적인 형태라는 것을 알고 있습니다. 우리는 여러분의 조직 내 다양한 계층과의 인터뷰를 통해 전략을 문서화할 수 있는지를 판단할 수 있습니다. 그리고 다시 돌아와서 우리가 그것을 제대로 이해했는가를 확인해보겠습니다."

몇 주 후 그 컨설턴트는 경영진에게 다시 돌아와서 다음과 같이 말한다. "그동안 우리는 여러분들의 전략을 살펴보고 발생 가능한 사안에 대해 몇 가지 게임을 실행해보았습니다. 다음은 우리가 예측한 결과입니다. 이 내용이 마음에 드십니까?" 아마 대부분의 경우 경영진들은 '아니오'라고 대답할 것이다. 그러면 컨설턴트는 다음과 같이 말을 이어간다. "좋습니다. 그렇다면 우리가 이 결과를 어떻게 변화시킬 수 있는지에 대해 알아보도록 합시다. 이를 위해 여러분의 전략에서 상정하고 있던 기본 모델로 되돌아가서 무엇이 이러한 결과를 초래했는지를 보도록 합시다." 이러한 작업은 몇 차례에 걸쳐 진행될 것이고, 그 와중에 경영진이 가진 모델에 커다란 변화가 발생하게 된다. 이러한 변화들이 바로 경영진의 학습 효과인 것이다.

컨설턴트의 경우와 마찬가지로 컴퓨터 시뮬레이션을 통해서도 시장, 환경, 경쟁 관계를 분석하는 작업을 할 수 있다. 다만 이 경우에도 그 시작은 당시에 경영진이 가지고 있던 암묵적 모델로부터 이루어져야 한다. 그렇지 않고 계획입안자가 자기 스스로 구축한 모델을 컴퓨터에 입력해서 제시할 경우 경영진들이 이를 제대로 이해하기 힘들다. 즉, 만약 목표 집단이 경영진이라면 시작 모델도 그들 개인이 가진 모델의 집합이어야 하는 것이다. 그렇다면 이러한 작업을 성공적으로 수행하기 위해서는 어떻게 해야 할까?

한 가지 방법은 경영진이 개별적으로 가진 모델은 암묵적 형태로 남겨둔 채 그들 공통의 모델을 만드는 작업에 모두를 참여시키는 것이다. 혹은 각자가 가진 모델을 인터뷰를 통해 공개함으로써 명시화하는 방법도 있다. 이러한 2가지 방법 모두에서 컴퓨터는 마지막에 산출되는 공통 모델을 저장하는 전이 대상의 기능을 담당한다.

컴퓨터 작업에서 계획입안자들이 가장 중요하게 여겨야 할 것은 가상 모델, 즉 소우주의 측면은 직관에 어긋난다는 점이다. 즉 컴퓨터 속의 가상공간에서 만들어지는 소우주는 실제 세계의 모든 부분을 세밀히 나타내지는 않는다. 대부분의 계획입안자들은 자신의 모델이 반드시 예측성을 갖고 현실 세계를 반영해야 한다고 믿고 있다. 그러나 이는 소우주를 구축하는 데 전혀 적절하지 않은 태도이다. 필요한 것은 경영진들이 자신의 마음속에 갖고 있는 모델인데, 이러한 모델은 사실상 실제 세계를 그대로 반영하고 있지는 않다. 왜냐하면 복잡한 현실을 분석적으로 묘사한다는 것이 사실상 불가능하기 때문이다. 더욱이 학습의 목적을 생각해볼 때 중요한 것은, 현실 그 자체가 아니라 현실을 반영함으로써 경영진이 세계를 보다 잘 이해하고 발전하도록 도와주는 모델이기 때문이다.

그러나 왜 이처럼 어렵게 해야 하는가? 왜 경영진의 회의를 통해 발생하는 자연스러운 학습 과정에 의존하지 않는가? 쉘의 경우를 본다면 다음의 3가지 이유를 들 수 있다.

첫째, 사람들이 자기 내면에 갖고 있는 모델은 복잡하지만 실제 한 번에 다룰 수 있는 변수는 서너 가지에 불과하고, 이러한 시도 또한 한두 번에 그치기 때문이다.

한 예로 유가에 관련된 현재 진행 중인 토론을 살펴보면, 참석한 열 명 중 아홉 명의 의견은 시장의 가격탄력성 모델에 근거하고 있다. 즉, 가격이 하락했으므로 수요는 증대할 것이고, 공급은 궁극적으로 줄어들 것이라는 견해이다. 결국 이들은 일정 시간이 지난 후에는 필연적으로 다시 가격이 오를 것이라고 결론지을 것이다. 우리는 모두 상승하면 다시 하락하게 마련이라는 사실을 알고 있다.

그러나 이렇듯 복잡한 모델을 통해 사고하는 과정에서 실제 이를 반복해서 하는 작업은 겨우 한두 번으로 극히 제한되어 있다. 때문에 가격이 상승한 그 시점에서 우리의 사고는 일시적으로 정지하게 된다. 그러나 만일 그렇게 가격이 상승한 시점에서 정지한 사람의 사고를 컴퓨터로 모델화한다면, 이 모델은 상승 이후에는 다시 가격 하락이 있을 것이라는 사실을 확실하게 보여줄 것이다. 그럼에도 불구하고 이러한 지식은 해당 모델을 만든 본인에게는 직관에 어긋난 것으로 인식될 수 있다.

암묵적 모델을 컴퓨터화하는 두 번째 이유는, 동태적 모델을 연구하는 과정에서 시장 혹은 기업과 같은 복잡한 시스템의 경우 원인과 결과가 시간, 장소에 따라 분리되어 있다는 사실을 발견했기 때문이다. 이러한 사실 역시 많은 사람들에게는 직관에 어긋나는 것이다. 우리들 대부분, 특히 기회에 관련된 사람들은 효과에 초점을 맞추고 이를 가장 빠르게 나타낼 수 있는 원천에만 매달리는 경향이 있다. 그러나 동태적 모델을 사용함으로써 시간적으로 혹은 공간적으로 우리가 원하는 효과와는 거리가 있으면서도 그러한 결과를 초래하는 또 다른 촉발점을 발견할 수 있게 된다.

마지막으로 우리는 컴퓨터 모델을 사용함으로써 어떤 것이 적절한 정보인지를 알 수 있게 된다. 이러한 가상공간 속의 소우주를 통해 게임을 하면서 비로소 어떤 정보가 실제로 필요한 것인지를 알 수 있게 된다.

학습 능력이 뛰어난 조직의 특성

　사람들이 이와 같은 방식으로 모델을 통해 게임을 할 때 자신이 획득한 지식을 표현하는 자신들만의 언어를 만들어낸다. 바로 여기서 우리는 그것이 교육을 통해 이루어졌건 혹은 명시한 것처럼 게임을 통해 이루어졌건 간에 제도적 학습의 가장 중요한 측면을 알 수 있다. 즉, 제도적 학습 과정은 일종의 언어 개발 과정이라고 볼 수 있다.

　개별 학습자의 암묵적 지식이 명시화됨에 따라 개인이 보유한 암묵적 모델이 제도적 모델을 형성하게 된다. 이러한 작업이 얼마나 많이 그리고 빨리 이루어지는지의 여부는 그 조직의 문화와 구조에 달려 있다. 경직된 절차와 정보 시스템에 파묻힌 팀은 유연하고 열린 의사소통 채널을 가진 팀에 비해 학습 속도가 느릴 것이다. 독재적 조직의 경우는 학습이 매우 빨리 이루어지거나 혹은 아예 이루어지지 않을 것이다. 이러한 조직에서는 한 사람 혹은 소수 경영자의 능력이 조직의 운명을 결정지을 수 있어 그 위험성이 크다.

　이렇듯 학습 능력과 정보전달 능력이 직접적으로 연계된 경우는 인간 이외의 종에서도 발견된다. 조류 전체를 보았을 때 새들은 학습에 대한 잠재능력이 크지만, 새들 사이에는 큰 차이가 있다. 한 예로 박새는 무리를 지어 이동하고 자유롭게 섞여 사는 반면, 울새의 경우는 정원의 정해진 구역 내에서만 살고, 그 구역 이외에 대해서는 대부분 적대 의식을 가진다.

　영국에 사는 모든 박새는 현관에 놓인 우유병의 뚜껑을 어떻게 따는지를 재빨리 습득하지만, 울새의 경우는 한두 마리가 이를 익힐 수 있을지는 몰라도 전체가 이러한 기술을 배우지는 못한다. 이는 울새의 제도적 학습 능력이 낮아 한 마리가 익힌 지식이 다른 새에게로 전파되지 못하기 때문이다. 상명하달식의 업무 활동이 만연되어 있는 경영진에서도 이와 똑같은 현상을 발견할 수 있다. 부분의 합보다 전체가 크다는 것을 인정하는 조직, 즉 개인을 초월하는 선善이 존재한다는 것을 받아들일 때 학습은 가장 효과적으로 이루어진다.

울새와 같은 경영 문화에 속한 경영자는 어떻게 대처해야 할까? 분명히 그들에게는 제도적 학습이 가속화될 수 있는 기회가 줄어들고 있다. 그러나 이들도 제도적 학습이 다른 게 아니라 기존에 그들이 은연중에 내재하고 있는 모델을 정확히 아는 것에서부터 시작된다는 점을 명심한다면 열린 대화 및 학습 과정을 향하여 진일보할 수 있다.

우리는 제도적 학습을 개선하고 가속화하기 위해 지속적으로 여러 가지 방법을 찾고 있다. 컨설턴트 혹은 컴퓨터와 같은 전이 대상을 활용한 게임을 통해 이루어지는 학습에서 우리의 연구는 향후 이 방향으로의 지속적인 연구가 더 있어야 할 만큼 가능성이 있다고 생각한다. 또한 명확한 지도도 없이 항해를 하고 있는 셈이지만 그렇다고 우리들만 외롭게 있는 것은 아니다.

우리가 행한 이 분야의 연구가 단지 비용만 소모했던 사치스러운 작업은 아니다. 향후 미래 기업에서 유일한 경쟁우위는 다른 경쟁자보다 빨리 학습할 수 있는 경영자의 능력이 될 것이다. 따라서 결국 끊임없이 자신의 세계관을 수정하고 변화하는 경영자가 있는 기업만이 성공할 수 있다. 기업 전략을 수립하는 기획입안자로서의 경영자들은 커다란 도전의 순간에 직면해 있으며, 성공에 따른 커다란 보상도 기다리고 있다.

/ 4 /

불확실성을
기회로 전환하는 방법

아담 브랜든버거
Adam M. Brandenburger

배리 네일버프
Barry J. Nalebuff

사업 성공의 핵심은 비즈니스라는 게임을 올바르게 수행하는 것과 게임을 자신에게 유리한 방향으로 변화시키는 것이다. 게임을 변화시키려면 다른 참가자의 희생만 요구하기보다는 함께 승리하는 윈-윈 게임을 추구하는 코피티션(Coopetition)을 추구해야만 더 좋은 결과를 가져올 수 있다.

게임을 바꾸는 방법을 알아냈을 때 명심해야 할 것은, 다른 참가자가 그 방법을 모방할 수 있다는 사실을 받아들여야 한다는 사실이다. 독특한 것이 성공을 위한 선행조건은 아니다. GM의 제휴카드 사례에서 알 수 있듯이 모방이란 도움이 될 수도 있다. 게임을 변화시킬 때는 전체적인 시각에서 보아야 한다. 특히 보완적 기업의 역할을 제대로 파악하지 못한다면 게임을 성공적으로 바꿀 수 없다. 또한 게임 참가자, 부가가치, 규칙, 인식, 범위 중 한 가지 이상의 요소를 변화시켜야 한다. 그러나 주관적인 관점을 벗어나 다른 참가자들의 관점에서도 게임의 변화를 관찰하는 것이 중요하다.

감미료 회사인 HSC의 경우, 인공감미료 공급 시장을 유리하게 이끌어 가기 위해서는 코카콜라와 펩시가 높은 값을 지불해야 한다는 것을 설득했어야만 했다. 8비트 게임에서 닌텐도의 위력은 그 회사가 다른 모든 참가자의 부가가치를 낮추도록 만들었기 때문이다.

그러나 게임을 바꾼다는 것은 어려운 일이며, 획기적인 방법은 존재하지 않는다. 단지 찾아가는 과정이다. 다른 참가자 역시 게임을 바꾸려고 할 것이기 때문이다. 그들의 노력이 때로는 이롭고 때로는 해로울 것이다. 게임을 바꾸는 일은 끝이 없는 셈이다.

불확실성을 기회로 전환하는 방법

게임 원리와 비즈니스 원리

비즈니스란 큰 도박과 같다. 이런 유사성은 우리가 사용하는 언어에도 잘 나타나 있다. 비즈니스 관련 용어는 대부분 군대나 스포츠에서 유래한 것이다. 그 중 일부는 위험할 정도로 잘못 사용되고 있는 것도 있다. 그러나 전쟁이나 스포츠와는 달리 비즈니스는 꼭 이기고 지는 것으로만 끝나지 않는다. 다른 기업을 패배시키지 않고서도 승리할 수 있는 반면, 기업이 잘못된 게임에 참여할 경우에는 잘하고도 패배할 수 있는 것이다.

비즈니스 성공의 핵심은 올바른 게임을 수행하고 있다는 확신에 있는 것이다. 어떻게 올바른 게임이라는 것을 알 수 있는가? 잘못된 게임에 참여한 경우 어떻게 할 것인가? 이에 대한 대답을 찾기 위해 우리는 게임이론에 근거한 논리를 발전시켜왔다. 50년 전 수학의 한 분야로 출발한 게임이론은 이제 비즈니스라는 게임을 변화시키고 있다.

게임이론은 3명의 선구자가 1994년 노벨 경제학상을 수상함으로써 성숙 단계에 이르렀다. 1994년 노벨 수학자인 존 폰 노이만John von Neumann

과 경제학자인 오스카 모겐스턴Oskar Morgenstern이 공동 출간한 『게임이론과 경제적 행위(Theory of Games and Economic Behavior)』가 효시였다. 출간 즉시 당대 최고의 과학적 업적 중 하나로 평가된 이 저서는, 게임 참여자들의 미래 운명이 상호 의존적일 경우 참가자들이 어떻게 행동하는가를 이해하는 체계적 방법을 제시하고 있다.

폰 노이만과 모겐스턴은 게임을 크게 2가지 형태로 구분하였다. 첫째 형태는 '규칙적 게임(rule-based games)'으로서 참가자들이 특정한 약속(rules of engagement)에 따라 행동하는 것이다. 이런 규칙은 일반적인 계약이나 대출 약정, 무역 협약 등에서 볼 수 있다. 두 번째 형태는 '자율적 게임(free-wheeling games)'으로서 참가자들이 어떠한 외부적 구속 없이 행동하는 것이다. 예를 들어 매수자와 매도자는 정형화되어 있지 않은 방법으로 거래를 함으로써 가치를 생산할 수 있다. 비즈니스란 이러한 2가지 형태의 게임이 복잡하게 얽혀 있는 것이다.

규칙적 게임이론에서 모든 행동은 작용과 반작용 원리가 적용된다. 그러나 뉴턴이 주장한 '운동의 제3법칙'과는 달리 반작용이 반대 방향의 동일한 힘으로 작용하는 것은 아니다. 하나의 행동에 대해 다른 참가자들이 어떠한 반작용을 보이는지 알기 위해서는 그 행동에 대한 모든 참가자들의 반작용이 어떻게 작용하는지를 알아야 한다. 오늘의 행동이 원하는 결과를 가져올지를 파악하기 위해서는 예시와 추론(looking forward and reason backward) 원리를 잘 살펴보아야 한다.[1)]

자율적 게임이론에서는 게임에 기여한 것 이상으로는 얻을 수 없다는 원리가 적용된다. 비즈니스에서 게임에 기여한다는 것은 무엇일까? 이에 대한 대답을 얻으려면 누구든 게임에 참여했을 때 창출되는 가치를 파악하고, 그 참가자를 제외했을 때의 가치와 비교해야 한다. 그 차이가 바로 그 참가자의 '부가가치'가 된다. 정형화되어 있지 않은 상호작용하에서는 부가가치 이상을 얻을 수 없는 것이다.[2]

이상의 두 원리가 의미하는 것은 관점의 전환이다. 많은 사람들은 게임을 자기중심적으로 본다. 즉, 자신의 위치에만 초점을 맞춘다. 그러나 게임이론에서 가장 중요한 것은 다른 참여자에게 초점을 맞추는 것이다. 즉, 이타 중심적(allo-centrism)이어야 한다. 예시와 추론 원리는 상대방 입장에서도 따져봐야 한다. 당신의 부가가치를 평가하기 위해서는 다른 참가자가 당신에게 무엇을 줄 수 있는지 묻기 전에 당신이 상대 참가자에게 무엇을 줄 수 있는지 물어봐야 한다.

경영자들은 이러한 게임이론의 원리를 활용하여 자신의 기업에 적합한 게임을 설계함으로써 이익을 얻을 수 있다. 즉, 게임을 변화시킴으로써 그렇게 하지 않을 때보다 더 많은 보상을 얻을 수 있는 것이다. 예를 들어, 닌텐도는 소프트웨어 개발을 통해 비디오 게임 산업을 변화시킴으로써 눈부신 성장을 했다. 그 뒤를 이은 세가Sega의 성공 역시 게임을 변화시킨 덕분이었다. 세계 언론의 황제라 불리는 루퍼트 머독Rupert Murdoch의 『뉴욕포스트New York Post』는 실질적인 가격 파괴 없이 가격 경쟁을 함으로써 타블로이드판 신문 게임을 변화시켰다. 한편, 벨사우스Bell South는 맥코우Craig McCaw와 린 방송사Lean Broadcasting 간의 인수합병 게임을 변화시킴으로써 이득을 얻었다. 성공적인 기업전략은 단순히 게임을 수행하는 것이 아니라 게임 그 자체를 능동적으로 변화시켜 나가는 것이다. GM이 자동차 판매 게임을 어떻게 변화시켰는지를 시작으로 게임을 변화시킨 사례들을 살펴보기로 하자.

원-윈 게임으로 전환

1990년 초, 미국 자동차 산업은 파괴적 경쟁에 몰입하고 있었다. 연말 리베이트 및 딜러 할인제는 자동차 산업의 수익성을 해치고 있었다. 한 회사가 연말 재고 정리를 위한 인센티브를 제공하면 다른 회사들도 그렇게 했다. 더욱이 소비자들 사이에는 리베이트에 대한 기대심리가 만연하였다. 결국 소비자들은 리베이트가 제공될 때까지 자동차 구입을 지연함으로써 자동차 회사들에 연초부터 인센티브를 제공하도록 요구하는 경우도 있었다. 이러한 문제를 해결할 방법은 없는가? 즉, 모든 자동차 회사가 상호 손해를 보는 게임을 대체할 만한 방법을 찾아낼 수 있는가? GM이 택한 방법은 바로 그런 것이었다.

1992년 9월, GM과 하우스홀드Household 은행은 새로운 크레디트 카드를 발행했는데, 이 카드를 소지한 사람은 GM의 새 차를 사거나 빌릴 때 연간 500달러, 최대 3천 달러 한도 내에서 카드 사용 금액의 5퍼센트를 할인받을 수 있도록 하였다. 이러한 GM 카드는 역사상 가장 성공적인 크레디트 카드로 평가되고 있다. GM 카드는 도입 한 달 만에 120만 명이 가입했고, 2년 뒤에는 가입자 수가 870만 명으로 늘어나는 등 지속적으로 증가하였다. 그런 추세라면 북미 시장에서 개인 고객 대상으로 GM 차의 30퍼센트가 이 카드를 소지한 사람에게 팔릴 것이었다.

GM의 카드 사업 부문 영업이사인 행크 위드Hank Weed의 말에 의하면 전통적인 윈-루즈 전략(win-lose strategy)에 따라 이 카드는 포드 및 다른 자동차의 잠재 구매자를 '탈취' 함으로써 GM의 시장점유율을 넓혔다고 한다. 그러나 GM의 카드 전략은 자동차 판매 게임에 다른 변화를 가져왔다. 즉, 카드 전략은 GM이 실시했던 기존의 인센티브를 대체했던 것이다. 이 전략은 GM 카드 비소지자, 예를 들어 포드 차를 사려고 했던 소비자가 GM 차를 구매할 때는 마치 가격을 올린 것과 같은 효과를 가져왔다. 이는 결과적으로 포드에 자동차 가격을 인상시킬 수 있는 여지를 만들어주었으며, 또한 다시 GM이 포드에 고객을 잃지 않고도 가격 인상을 할 수 있게 만들었다. 결국 GM 카드의 도입은 GM과 포드 모두가 이기는 윈-윈(win-win) 게임이 되었다.

그런데 GM 카드가 성공적이었음에도 불구하고 다른 회사들이 모방하지 않았던 까닭은 무엇일까? 많지는 않았지만 실제로 모방은 있었다. 먼저 포드가 시티은행과 제휴 카드를 내놓았고, 그 후 폭스바겐이 MBNA와 함께 비슷한 제품을 선보였다. 그러나 이러한 모방이 GM 전략에 타격을 주지는 못하였다.

모방은 최고의 칭찬이라는 말이 있기는 하지만, 비즈니스에서 모방은 종종 해악으로 간주된다. 전략 관련 서적에서는 당신의 전략을 상대방이 모방할 수 있다면 그 전략으로는 더 이상 이익을 볼 수 없다고 지적하고 있다. 일부 전략서에는 기업전략이란 문서화될 수 없으며, 만약 문서화된다면 즉시 모방이 뒤따르기 때문에 이익도 사라진다고 쓰여 있다.

이러한 논리를 지지하는 학자들의 오류는 모방이란 언제나 해롭다는 가정이다. GM의 제휴 카드 전략이 광범위하게 모방되었다면 GM이 경쟁사의 고객을 유인할 수 있는 능력이 줄어들기 때문에 그러한 논리가 일면 맞는다고도 할 수 있다. 그러나 이 경우에 모방은 오히려 GM에게 도움이 될 수 있다. 포드와 폭스바겐은 모방한 제휴 카드에서 발생하는 리베이트 비용을 상쇄하기 위해 다른 인센티브를 줄였다. 이것은 포드와 폭스바겐의 카드 프로그램에 참여하지 않았던 대부분의 GM 고객에 대해 가격을 인상시킨 결과를 낳았다. 이를 통해 GM은 수요 기반을 확충하거나 아니면 제품 가격을 인상시킬 수 있는 옵션을 가지게 된 셈이다. 현재 GM, 포드, 폭스바겐 등 3사는 많은 고객층을 확보하고 있기 때문에 가격 경쟁을 벌일 유인이 매우 낮은 편이다.

GM 제휴 카드 전략의 효과를 완전하게 이해하는 데에는 게임이론의 도움이 필요하다. 모든 참가자 중심의 관점에서 바라보아야 GM 전략의 파급 효과를 알 수 있기 때문이다. 즉, GM의 전략에 포드와 폭스바겐을 비롯한 다른 자동차 메이커들이 어떠한 반응을 보일지 예측하는 것이다.

게임상의 변화를 일으키는 것은 남보다 앞서 나가기를 원하기 때문이다. 그러나 GM 전략이 포드를 이롭게 했다는 것을 어떻게 이해해야 하는가? 비즈니스를 전쟁으로 해석하는 사람들은 한쪽의 승리는 다른 쪽의 패배를 의미한다고 주장한다. 물론 윈-루즈(win-lose) 전략이 대부분을 차지할지 모른다. 그러나 반드시 그런 것만은 아니다. GM의 예는 얼마든지 모두가 승리하는 윈-윈 게임을 만들 수 있다는 것을 보여주고 있다. 이상하게 들릴지 몰라도 성공할 수 있는 최선의 방법은 경쟁자를 포함한 참가자들 모두가 잘되도록 하는 것이다.

윈-윈 전략은 다음과 같은 장점들이 있다. 첫째, 윈-윈 전략은 비교적 개발되지 않았기 때문에 새로운 기회를 포착할 수 있는 잠재력이 크다는 것이다. 둘째, 참가자들을 굴복시키지 않기 때문에 윈-윈 전략을 펼치는 데 방해가 되지 않을 뿐 아니라 오히려 도움이 될 수도 있다. 셋째, 다른 참가자들의 보복이 없기 때문에 전략이 지속적으로 운용될 수 있다. 마지막으로 윈윈 전략의 모방은 해롭기보다는 오히려 이롭게 작용할 수 있다.

게임을 변화시키는 협력과 경쟁이라는 두 방법을 동시에 설명하는 용어로서 '코피티션coopetition'[3)]을 들 수 있다. 코피티션이란 서로 승리하는 윈윈의 경우는 물론이고, 한쪽은 승리하면서 다른 한쪽은 패배하는 윈-

루즈의 경우 모두를 포함한다. 이 두 경우에 대한 가능성을 항상 염두에 두어야 하는데, 이는 윈-루즈 전략이 자주 실패하는 위험이 있기 때문이다. 시장점유율을 높이기 위해 사용하는 가격 인하 전략을 생각해보자. 이러한 전략으로는 단기적으로 이익이 늘어날지 몰라도 경쟁자들이 그들의 시장점유율을 회복하기 위해 같은 수준으로 값을 내리게 되면 그 이익은 사라지게 된다. 결국 시장점유율은 그대로인 채 판매 가격만 낮아지므로 게임 참가자 모두가 패배하는 루즈-루즈 게임(lose-lose game)으로 귀착된다. GM이 게임을 변화시키기 전, 미국 자동차 산업에서 벌어졌던 상황이 바로 그러한 경우였다.

비즈니스는 게임이다

자동차 판매 게임을 변화시킨 것이 GM의 의도적인 계획이었는가, 아니면 단지 기대 이상의 효과를 가져온 행운의 마케팅 전략이었는가? 한 가지 확실한 것은 당시 GM이 카드 전략을 운에 맡기기에는 이해득실이 너무 컸다는 것이다. 우리가 경영자들이 게임을 변화시키는 전략을 찾아내는 데 뒷받침이 되는 방법론과 일종의 안내서를 개발해온 것도 그런 연유에서다.

비즈니스라는 게임은 가치의 창출과 획득에 있다. 누가 이러한 비즈니스에 참가하는가? 비즈니스라는 게임에 상호 독립적으로 참가하는 모든 비즈니스의 연관관계를 나타내는 것이 '가치네트(Value Net)'이다. (표 4-1 참조)

비즈니스 참가자들의 상호작용은 2차원의 형태로 일어난다. 수직적 차원에는 기업의 고객과 공급자가 있다. 노동이나 원자재와 같은 자원이 공

표 4-1 기업 가치네트의 참가자

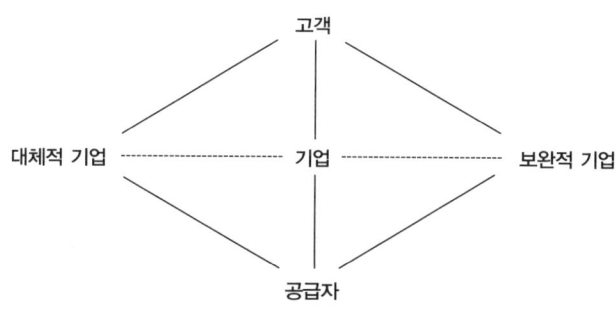

급자로부터 기업으로 흐르고, 제품이나 서비스는 기업에서 고객으로 흘러간다. 돈의 흐름은 반대로 고객에서 기업으로, 기업에서 공급자로 흐른다. 수평적 차원의 참가자들과 상호작용은 있으나 거래는 일어나지 않는다.

대체적 기업(substitutor)이란 고객이 제품을 구입하거나 공급자가 그들의 자원을 제공할 수 있는, 즉 기업과 경쟁 관계에 있는 참가자를 말한다. 코카콜라와 펩시콜라는 고객에게 콜라라는 동일한 제품을 판다는 면에서 상호 대체적 기업 관계에 있다. 그러나 코카콜라와 타이슨Tyson(미국의 유명한 냉동 닭고기 식품 생산 회사 – 옮긴이주)이 공급자를 기준으로 대체적 기업 관계에 있다고 하기는 어렵다. 비록 두 회사 모두 탄산가스를 사용하고는 있지만, 타이슨은 닭을 냉동시키기 위해, 코카콜라는 탄산음료를 만들기 위해 탄산가스를 이용한다.

보완적 기업(complementor)이란 고객이 그 기업 제품의 보완재를 구입하거나 공급자가 보완적 자원을 공급할 수 있는 참가자를 말한다. 예를 들어 하드웨어와 소프트웨어 회사들은 전통적으로 보완적 관계에 있다. 펜티엄칩과 같이 빠른 하드웨어는 고객이 보다 강력한 소프트웨어를 구입하도록 작용한다. 반대로 MS 오피스의 최신 버전과 같은 강력한 소프트웨어는 고객이 보다 빠른 하드웨어를 구입하도록 만든다. 아메리칸 항공American Airlines과 유나이티드 항공United Air Line은 같은 고객을 대상으로 하는 대체적 기업이지만 신형 비행기로 교체할 때만은 보완적 기업이 된다. 이는 보잉이 신형 비행기 개발 비용을 회수하려면 충분한 수요가 있어야 하기 때문이다. 두 항공사는 신형 비행기로 대체하기 위해 공조한다는 점에서 서로 보완적 기업이 되는 것이다.

대체적 기업과 보완적 기업이라는 용어를 도입한 이유는 기존의 기업 용어로는 비즈니스상 존재하는 상호 독립성을 완전히 이해할 수 없기 때문이다. 기존 용어인 경쟁자(competitor)라고 하는 것은 협력의 기회를 찾기보다는 경쟁을 우선한다는 데 초점이 맞춰진 것이다. 그러나 대체적 기업이라는 용어는 단순히 시장에서의 관계를 의미한다. 보완적 기업은 전통적 전략분석에서는 종종 간과되고 있지만 대체적 기업의 상대적 개념이다.

가치네트는 참가자들의 다양한 역할을 묘사하고 있다. 어떤 참가자든지 동시에 하나 이상의 역할을 수행하는 것도 가능하다. 즉, 아메리칸 항공과 유나이티드 항공이 상호 대체적 기업이면서 보완적 기업이라는 점을 예로 들 수 있다. 게리 하멜Gary Hamel과 프라할라드C. K. Prahalad는 『미래를 위한 경쟁(Competing for the Futures)』에서 "관점에 따라 AT&T에는 모토로라가 공급자, 고객, 경쟁자, 또는 심지어 동업자로 바뀔 수 있다."고 언급하고 있다.

가치네트는 비즈니스라는 게임에서 2가지 기본적인 대칭성을 보여주고 있는데, 첫 번째가 고객과 공급자 사이에, 두 번째가 대체적 기업과 보완적 기업 사이에서다. 이 2가지의 대칭성을 이해하면 게임의 변화를 위한 새로운 전략의 개발이나 기존 전략의 새로운 응용이 가능해질 것이다.

경영자는 가치네트의 수직적 차원에 따라 협력과 경쟁이 공존하고 있다는 것을 직관적으로 알고 있다. 공급자, 기업, 고객이 모여 가치를 창출할 때는 협력이며, 그들이 가치를 분배해야 하는 때가 되면 경쟁이 된다.

그러나 많은 경영자들이 가치네트의 수평적 차원에서 그림의 절반만 보는 경향이 있다. 대체적 기업을 단순히 적으로만 생각하며, 보완적 기업을 우군으로만 여기고 있다. 그러한 시각은 또 다른 대칭성을 간과하고 있는 것이다. GM의 예에서와 같이 대체적 기업에서 협력의 요소를 찾을 수도 있고, 보완적 기업에서 경쟁의 요소를 발견할 수도 있다.

게임의 판을 바꾸는 5가지 방법

가치네트는 게임상의 모든 상관관계를 파악할 수 있는 지도다. 따라서 비즈니스에서 가치네트를 그려보는 것이 게임을 변화시키는 첫 번째 단계가 된다. 두 번째 단계는 게임의 모든 요소를 확인하는 것이다. 게임이론에 의하면 5가지 요소, 즉 게임 참가자, 부가가치, 규칙, 전술, 범위 등이 존재한다. 이들 5요소는 규칙적 게임은 물론 자율적 게임에서 발생하는 상호관계를 모두 설명한다. 게임을 변화시키기 위해서는 이들 게임의 5요소 중 한 가지 이상의 요소를 변화시켜야 한다.

변화 가능한 요소의 첫 번째는 '게임 참가자'다. 가치네트에서 보았듯이 게임 참가자는 고객, 공급자, 대체적 기업 그리고 보완적 기업으로 구성되어 있다. 어느 참가자든 고정되어 있는 것은 아니다. 때로는 참가자를 바꾸어보는 것이 현명할 때가 있다.

'부가가치'는 게임 참가자가 그 게임에 기여하는 가치를 말한다. 게임에는 자사의 부가가치를 향상시킬 수 있는 방법이 많이 있을 뿐만 아니라 다른 참가자의 부가가치를 낮출 수 있는 방법도 존재한다.

'규칙'이란 게임의 구조를 결정짓는 요소다. 비즈니스에서 절대적인 규칙이란 없다. 규칙은 법이나 관습, 실무 또는 계약으로부터 발생한다. 따라서 각 참가자는 자신에게 유리한 규칙을 사용할 뿐만 아니라 자신에게 유리할 수 있도록 고치거나 새로운 규칙을 만들 수도 있다.

'전술'이란 참가자가 게임을 인식하고 운영하는 방법을 구체화시키는 수단이다. 때때로 전술은 잘못된 인식을 줄여주기도 한다. 그리고 불확실성을 창조하거나 유지하는 데 사용되기도 한다. 마지막으로 '범위'란 게임의 경계를 의미한다. 이런 경계는 넓히거나 줄이는 것이 가능하다.

성공적인 비즈니스 전략이란 이들 5요소 가운데 한 가지 또는 그 이상을 평가한 후 변화시키는 데에서 시작된다. 각각의 요소를 전략적 관점에서 살펴보자.

참가자를 바꾼다

다이어트 코크나 다이어트 펩시와 같은 청량음료에 사용되는 저칼로리 감미료인 뉴트라스위트Nutra Sweet는 친숙한 이름으로, 소용돌이 모양으로 새겨진 로고는 세계적으로 잘 알려져 있다. 실제로 뉴트라스위트는 몬산토Monsanto의 화학 감미료 상표명으로, 몬산토의 고수익 제품이다. 마진율은 70퍼센트나 된다. 이런 높은 수익성은 대개 다른 참가자의 시장 참여를 유인하기에 충분하지만 뉴트라스위트의 경우, 유럽에서는 1987년까지, 미국에서는 1992년까지 특허권으로 보호되어 있었다.

코카콜라의 후원하에 네덜란드의 HSCHolland Sweetner Company가 감미료 공장을 세운 것은 1985년 몬산토의 특허 보장 시한이 만기될 무렵이었다. HSC는 당사의 판매담당 부사장 켄 둘리Ken Dooly의 말처럼 '모든 제조업자는 적어도 두 곳의 공급처가 있기를 원한다'고 주장하였다.

HSC가 유럽 시장을 공략하자 몬산토는 저가 공세와 함께 HSC가 시장 거점을 확보하지 못하도록 기존의 계약 관계를 활용하는 등 강한 반격에 나섰다. HSC는 고객에게 판매를 할 수 있도록 법원에 청원함으로써 몬산토의 초기 반격에 대항했다. 둘리 부사장은 이러한 투쟁을 단지 전초전으로 생각하면서 이 투쟁이 미국으로까지 확대되기를 기대한다고 언급하기도 했다.

그러나 둘리 부사장의 투쟁은 시작도 못해보고 끝나고 말았다. 미국에서 몬산토의 특허권이 만료되기 직전 코카콜라와 펩시 모두 몬산토와 새롭게 장기 공급 계약을 체결했다. 공급자들 간의 경쟁이 현실화될 즈음에 코카콜라와 펩시는 절호의 기회를 포기한 것처럼 보였다. 그러나 과연 그럴까?

코카콜라와 펩시는 감미료의 공급처를 바꿀 마음이 애당초 없었다. 1985년 뉴코크New Coke 사례에서와 같이 두 콜라 회사는 뉴트라스위트의 심벌마크를 없애면서까지 콜라 맛을 가지고 장난치는 인상을 줄 수 있는 위험을 택하지 않았던 것이다. 만약 한 회사가 감미료 공급처를 바꾸었다면 다른 회사는 뉴트라스위트의 독점적 사용을 판매 전략으로 택했을 것이다. 왜냐하면 뉴트라스위트는 부작용이 없고 맛이 좋다는 평판을 받아 왔기 때문이다. 비록 다른 유사 감미료가 같은 맛을 낼 수 있다고 하더라도 소비자들은 생소한 브랜드에 거부감을 느낄 것이고 질이 떨어진다고 생각했을 것이다. 두 콜라 회사가 공급자를 바꾸지 않은 또 다른 이유는 몬산토가 10년 동안의 기술 축적을 통해 생산단가를 낮추었기 때문이다.

결국 코카콜라와 펩시가 원했던 것은 기존의 뉴트라스위트를 보다 좋은 조건의 가격으로 구매하는 것이었다. HSC가 게임에 참가하기 전과 후의 몬산토의 시장 내 위치를 살펴보자. HSC가 참여하기 전에는 뉴트라스위트의 대체제는 없었다. 사이클러메이트cyclamates는 금지된 제품이었고, 사카린은 쥐를 대상으로 임상 실험한 결과 암을 유발하는 것으로 드러났다. 뉴트라스위트의 부가가치는 바로 안전하고 맛이 좋으며 저칼로리의 음료를 만들 수 있다는 데 있었다. 모든 상황이 몬산토에 유리하였다. 그러나 HSC의 시장 진입으로 뉴트라스위트의 부가가치는 크게 줄어들었다. 이제 몬산토의 부가가치는 브랜드에 대한 로열티와 제조비용의 절감 효과뿐이었다.

그렇다면 HSC에게 남겨진 것은 무엇인가? 확실한 것은 HSC의 시장 진입은 코카콜라와 펩시에는 매우 가치 있었다는 사실이다. HSC는 시장 진입 전에 고정비용이나 계약 보증 등의 형태로 신규 진입에 대한 역할 보상을 요구했어야만 했다. 그러나 그러한 보상 요구 없이 시장에 참여함으로써 생소한 브랜드와 높은 생산 비용 때문에 수익을 내기에는 무척 어려웠다. 모든 제조업자는 제2의 공급자를 원한다는 둘리 부사장의 말이 옳았을지라도, 문제는 그 제조업자들이 제2 공급자와 반드시 거래하기를 원하는 것은 아니라는 사실이다.

몬산토는 브랜드 인지도의 창출과 비용절감을 성공적으로 수행함으로써 유사 제품의 진입에 따른 부정적 효과를 최소화시킬 수 있었다. 그리고 코카콜라와 펩시는 새로운 참가자의 진입에 대한 장려를 통해 뉴트라스위트에 대한 의존도를 낮춤으로써 게임을 성공적으로 변화시켰다. 코카콜라와 펩시는 새로운 계약으로 매년 2억 달러를 절감할 수 있었다. 그리고 HSC가 게임의 새로운 참가자가 되기에는 시기적으로 너무 빨랐다고 할 수 있다. 문제는 HSC가 코카콜라와 펩시를 위해 무엇을 할 수 있었느냐가 아니었다. 오히려 핵심은 이들 콜라 회사가 HSC를 위해 무엇을 할 수 있었느냐에 있었다. 감미료라는 제품을 판매한다는 면에서는 두 콜라 회사가 과점 상태에 있었기 때문에 HSC가 약자 입장이었을지 몰라도, 감미료 시장을 경쟁적으로 만드는 '서비스'를 제공한다는 면에서는 HSC가 독점적인 강자 입장이었다고 할 수 있다. 만약 HSC가 이러한 서비스에 대한 대가를 미리 요구했더라면 아마도 코카콜라와 펩시는 높은 대가를 지불했어야만 했을 것이다.

참가하는 대가를 지불하라

뉴트라스위트의 예처럼 값비싼 서비스를 통해서는 경쟁을 제고시키고, 비싼 대가를 받을 수 있다. 기업 인수·합병 시장에서는 이러한 참가에 대한 대가를 받는 것이 충분히 인식되어왔다. 휴대전화 사업에 급격한 통합 바람이 불었던 1989년 6월, 39살의 크레이그 맥코우Craig McCaw는 린 방송사를 인수하려 했다. 5천만 명의 지역 인구를 커버하면서 전국적인 휴대전화 사업자로 성장하기 위해서 1천800만 명의 지역 인구를 대상으로 하는 린 방송사를 인수하는 것이 유일한 최선의 선택이라는 것이 그의 생각이었다. 맥코우가 린 방송사 주식을 주당 120달러에 사겠다고 제의하자 린 방송사의 주가가 103.5달러에서 129.5달러로 올랐고, 맥코우의 인수 가격을 웃돌았다. 그러나 린 방송사의 도널드 펠스Donald Pels 회장은 맥코우가 제시한 가격을 외면했다. 린 방송사의 적극적 반응에 직면한 맥코우는 주당 가격을 110달러로 낮췄다. 린 방송사는 다른 매수자를 찾기 시작했는데, 2천800만 명의 지역 인구를 커버하고 있는 벨사우스Bell South가 그 대상이었다. 그러나 벨사우스가 린 방송사를 인수한다고 해서 전국적인 사업자로 성장하는 것은 아니었다.

그럼에도 불구하고 벨사우스는 린 방송사가 적당한 가격만 제시하면 매수할 의사가 충분히 있었다. 그러나 벨사우스가 이러한 소동에 참가하는 것은 기업 인수를 위한 입찰 경쟁을 벌이겠다는 것이었기 때문에 적당한 가격에 린 방송사를 인수하는 것은 거의 불가능했다. 벨사우스는 승자가 오직 한 입찰자라는 것을 간파하고 맥코우가 승자가 될 경우 무엇인가를 요구하기로 했다. 벨사우스는 기업 인수 경쟁에 참가하는 대가로 린 방송사로부터 5천400만 달러의 위로금과 1천500만 달러의 참가 경비를 약속 받았다. 벨사우스는 주당 가격을 105달러에서 112달러 사이에서 제시하였다. 그러자 맥코우는 이보다 높은 112~118달러의 가격을 제시하였다. 벨사우스가 가격을 다시 120달러로 올리면서 린 방송사로부터 참가 경비를 2천500만 달러로 인상하는 데 합의했다. 맥코우는 가격을 130달러로 올렸고 인수 전쟁은 마침내 주당 130달러 이상에서 종결되었다. 이 과정에서 맥코우는 벨사우스가 게임 참가를 포기하도록 하기 위해 2천250만 달러를 지불했다.[4]

게임이 여기까지 이르자 린 방송사 회장의 스톡옵션 가치가 1억 8천600만 달러에 이르게 되었고, 결국은 맥코우와 우호적으로 거래를 성사하였다.

그러면 이 게임에서 각 참가자들에게 어떤 결과가 일어났는가? 린 방송사는 이 게임으로 10억 달러의 추가적인 수익을 얻을 수 있었으므로 벨사우스에 7천900만 달러를 지불하고 흥정을 벌일 만했다. 맥코우는 그가 원하던 전국적인 방송망을 형성했고 곧이어 회사를 AT&T에 팔아넘김으로써 억만장자가 되었다. 벨사우스는 처음에는 게임에 참가하는 조건으로, 나중에는 게임을 포기하는 조건으로 참가비용과 함께, 7천650만 달러의 이익을 챙겼다.

벨사우스는 고전적 방법으로 돈을 벌 수 없는 경우라도 게임을 변화시킴으로써 보상을 받을 수 있다는 것을 알고 있었다. 그런 보상이 꼭 현금일 필요는 없다. 보장된 판매 계약이나 R&D에 대한 투자, 기업 인수 경쟁에 드는 참가비용이 될 수도 있다.

지금까지는 가치네트에 나타나는 4종류의 참가자들 가운데 3종류의 참가자들이 게임을 어떻게 변화시키는지에 대한 예를 보여주었다. 린 방송사는 또 하나의 구매 경쟁자를 참가시키기 위해 돈을 지불하였다. 코카콜라와 펩시는 HSC를 제2의 공급자로 두기 위해 돈을 지불할 용의가 있었음이 분명하였다. 맥코우는 대체적 기업을 게임에서 퇴장시키기 위해 돈을 지불했다. 따라서 우리가 아직 다루지 않은 참가자는 보완적 기업이다. 다음의 예는 기업이 보완재 시장에 참가자를 유인함으로써 어떻게 이익을 얻는지를 보여준다.

값싼 보완재

하드웨어와 소프트웨어는 전형적인 보완재이다. 이 중 어느 하나라도 없으면 기능을 다할 수 없다. 소프트웨어 개발자는 충분한 하드웨어의 뒷받침 없이 프로그램을 제작할 수 없다. 반면 소비자의 입장에서는 필요한 소프트웨어도 없이 하드웨어를 구입하지 않는다. 비디오게임 메이커인 3DO사는 보완재 시장에 다른 참가자를 유인함으로써 비디오게임 사업에서 닭과 달걀의 논란과 같은 소프트웨어와 하드웨어의 관계를 극복하였다. 3DO의 설립자인 트립 호킨스Trip Hawkins를 아는 사람이라면 놀랄 일이 아니다. 그는 하버드 대학에서 전략과 게임이론을 전공한 사람이었기 때문이다.

3DO는 차세대 비디오게임을 위한 32비트 CD롬 하드웨어와 소프트웨어 기술을 보유하고 있었다. 이 기업은 소프트웨어 회사에 3DO 게임을 만들 수 있도록 허가하고 그 대가로 (그 회사명처럼) 3달러의 로열티를 받고자 하였다. 물론 소프트웨어를 팔기 위해서는 고객들이 먼저 하드웨어를 구입해야만 했다. 그러나 일찍이 하드웨어를 구입한 소비자들에게는 소프트웨어가 많지 않았다. 이 문제를 해결하려면 하드웨어 가격이 저렴해야만 했다. 저렴하면 할수록 좋았다.

이 회사의 전략은 하드웨어 생산 기술을 무료로 제공하는 것이었다. 이 전략은 파나소닉(마츠시타), 금성(LG), 산요 그리고 도시바와 같은 하드웨어 제조업체들을 게임에 참가하도록 유도했다. 3DO의 모든 소프트웨어는 3DO 하드웨어에서만 작동하도록 고안되었기 때문에 하드웨어 제조업체들의 경쟁은 하드웨어 제조 원가에만 국한된다. 하드웨어를 하나의 상용품으로 만드는 것이 3DO가 원하는 것이었다. 이러한 전략은 보완재의 가격을 낮추는 결과를 가져온다.

그러나 이것으로 충분하지는 않는다. 고객의 매입 동기를 유발하기 위해서는 하드웨어가 생산비 이하로 팔려야만 하는데 하드웨어 제조업체들은 그렇게까지 할 마음은 없었다. 이에 따라 3DO는 하드웨어 제조업체들에 하드웨어 한 대를 팔 때마다 3DO 주식 2주를 주기로 약속하였다. 동시에 3DO는 소프트웨어 회사들의 로열티를 5달러로 인상하는 안을 진행시켰다. 여기서 얻은 추가 로열티 3달러는 하드웨어 판매를 촉진시키기 위한 보조금으로 사용될 것이었다. 결국 호킨스는 보완재 시장에 참가자들을 유인하기 위해 돈을 지불하고 있는 셈이었다. 이 지불금이 충분한지에 대한 의문은 시간이 지나봐야 알 수 있을 것이다. (3DO는 2003년에 파산했다 – 옮긴이주.)

보완재 시장에서 경쟁을 창출하는 것은 코피티션의 일면이다. 대체적 기업이 단순히 적으로만 여겨지듯이 보완적 기업은 같은 편으로 여겨진다. GM의 예는 경쟁 기업과 함께 모두 승리하는 윈윈 게임의 가능성을 보여준 반면, 3DO의 예는 보완적 기업과도 윈-루즈 게임을 벌일 수도 있는 경우를 보여준 것이다. 3DO는 보완적 기업들의 경쟁을 통해 보완재 가격을 낮춤으로써 많은 이익을 얻을 수 있었다.

부가가치를 바꾼다

게임의 참가자가 고정된 것으로 간주할 수 없는 것처럼 참가자의 게임에 대한 기여도도 고정된 것으로 볼 수 없다. 즉, 참가자의 부가가치를 변화시킬 수 있다는 것이다. 참가자의 부가가치를 변화시킨다는 것은 부가가치를 높이거나 반대로 떨어뜨리는 것이다.

비즈니스 활동의 기본은 부가가치를 창출하는 것이다. 이를 위해 고객의 니즈에 맞는 제품을 개발하거나, 브랜드 인지도를 높이거나, 자원을 효율적으로 사용하거나, 또는 공급자로 하여금 단가를 낮추도록 해야 한다. 이러한 전략들이 과소평가되어서는 안 된다. 부가가치를 창출하는 데는 이러한 방법들 외에도 잘 드러나지 않는 방법들도 있다. 트랜스월드 에어라인Trans World Airlines, 이하 TWA이 1993년에 도입한 일등석을 예로 들어보자.

TWA의 마케팅 수석부사장 로버트 코지Robert Cozzi는 기내 좌석 수를 5~40석 줄여 손님들이 다리를 충분히 뻗을 수 있는 공간을 마련하자고 제안했다. 그 제안의 실행 결과 TWA의 부가가치를 올리는 결과를 가져왔다. 파워J. D. Power의 여론조사대로라면 장거리 여객기의 고객만족도에서 TWA가 단연 수위로 올라섰을 것이며, TWA는 승리하고 다른 항공사들에게 패배를 안겨주는 게임을 만들었다. 그러나 TWA 게임은 모두가 이익을 보는 윈윈 게임의 요소를 포함하고 있었다. 즉, 적어진 좌석 수에 따라 기내 승객이 가득 차게 되었고, TWA가 더 이상의 항공요금 인하 경쟁을 하지 않아도 되었던 것이다.

다른 항공사들이 TWA 전략을 따라 했다면 어떻게 되었을까? TWA에 부정적 영향을 끼쳤을까? 다른 항공사들의 TWA 전략 모방은 그동안 항공업계의 문제로 지적되었던 과다 좌석 수를 해결하는 데 도움이 되었다. 승객들은 충분한 좌석 공간을 이용할 수 있게 되었고, 비행기 공석률을 대폭 줄일 수 있게 되었다. 즉, 모두에게 이익이 된 셈이다. 코지는 항공사들이 승객 확보를 위한 자기 파괴적 가격 경쟁에서 탈피하는 방법을 찾았던 것이다. 이러한 방법이 최상의 기업전략이라 할 수 있다.[5]

기업의 부가가치를 제고하기 위한 아이디어는 자연스러운 현상이다. 반면에 다른 기업의 부가가치를 축소시키려는 방법은 쉽게 이해가 가지 않는다. 이제부터 어떻게 하면 다른 참가자의 부가가치를 축소시킬 수 있는지에 대한 이해를 돕기 위해 간단한 카드 게임을 살펴보자.

이 글의 공동 필자인 아담Adam과 그의 MBA 학생 26명이 함께 카드 게임을 한다고 가정하자. 아담은 26장의 검은 카드를, 학생들은 각각 빨간색 카드 1장씩 갖는다. 검은색 카드와 짝을 이루는 빨간색 카드는 100달러의 상금(학장이 주는)을 받는다. 아담과 학생들 사이에 어떠한 거래가 있을 수 있는가?

　우선 부가가치를 산정해보자. 아담과 아담이 소유하고 있는 검은색 카드 없이는 게임이 성립되지 않는다. 따라서 아담의 부가가치는 게임 전체의 가치인 2천600달러와 같다고 할 수 있다. 각 학생들의 부가가치는 100달러인데, 이는 빨간색 카드를 소유한 학생이 게임에서 빠질 때마다 상금 100달러가 날아가기 때문이다. 결과적으로 카드 게임에 참가한 모든 참가자의 부가가치는 아담의 2천600달러와 학생 전체의 2천600달러를 합친 총 5천200달러라고 할 수 있다. 그러나 실제 상금 총액은 2천600달러밖에 안 된다. 따라서 각 참가자는 자신의 부가가치의 절반이면 충족할 수 있을 것이다. 아담의 경우 학생의 카드를 장당 50달러에 사거나 자신의 카드를 50달러에 팔 것이다.

　여기까지는 별 특별한 것이 없다. 그러나 아담이 부가가치의 절반 이상을 얻을 수 있다면 어떠한가? 그러기 위해서는 게임을 변화시켜야만 한다. 모두가 보는 데서 아담은 자신이 가진 검은색 카드 3장을 태워버린다. 그러면 전체 상금의 규모와 아담의 부가가치는 2천300달러로 줄어들 것이다. 그러나 이 전략의 핵심은 다른 참가자들의 부가가치를 파괴하는 데 있다. 3명의 학생이 카드의 쌍을 만들 수 없게 됨에 따라 부가가치가 없어지게 되었다. 따라서 어느 학생도 게임에 필수적인 존재가 되지는 못한다. 26명의 학생이 있으나 25명의 학생이 있으나 전체 가치가 2천300달러이기는 마찬가지이기 때문이다.

　이제 상금에 대한 분배가 달라질 수 있다. 모든 학생이 부가가치를 가지고 있는 것이 아니기 때문에 아담이 90 대 10으로 나누자고 제안할 수 있다. 3명의 학생이 상금을 받지 못하고 게임을 끝내야 하므로 10달러라도 받는다면 운이 좋다고 할 수 있을 것이다. 아담의 입장에서 보면 2천

300달러의 90퍼센트를 버는 것은 2천600달러의 절반을 버는 것보다는 훨씬 낫다. 물론 아담의 전략이 성공하려면 학생들이 함께 동맹하지 않는다는 전제가 필요하다. 학생들이 동맹을 맺는다면 그 자체가 역시 게임을 변화시키는 것이기 때문이다. 학생들의 동맹은 앞에서 보았듯이 참가자를 바꾸는 것이고 학생들에게는 훌륭한 전략이 되는 것이다.

단지 카드 속임수로 들리는가? 그렇지 않다. 비디오게임 메이커인 닌텐도는 이러한 전략을 사용했다.(우연히도 닌텐도 게임에는 카드놀이가 있다.) 닌텐도가 각 참가자의 부가가치를 어떻게 낮추었는지 알아보기 위해 가치네트를 살펴보도록 하자.(표 4-2 참조)

닌텐도의 위력

닌텐도 고객에서부터 시작해보자. 닌텐도는 토이저러스Toys "R" Us와 월마트Wal-Mart 같은 고도로 집중화된 시장에 게임을 팔았다. 닌텐도는 어떻게 이들 구매력이 큰 대규모 소매업체와 싸웠을까? 바로 게임을 변화시키는 것이었다. 닌텐도는 아담이 카드를 태워버린 것과 같은 전략을 취했다.(물론 닌텐도가 아담보다 많은 돈을 벌었지만 말이다.) 닌텐도는 모든 소매점들의 주문에 응하지 않았다. 1988년 닌텐도는 3천300만 카피를 팔았으나 실제로 시장 수요는 4천500만이 넘었다. 과연 잘못된 전략이었을까? 그렇지 않다. 물론 일부 상점에서 제품이 품절되어 벌어들일 수 있는 수익이 줄어들기는 하였으나 중요한 것은 소매점의 부가가치를 줄이는 데 있었다. 모든 소매상들이 충분한 제품 공급을 받지 못하자 토이저러스와 같은 대형 소매상들도 약자의 위치에 놓이게 되었다. 닌텐도 열풍이 불자 고객들은 가게 밖까지 줄을 섰고, 소매상들은 제품 확보에 열을 올렸다. 공급 축소라는 게임을 통해 닌텐도는 소매상들이 지닌 구매

표 4-2 닌텐도의 가치네트

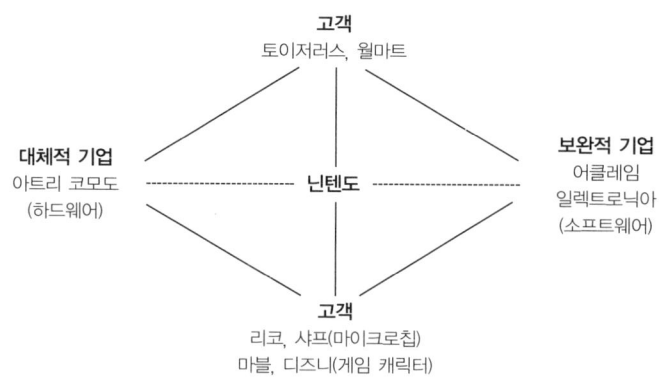

자의 힘(buyer's power)을 제어한 것이다.

다음은 보완적 기업, 즉 외부의 게임 개발자들에 대한 전략이다. 닌텐도의 전략은 무엇이었나? 첫째, 닌텐도는 자체적으로 소프트웨어를 개발했다. 닌텐도는 하드웨어에 보안용 칩을 내장한 후 외부 개발자들을 위한 라이센싱 프로그램을 도입하였다. 그런데 라이선스의 수를 제한했을 뿐 아니라 매우 제한된 개수의 게임을 개발하도록 라이선스가 허용되었다. 닌텐도처럼 되기를 원하는 프로그래머들은 충분히 많았으며, 닌텐도 또한 내부적으로 게임을 개발할 수 있었기 때문에 닌텐도 라이선스를 받은 업체들의 부가가치는 낮아졌다. 즉, 빨간색 카드보다는 검은색 카드가 많게 되도록 닌텐도는 주력한 셈이다. 닌텐도는 협상에 필요한 모든 카드를 가지고 있었던 것이다.

닌텐도의 공급자들 역시 부가가치가 낮았다. 닌텐도는 구식의 칩 기술을 사용함으로써 칩 개발자의 가치를 떨어뜨렸다. 또 다른 공급자의 문제는 게임에 등장하는 주요 캐릭터였다. 닌텐도는 캐릭터인 마리오Mario

의 개발로 대히트를 쳤다. 자체 개발한 마리오의 성공은 라이선스를 받아 사용하던 만화 주인공(스파이더맨이나 미키마우스와 같은)의 부가가치를 떨어뜨렸다. 실제로 닌텐도는 마리오를 각종 만화책이나 만화영화, 시리얼 상자, 보드 게임, 장난감 등에 사용되도록 라이선스를 제공하는 식의 역전극을 연출하기도 했다.

마지막으로 닌텐도의 대체적 기업의 경우를 생각해보자. 어린이의 입장에서는 비디오게임을 대체할 만한 대안이 없다. 단지 다른 비디오게임만이 위협적인 것이었다. 닌텐도는 이 문제를 스스로 해결해 나갔다. 즉, 최대의 시스템 설비 기반을 통해 하드웨어의 생산 단가를 낮추어갔다. 충분한 설비 기반하에서 개발된 닌텐도게임은 최고 수준이었다. 따라서 보다 많은 사람들이 닌텐도 시스템을 구입하면서 고객 기반이 넓어지고, 이것은 다시 비용절감과 보다 많은 게임을 개발할 수 있는 순환의 고리를 만들었다. 닌텐도는 게임 시장에서의 선두를 고수하기 위해 외부 게임 개발자에게 배타적 거래를 요구했다. 닌텐도 외에 다른 대안이 없었던 외부 게임 개발자들로서도 닌텐도의 요구에 부응하는 것이 비용을 최소화하는 길이었다. 잠재적 경쟁업체들은 성공적인 게임을 자신들의 게임기에 맞도록 바꿀 수가 없었다. 즉, 그들은 처음부터 새로운 게임을 스스로 만들어 나가야만 했다. 비록 높은 수익성으로 인해 신규 시장 진입자가 생겨날 수 있었지만, 어느 누구도 부가가치를 증가시키지는 못했다. 닌텐도의 배타적인 독점 계약과 함께 탄탄한 설비 기반은 어떤 경쟁자라도 충분히 물리칠 수 있었다.

마리오라는 2비트 또는 8비트 게임 개발자의 가치는 얼마나 될까? 소니나 닛산을 능가할 수 있는가? 1990년 7월에서 1991년 6월까지 닌텐도의 평균 시장가치는 2조4천억 엔으로 소니의 2조2천억 엔, 닛산의 2조 엔을 웃돌았다.

닌텐도의 사례는 일반적인 가치와는 다른 부가가치의 중요성을 설명하고 있다. 자동차나 TV 그리고 VCR이 분명히 게임보이(Game Boys, 닌텐도의 휴대용 게임기 이름)보다는 더 많은 가치를 창출한다. 그러나 단순히 가치를 창출하는 것만으로는 부족하다. 이익은 가치를 획득함으로써 발생하는 것이다. 자신의 부가가치를 높이고 타인의 부가가치를 낮춤으로써 닌텐도는 커다란 파이의 많은 부분을 획득할 수 있었다. 『닌텐도 파워』라는 월간지 이름은 이러한 상황을 잘 나타내고 있는 듯하였다.

이러한 성공으로 말미암아 닌텐도는 미국 의회의 조사를 받게 되었다. 1989년 말 '반독점, 규제완화 영향 및 민영화' 소위원회 위원장인 오하이오 출신 민주당 의원 데니스 에커트Dennis Eckart는 닌텐도 아메리카가 불공정 경쟁을 하였는지 여부를 가려주도록 미국 법무부에 요청했다. 에커트의 소송 내용은 1988년 크리스마스 기간에 닌텐도 품귀 현상이 '소비자 가격의 인상 및 수요를 증대시키고 나아가 닌텐도의 시장 영향력을 증가시키려는 의도적 결과'였으며 소프트웨어 개발자들의 제품이 '닌텐도의 채택 여부에 전적으로 달려 있다'고 주장하였다. 그러나 닌텐도의 전략이 비합리적이라는 판정을 받지는 못했다.[6]

수익 올리기

부가가치를 유지하는 것은 부가가치를 창출하는 것만큼이나 중요하다. 1970년대 중반 미네톤카Minnetonka의 회장 로버트 테일러Robert Taylor는 펌프질로 배출되는 물비누에 대한 아이디어를 창안했다. 문제는 P&G나 레버브라더스Lever Brothers가 물비누 사업에 진입한다면 그들의 강력한 브랜드나 판매망 때문에 미네톤카가 부가가치를 창출하기가 힘들다는 것이었다. 물비누에 대한 어떠한 특허 등록도 불가능하였다. 그러나 테일러는 물비누 제품을 상품화하는 데 가장 어려운 부분이 플라스틱 펌프라는 것을 알아냈다. 플라스틱 펌프를 공급하는 회사는 오직 두 곳뿐이었기 때문이다. 테일러는 두 회사의 전체 연간 생산 능력인 1억 개의 펌프를 주문함으로써 공급 물량을 휩쓰는, 말 그대로 사운을 건 모험을 감행했다. 개당 12센트씩 계산하더라도 총 1천200만 달러에 달해 미네톤카의 자기자본 총액보다 많은 금액이었다.

결국은 다른 회사들도 이 사업에 참가하겠지만 테일러는 시장에서 공급 가능한 모든 플라스틱 펌프를 장악함으로써 그들보다 12~18개월을 앞지를 수 있었다. 이는 선점하는 기간 동안 물비누의 부가가치를 얻을 수 있었고, 브랜드 인지도를 높일 수 있었기 때문에 현재까지 계속해서 부가가치를 창출할 수 있는 계기가 되었다.

TWA, 닌텐도 및 미네톤카의 예에서 보듯이 부가가치는 변화시킬 수 있다. 자신의 부가가치를 높이거나 다른 참가자의 부가가치를 떨어뜨리는 것과 같은 리엔지니어링을 통해 파이의 보다 많은 부분을 취할 수 있다.

게임이론에 의하면 자율적인 상호작용하에서는 어느 누구도 자신이 기여한 부가가치 이상을 얻을 수 없다고 하지만 반드시 그런 것만은 아니었다. 왜냐하면 우선 누구든지 자기가 기여하는 부가가치를 모두 가져갈 수 있다는 보장이 없기 때문이다. 통상적으로 모든 참가자의 부가가치 합은 게임 전체의 가치를 넘어선다. 애덤의 카드 게임에서 보았듯이, 모든 참가자의 상금 총액은 2천600달러였지만 부가가치의 합은 5천200달러였다. 둘째는, 부가가치가 전무하다고 돈을 못 버는 것은 아니기 때문이다. 게임에 참가하거나 퇴출하는 조건으로(벨사우스의 예에서와 같이) 다른 참가자들이 기꺼이 돈을 지불할 수도 있다. 또는 게임 참여를 지속하거나 아예 참가하지 않는 조건으로도 돈을 벌 수 있다. 셋째, 어떤 규칙은 게임 참가자로 하여금 상호작용하도록 하기 때문이다.

규칙적인 게임에서도 자신의 부가가치 이상으로 이익을 획득하는 사례를 살펴보도록 하자.

규칙을 바꾼다

규칙이란 작용이나 반작용을 제한함으로써 게임이 어떻게 진행되는가를 결정짓는 요소다. 규칙의 영향을 알기 위해서는 예시와 추론을 해야 한다.

가장 간단한 규칙은 모두에게 동일한 가격을 적용하는 것이다. 이 규칙에 따르면 가격은 소비자 개개인과 협상할 수 있는 요소다. 결국 회사의 부가가치가 없어도 시장에 진입해서 이익을 취할 수 있다. 신규 참가자가 제시하는 가격이 기존 참가자의 제시 가격보다 낮다면 기존 참가자는 단지 2가지 반응을 보일 것이다. 신규 참가자의 가격과 경쟁할 수 있는 가격을 제시하거나 또는 최초 가격을 유지하면서 일부 이익을 포기하는 것이다. 소규모의 신규 참가자는 예시와 추론을 통해 기존 참가자들이 보복보다는 타협을 하도록 할 것이다.

신규 참가자가 낮은 가격과 제한된 생산능력(이를테면 시장의 10퍼센트)으로 시장에 진입했다고 하자. 신규 참가자가 돈을 벌 수 있느냐 하는 것은 기존 참가자의 반응에 달려 있다. 즉, 기존 참가자는 신규 참가자의 가격에 대응하는 가격을 제시함으로써 빼앗긴 시장점유율을 회복하거나 10퍼센트의 시장 점유율을 포기할 수 있기 때문이다. 기존 참가자 입장에서는 10퍼센트 지분을 포기하는 것이 이윤을 희생하는 것보다 나은 경우가 많다.

이 경우 신규 참가자는 자기가 의도한 대로 행동할 수 있을 것이다. 그러나 너무 탐욕스러운 행동은 하지 못할 것이다. 너무 많은 시장점유율을 탈취하려 든다면, 기존 참가자가 시장 탈환을 위해 이익을 포기할지도 모르기 때문이다. 스스로의 생산 능력을 제한하는 것이 기존 참가자로 하여금 원래 가격을 유지하도록 함으로써 신규 참가자가 돈을 벌 수 있는 방법이다. 이러한 전략을 대규모의 기존 참가자들 사이에서는 자신의 이익을 취하기 위해 소규모를 유지하는 '유도 경제학(Judo Economics)'이라고 한다.

유도 전략이 성공하려면 신규 참가자가 자신의 생산 능력을 작게 유지하겠다는 약속을 명시하고 이를 믿을 수 있도록 만들어야 한다. 그러나 신규 참가자는 생산 능력 확장이라는 유혹에 빠지기 쉽다. 이런 유혹은 기존 참가자의 보복을 불러일으킨다는 것을 명심해야 한다.

도도DODO*가 아닌 키위KIWI

키위 항공은 유도 전략을 잘 이해하고 있었다. 날지 못하는 새, 키위Kiwi의 이름을 딴 이 항공사는 1992년 파산한 이스턴 항공Eastern Air Lines의 조종사들이 주축이 되어 설립된 회사다. 키위 항공은 종업원 지주회사의 장점과 항공기 리스를 통해 비용을 절감했다. 키위 항공은 지명도도 낮았고 주요 대형 항공사에 비해 항공 스케줄도 제한적이어서 부가가치가 그리 높지 않았다. 따라서 키위 항공은 낮은 가격과 제한된 항공 스케줄을

---

* 17세기 말에 멸종된 날지 못하는 거위만 한 새 —옮긴이주.

전략으로 내세웠다.

당시 키위 항공의 회장이던 로버트 아이버슨Robert Iverson은 다음과 같이 천명했다. "우리의 운항 노선 스케줄은 주요 대형 항공사와 겹치지 않도록 정했으며, 따라서 기존 항공업계에는 우리가 아무런 위협이 되지 않는다. 우리는 하루에 4회 이하의 비행 스케줄로 단지 항공 시장의 10퍼센트에 그칠 뿐이다." 키위 항공은 비즈니스상 비행기를 이용하는 사람들을 주요 고객으로 삼았기 때문에 주요 대형 항공사들이 체류 승객이나 예매 승객에 부여하던 가격 할인 정책이 의미가 없었다. 따라서 키위 항공은 모든 승객에게 동일한 가격을 적용함으로써 이익창출이 가능했다.

키위 항공은 동일한 시장에 참여하려는 신규 참가자에게는 주요 경쟁자가 되었다. 더구나 키위 항공보다 작은 규모로 참가할 수 있는 여지도 거의 없었기 때문에 누군가 새로이 진입하려고 하면 키위 항공 입장에서는 싸우는 수밖에 없었다. 아이버슨은 "대형 항공사 입장에서 보면 키위 항공이 없는 것보다는 차라리 있는 것이 낫다."고 주장했다. 키위 항공은 델타Delta 항공과 라이벌 관계이기는 했어도 소규모를 유지하고 잠재적 참가자를 막아줌으로써 코피티션의 요소를 도입하였다. 델타 항공의 입장에서는 키위 항공이 유익한 마귀 역할을 하는 것이다.

키위 항공의 사례는 참가자가 시장의 기존 규칙(동일 가격 부과 규칙)을 어떻게 이용하는가를 보여주고 있다. 현실적으로 규칙이란 관습과 법규, 계약에 기초하고 있다. 일상적인 계약에 기초한 규칙으로는 최혜국(또는 최혜 고객) 대우, 승낙 또는 지불 협정 그리고 최후입찰조항(meet-the-competition clause : MCC)이 있다. 이들 규칙은 제품 거래에 유용하게 적용된다. 일례로 탄산가스 산업을 들어보자.

가스에서 얻은 수익

세계 3대 탄산가스 생산업체는 에어코Airco, 리퀴드 카보닉Liquid Carbonic, 에어 리퀴드Air Liquide이다. 탄산가스는 탄산음료와 냉동 산업에서 막대한 가치를 창출시키는 상품이지만 탄산가스 자체만으로는 부가가치를 얻기가 매우 어렵다. 탄산가스의 운송비는 너무 비싸서 탄산가스의 특정 수요자에게 지리적으로 최적의 위치에 있는 업자만이 부가가치를 얻을 수 있다.

탄산가스로부터 부가가치를 창출하는 다른 방법은 신용, 평판, 서비스, 기술 등을 통한 차별화 전략이다. 그러나 탄산가스 생산업체의 부가가치는 탄산가스가 창출하는 전체 가치와 비교해볼 때 극히 소규모에 지나지 않는다. 탄산가스 생산업체가 기존의 부가가치 이상으로 획득하는 것이 가능한가? 그것은 탄산가스 산업에서의 게임 규칙을 변화시킴으로써 가능하다.

세계 3대 탄산가스 생산업체가 고객들과의 계약에서 사용하는 규칙은 최후입찰조항(MCC)이다. MCC는 현재의 판매업체가 최종 가격을 제시할 권한을 부여한다.

MCC의 결과 생산업체는 높은 가격을 유지함으로써 부가가치 이상으로 이익을 획득할 수 있었다. 일반적으로 제품 가격의 상승은 다른 참가자를 시장으로 유인함으로써 경쟁을 초래한다. 그러나 탄산가스 산업의 경우 새로운 참가자가 진입해서 가격 할인을 통해 기존 참가자의 비즈니스를 탈취하기는 거의 불가능하다. 그런 경우가 발생할 우려가 있는 경우 기존 참가자는 가격 인하를 통해 비즈니스를 유지하고자 할 것이기 때문이다.

이렇게 밀고 밀리는 싸움은 제품 가격을 변동비 수준까지 끌어내려 더 이상 사업 쟁탈의 의미가 없어지게 된다. 이러한 상황에서 이익을 보는 사람은 낮은 가격에 구매가 가능한 수요자뿐이다.

기존 사업자와 가격 경쟁을 하는 것은 언제나 위험한 것이지만 이익이 된다면 정당화될 수 있다. 그러나 기존의 참가자가 MCC를 가지고 있는 경우 문제는 크게 달라진다. 이익보다는 손실 가능성이 훨씬 높기 때문이다. 가격 인하는 위험한 선례를 남기고 서로 치고받는 싸움이 될 가능성이 높다. 기존 참가자는 도전자의 사업을 따라다니면서 보복할 것이며, 도전자가 고객을 잃지 않는다 해도 이익을 잃을 것은 분명하다.

도전자의 고객이 피해를 볼 수도 있다. 가령 도전자가 코카콜라에 원료를 납품하고 기존 참가자는 펩시에 원료를 납품한다고 가정해보자. 도전자는 펩시를 고객으로 삼기 위해 원료를 낮은 가격 조건으로 펩시에 제공하기 힘들 것이다. 왜냐하면 코카콜라는 펩시가 비용상의 유리한 조건을 갖는 것을 용인할 수 없을 것이기 때문이다. 결국 도전자는 펩시를 고객으로 삼지도 못할 뿐 아니라 코카콜라에 납품하는 원료 단가만 낮추게 되는지 모른다. 즉, 도전자의 노력은 헛수고로 끝나고 차라리 기존 고객을 만족시키는 것이 나은 결과를 낳을 것이다.

MCC는 기존 참가자에게 확실한 승리를 보장하는 형태로 게임을 변화시킨다. 그러나 놀라운 사실은 MCC하에서 도전자도 이익을 볼 수 있다는 것이다. 도전자가 시장점유율을 탈취하는 것이 불가능할지는 몰라도 기존 참가자의 높은 가격은 좋은 선례를 제공하기 때문이다. 즉, 도전자가 자신의 고객을 상대로 가격 인상을 꾀할 여지를 남겨주기 때문이다. 기존 참가자가 도전자의 시장을 탈취하려는 위험도 줄어드는데, 이는 그러한 노력이 기존 참가자에게는 얻는 것보다 잃는 것이 많기 때문이다. 결국, MCC는 고전적인 코피티션의 하나라 할 수 있다.

수요자가 이런 규칙을 따라갈 이유가 있는가? 물론 그러한 규칙은 특정 산업의 전통일 수도 있고 규범일 수도 있다. 수요자들은 가격 파괴보다는 안정된 가격을 선택했거나 아니면 규칙이 가지고 있는 내면의 의미를 충분히 이해하지 못했을지도 모른다. 이유야 어찌됐건 MCC는 수요자, 즉 고객에게도 이득이 될 수 있다. MCC는 생산자에게 장기 계약을 체결하지 않고도 같은 효과를 보장한다. 따라서 생산자는 수요자를 위해 더 많은 투자를 하려고 한다. 비록 공식적인 MCC는 없어도 공급자에게 최종 가격을 제시하도록 하는 것이 일반적 관행이다.

MCC의 사용은 그것을 모방함으로써 발생하는 손실 이상으로 이익이 될 수 있다. 탄산가스 제조업자는 일방적인 MCC의 채택으로 이득을 얻게 된다. 그러나 다른 제조업자들이 MCC를 모방하게 되면 이에 대항하는 세력이 생기게 된다. 많은 제조업자에 의한 MCC 채택은 추가적인 가격 인상을 초래하고, 따라서 시장 점유율을 위한 경쟁시 감수해야 할 손실의 규모가 커진다. MCC가 광범위하게 채택되면 생산자가 넓힐 수 있는 시장 점유율은 줄어든다. 위험부담은 크고 얻을 것은 적기 때문에 어느 생산자도 다른 생산자의 고객을 빼앗으려 들지 않을 것이다. 즉, 유리 집에 사는 사람이 자기 스스로 돌팔매질을 하지는 않을 것이며, 다른 사람이 유리 집을 짓는다면 오히려 기뻐하는 것과 같다.

규칙의 중요성이나 규칙 변화를 통한 게임의 변화를 간과하는 경우가 있다. 사업에서 협상이 규칙 없이 이뤄진다면 새로운 규칙의 제시가 게임을 어떻게 변화시킬지 생각해보라. 조심해야 될 것은 당신이 규칙을 개정하듯이 상대방 역시 그렇게 할 수 있다는 것이다.

다른 게임과는 달리 비즈니스라는 게임에서는 분쟁을 해결할 수 있는 최종 규칙의 제정기관이 존재하지 않는다. 정부가 반독점법 같은 것을 통해 약간의 규칙을 만들 수 있으나 궁극적인 규칙을 만드는 힘은 거의 대부분 시장으로부터 나온다. 규칙이 부가가치를 만들 수도 있지만, 반대로 부가가치는 최초 규칙을 제정하는 힘이 되기도 한다.

인식을 바꾼다

지금까지 참가자와 부가가치 그리고 규칙을 변화시켜보았다. 다음에 변화시킬 대상은 인식이다. 게임 참가자들이 누구이고 부가가치는 얼마나 되며, 어떤 규칙이 적용되는가에 대한 참가자들의 의견 또는 인식이 모두 같을 것이라는 보장은 없다. 모든 행동과 반작용이 나타내는 의미도 명확하지 않다. 비즈니스란 불확실성의 세계이기 때문이다. 전술은 참가자들이 불확실성을 인식하는 방법과 그에 따른 행동의 변화에 영향을 준다. 일부 전술은 잘못된 인식을 바로잡아주는, 즉 안개를 거두는 역할을 하는 반면에, 다른 종류의 전술은 불확실성을 유지하거나 창출하는 것, 즉 안개를 드리우는 역할을 하기도 한다.

여기서 2가지 예를 들어보자. 첫 번째 예는 언론 재벌인 루퍼트 머독이 『뉴욕데일리뉴스New York Daily News』에 게임을 인식할 때 어떻게 안개를 거두었는가 하는 것이고, 두 번째 예는 안개를 유지하는 것이 협상을 이끌어내는 데 어떤 영향을 미쳤는가 하는 것이다.

뉴욕의 안개

1994년 7월 초순 뉴욕데일리뉴스는 신문 값을 40센트에서 50센트로 인상했다. 당시의 상황으로는 놀랄 만한 조치였다. 왜냐하면 이 신문의 최대 라이벌인 루퍼트 머독의 『뉴욕포스트』는 스태튼 아일랜드 지역에서 신문 가격을 25센트로 시험적으로 인하해서 효과를 보고 있었기 때문이다. 『뉴욕타임즈New York Times』가 같은 해 7월 4일자에 보도했듯이, 데일리뉴스의 신문 가격 인상은 머독의 가격 인하에 도전하는 것처럼 보였다.

그러나 뉴욕타임즈가 간과하고 있는 것이 있었다. 뉴욕데일리뉴스가 신문 가격을 인상하기 전 뉴욕포스트가 신문 가격을 50센트로 올렸을 때 뉴욕데일리뉴스는 기존의 40센트를 유지했다. 그 결과 뉴욕포스트는 독자가 줄어드는 것과 함께 광고 수입도 감소했다. 머독이 그러한 상태를 더 이상 유지할 수 없다고 판단한 반면, 뉴욕데일리뉴스는 아무런 문제도 없다고 판단했다. 아니 적어도 문제가 없는 것처럼 보였다.

머독은 안개를 거두는 전략을 채택했다. 뉴욕포스트의 신문 가격을 40센트로 다시 인하하는 것은 물론 25센트까지 인하할 의향을 내비쳤다. 뉴욕데일리뉴스는 머독의 계획이 실현될 수 있는지에 대해 회의적이었다. 더욱이 뉴욕데일리뉴스는 당시의 성공이 자사 신문의 우수성 때문이지 10센트가 싼 가격 때문이라고는 믿지 않았다. 따라서 머독의 계획을 특별한 위협으로 느끼지 않았다.

아무런 반응이 없자 머독은 두 번째 전술을 실행에 옮겼다. 그는 실험적으로 스태튼 아일랜드 지역에서 신문 가격을 인하했다. 그 결과 뉴욕포스트의 판매 부수는 두 배로 늘어났다. 즉, 안개가 걷힌 것이다. 뉴욕데일리뉴스는 독자들이 15센트를 아끼기 위해 구독 신문을 바꿀 용의가 있다는 것을 깨달았다. 결국 뉴욕데일리뉴스의 부가가치가 그다지 크지 않은 것으로 판명되었다. 머독이 25센트로 신문 가격을 인하한 조치는 적절한 전략이었던 것이다.

머독이 뉴욕시 전역에 걸쳐 신문 가격을 인하할 경우 뉴욕데일리뉴스는 엄청난 손해를 보게 될 것임이 극명하게 드러났다. 이와 똑같은 상황이 런던에서도 머독의 『타임스』와 콘래드 블랙Conrad Black의 『데일리텔레그래프Daily Telegraph』 사이에서도 벌어지고 있었다. 뉴욕데일리뉴스가 신문 가격을 50센트로 인상한 배경에는 이러한 사건들이 있었다.

뉴욕타임즈만이 안개 속에 남아 있었다. 실제로 머독이 신문 가격을 25센트로 인하하기를 바란 것은 아니었다. 그가 신문 가격을 25센트로 인하하는 계획을 들고 나오면 뉴욕데일리뉴스가 40센트를 고집할 수 없으리라 기대했다. 머독의 발표와 스태튼 아일랜드에서의 가격 인하는 뉴욕데일리뉴스로 하여금 신문 가격을 인상하도록 만드는 전술이었다.

가격이 균형을 이루게 됨에 따라 뉴욕포스트는 더 이상 구독자를 잃지 않게 되었다. 즉, 두 신문 가격이 25센트, 40센트였을 때보다 더 많은 수익을 올리게 되었던 것이다. 다시 코피티션이 작용한 것이다. 뉴욕포스트는 50센트로 가격 인상을 선도했고, 뉴욕데일리뉴스가 탐욕을 부리며 협조하지 않자 머독은 경고신호를 보냈던 것이다. 뉴욕데일리뉴스의 가격 인상이 머독을 자극한 것은 아니었다. 그것은 오히려 머독과 뉴욕데일리뉴스를 가격 인하 전쟁에서 구해준 조치였던 것이다.

뉴욕데일리뉴스 입장에서는 안개가 편리한 것이었지만, 뉴욕포스트 입장에서는 그렇지 않았다. 그래서 머독이 그 안개를 거두었던 것이다.

동의를 위한 반대

때로 안개는 모든 참가자에게 편리한 것이다. 투자은행과 고객 간의 수수료 협상이 그 좋은 예다. 여기서 고객이란 기업을 팔고자 하는 대주주를 의미한다. 팔고자 내놓은 어느 기업의 잠재적 최대 구매자로 한 투자은행이 있다고 가정해보자. 신뢰를 바탕으로 경영을 해온 투자은행은 이

제 수수료 협정에 서명할 때가 되었다.

투자은행이 1퍼센트의 수수료를 제안했다. 고객은 회사를 5억 달러에 팔 수 있을 것으로 계산하고 있다. 따라서 고객은 500만 달러의 수수료가 너무 많다고 주장하면서 0.625퍼센트의 수수료를 대안으로 제안했다. 그러나 투자은행은 그 회사의 가격이 2억5천만 달러에 불과하기 때문에 고객의 제안을 받아들이면 수수료의 기대치가 250만 달러에서 약 150만 달러로 떨어진다고 생각했다.

이러한 상황에서는 안개를 거두는 것이 전술의 한 방법일 것이다. 투자은행은 고객이 생각하는 5억 달러가 비현실적이고, 따라서 수수료도 500만 달러에 이를 것이라는 근거가 없다고 설득할 수 있다. 이 전술의 문제점은 고객이 자신의 회사 가치가 낮다는 것을 받아들이려 하지 않는다는 데 있다. 투자은행의 그러한 설명을 들었을 때 고객은 그 거래를 피하려고 할 뿐만 아니라 투자은행을 바꾸려고 할 가능성도 있다. 이럴 경우 투자은행은 한 푼의 수수료도 받지 못할 수도 있다.

고객의 낙관과 투자은행의 비관은 논쟁보다 합의를 도출할 기회이기도 하다. 이를 위해서 양측은 0.625퍼센트의 수수료율이나 또는 최저 수수료 250만 달러 중 작은 금액을 지불하는 합의에 동의해야만 한다. 이 방법은 고객이 자신이 원하는 수수료율을 고집할 수 있고, 최저 수수료 보장 조항을 가볍게 생각하게 만들 것이다.

0.625퍼센트의 수수료가 적용될 경우 회사 매도액이 4억 달러 이하로 내려가지 않는 한 최저 보장 조항이 적용될 일이 없다. 고객은 회사의 매도 가격이 그보다는 1억 달러 정도 더 나갈 것으로 기대하고 있다. 투자은행은 수수료 250만 달러가 보장되므로 양측은 이 협정에 동의할 수 있다.

단순히 수수료율만 놓고 협상을 하면 윈-루즈 게임이다. 그러나 수수료율을 1퍼센트에서 0.625퍼센트에 최저 수수료를 보장하는 조건으로 바뀌면 양측 모두 승리하는 윈-윈 게임이 될 수 있다. 이것은 양측이 게임을 서로 달리 해석할 때만 가능하다. 안개가 코피티션을 가능하게 만드는 것이다.

범위를 바꾼다

참가자, 부가가치, 규칙 그리고 전술적 가능성마저 변화시킴에 따라 이제 게임의 기존 테두리 내에서 바꿀 수 있는 것은 아무것도 없다. 그러나 섬과 같이 동떨어진 게임이란 없다. 게임들은 시공을 통해 서로 연결되어 있다. 즉, 한 장소에서 이루어지는 게임은 다른 장소의 게임에 영향을 미칠 수 있으며, 오늘의 게임이 내일의 게임에 영향을 줄 수도 있다. 따라서 게임의 범위도 변화시킬 수 있다. 다른 게임으로의 연결 고리를 창출함으로써 게임을 확장시킬 수도 있으며, 반대로 연결 고리를 단절함으로써 게임을 축소시킬 수도 있다. 두 방법 모두 유익하게 사용될 수 있다.

닌텐도는 자사의 시장가치가 소니나 닛산의 가치를 능가하며 마리오가 미키마우스보다 더 알려져 있다는 사실을 알았다. 8비트 게임에서 세가와 다른 라이벌들은 닌텐도에게 패배했다. 그러나 다른 라이벌들이 모두 중도에 포기했을 때 세가는 단념하지 않았다. 세가는 미국 시장에 16비트의 새로운 게임 시스템을 내놓았다. 닌텐도가 16비트로 대응하기까지는 2년이 소요되었다. 그러나 그때는 이미 게임 주인공인 고슴도치 소닉(Sonic the hedgehog)의 성공으로 세가가 게임 시장에서 중요한 위치를 확립한 후였다. 그로써 두 회사는 16비트 게임 시장을 서로 양분하였다.

세가가 시장에서 자리를 잡을 수 있었던, 도전받지 않은 2년이라는 기간은 세가에 찾아온 행운이었는가? 그렇지 않다. 당시는 닌텐도의 8비트 게임이 진가를 발휘하고 있을 때였다. 세가는 게임 범위의 확장을 통해 닌텐도가 8비트에서 가진 장점을 16비트에서는 약점으로 변화시킬 수 있다는 것을 알았다. 닌텐도 입장이라면 16비트 게임에 참여할 것인가 아니면 8비트 게임을 고수하겠는가?

닌텐도가 16비트 게임에 참여했다면 경쟁을 초래함으로써 16비트 게임의 가격 인하는 닌텐도의 최대 히트작 8비트 게임의 가치를 떨어뜨리는 결과가 되었을 것이다. 세가가 16비트 게임 시장을 장악하도록 내버려둔 것은 16비트 게임의 높은 가격으로 8비트 게임에 미치는 영향을 최소화시킬 수 있었기 때문이다. 세가의 사업을 방해하지 않음으로써 닌텐도는 8비트 게임 시대를 연장시킨 것이다.

8비트와 16비트 게임 사이의 관계를 고려하면 닌텐도의 이러한 결정은 옳은 것이었다. 대체재 시장에서 경쟁을 벌이지 않기로 한 닌텐도의 전략은 보완재 시장에서 경쟁을 창출해낸 3DO의 전략에 상응하는 것이다.

비즈니스 게임의 5가지 함정

게임을 변화시킨다는 것은 어려운 일이다. 거기에는 많은 잠재 위험들이 있다. 지금까지 설명한 사고방식, 지도 그리고 게임 변화를 위한 방법, 즉 코피티션, 가치네트, 5요소 등은 경영자에게 이러한 게임의 함정을 인식하고 피할 수 있도록 돕기 위한 것이었다.

첫 번째 함정은 게임을 수동적으로 받아들인다는 것이다. 중요한 것은 능동적으로 게임을 변화시킬 수 있다고 깨닫는 것이다.

두 번째 함정은 게임의 변화가 다른 참가자의 희생 아래서만 가능하다고 생각하는 것이다. 이것은 사고방식의 혼란을 가져와서 함께 승리하는 기회를 놓치게 된다. 모두가 승리하는 윈-윈 게임과 이기고 지는 윈-루즈 게임을 동시에 추구하는 코피티션이 더 좋은 결과를 가져온다.

세 번째 함정은 다른 참가자가 발견할 수 없는 무엇인가를 찾아내야만 한다고 믿는 것이다. 게임을 변화시킬 수 있는 방법을 찾아냈을 때 그 방법이 다른 참가자에 의해 모방될 수 있다는 사실을 받아들여야 한다. 독특한 것이 성공을 위한 선행조건은 아니다. GM의 제휴 카드와 기타 다른 예들에서도 알 수 있듯이 모방이란 도움이 될 수도 있다.

네 번째 함정은 게임을 전체적으로 보지 못한다는 것이다. 보지 못하면 변화시킬 수도 없다. 특히 많은 사람들이 보완적 기업의 역할을 제대로 간파하지 못하고 있다. 이에 대한 좋은 해결책은 가치네트를 그려보는 것이다. 이렇게 함으로써 게임 변화를 위한 전략의 다양성을 증가시킬 수 있다. 고객에 대한 어떤 전략이 있다면 그에 상응하는 공급자를 향한 전략 또한 존재한다.(그 반대도 존재한다.) 마찬가지로 대체적 기업에 대한 전략이 있다면 그에 상응하는 보완적 기업에 대한 전략도 존재한다.

다섯 번째 함정은 게임의 변화를 조직적으로 생각하지 못하는 데 있다. 게임의 5요소를 포괄적이고 이론적인 잣대로 사용하는 것이 전략 개발에 도움이 된다. 그러나 그것만으로 충분한 것은 아니다. 어느 특정 전략의 효과를 이해하려면 주관적인 관점에서 벗어나 다른 참가자들의 관점까지도 수용해야 한다.

HSC의 경우, 인공감미료 공급 시장을 경쟁적으로 만들기 위해서는 높은 값을 지불해야 한다는 것을 코카콜라와 펩시에 설득해야만 했다. 약자의 위치에 있던 벨사우스가 성공할 수 있었던 것은 린 방송사와 맥코우의 인센티브를 이해했기 때문이다. 8비트 게임에서 닌텐도의 위력은 그 회사가 다른 모든 참가자의 부가가치를 낮추었기 때문이다. 키위 항공은 항공 요금과 규모를 적절히 가져가기 위해 다른 주요 대형 항공사의 입장에서 자신을 바라보았다. 키위 항공은 대형 항공사들이 자사의 시장 진입을 저지하기보다는 수용할 동기가 더 많다는 것을 확신할 수 있었다.

당신의 고객을 뺏으려는 도전자의 노력에 어떤 식으로 반응할 것인가를 도전자의 입장에서 생각하고, 다시 당신 입장에서 정리한 후에라야 MCC의 효과가 분명해진다. 머독이 깨달은 것은 자신의 목적을 달성하는 데 있어 뉴욕데일리뉴스가 안개 속에 있었다는 것과 그 안개를 거두는 방법이었다. 중개자가 각 참가자들이 게임을 서로 달리 받아들인다는 것을 알면 그들을 위한 협정안을 보다 잘 제시할 수 있다. 세가가 성공할 수 있었던 것은 기존의 8비트 게임과 연계된 새로운 16비트 게임을 통해 닌텐도를 진퇴양난으로 몰아넣은 데 있었다.

마지막으로 비즈니스라는 게임을 변화시키는 획기적 방법은 존재하지 않는다. 단지 찾아가는 과정이다. 다른 참가자 역시 게임을 변화시키려 할 것이다. 그들의 노력이 때로는 이롭게 혹은 때로는 해롭게 작용할 것이다. 당신이 그 게임을 다시 변화시켜야 할지도 모른다. 게임을 변화시키는 작업은 결국 끝이 없는 셈이다.

5

불확실한 신규사업 안정성 확보 전략

리타 건더 맥그레스
Rita Gunther McGrath

이안 맥밀란
Ian C. MacMillan

경험 많은 노련한 기업들이 잘 알지 못하는 분야에 진출하려다 막대한 손실을 입는 경우를 흔히 볼 수 있다. 대부분의 모험적인 신규사업은 본질적으로 위험하다. 그러나 신규사업에 진출할 때 적절한 계획과 통제 수단을 가지고 있다면 실패와 비용을 최소화 할 수 있다.

신규사업을 기획하는 방법으로 2가지로, 발견중심기획법과 경험의존기획법이 있다. 경험의존기획법은 경영자들이 과거의 경험을 추정 근거로 미래의 결과를 예측할 수 있다는 전제에서 출발한다. 하지만 신규사업은 기존 사업과는 달리 확고한 지식보다 불확실한 가정에 의존한다. 이 때문에 신규사업은 원래 계획했던 목표에서 벗어나거나 때로는 과도하게 이탈하기도 한다.

발견중심기획법은 신규사업의 경우, 정보가 거의 없고 많은 가정들이 필요하다는 점을 인정한다. 신규사업이 전개됨에 따라 발견중심기획법은 그러한 가정들을 체계적으로 지식화해나간다. 따라서 신규사업의 진정한 가능성은 사업이 진행되면서 발견된다.

필자들은 유로디즈니의 유럽 진출 사례를 들어 경험의존기획법이 가진 오류를 지적하고 있다. 월트디즈니는 미국과 일본에서 이룬 성공 경험을 토대로 유로디즈니를 기획하였다. 이 과정에서 디즈니는 유럽인들의 테마공원 이용 행태가 미국과 일본 사람들과 비슷할 것이라고 가정하였다. 이로 인해 유로디즈니는 막대한 손실을 입었다. 여기서 필자들은 기획 초기의 암묵적인 가정이 가진 위험성을 보여주고 있다.

발견중심기획법은 불확실성이 가득 찬 전략적 사업에 적용될 수 있는 강력한 도구이다. 발견중심기획법은 경영자들이 모르고 있는 것들을 명확히 밝혀주고 학습할 수 있는 지침을 제공한다.

신규사업기획법 2가지

　우량 기업들이 익숙지 않은 사업을 벌이다 막대한 손실을 기록하는 것을 흔히 볼 수 있다. 주로 신규 제휴를 체결하거나 신규 시장 진출 또는 신제품 및 신기술을 개발하는 과정 등에서 이런 일이 발생한다.
　월트디즈니의 경우, 1992년 테마공원 사업을 위해 유럽에 진출한 후 1994년까지 10억 달러 이상의 누적 손실을 기록하였다. 페덱스는 잽메일Zapmail이라는 팩스 서비스를 개발하였으나 6억 달러의 손실을 입고 이를 중단하였다. 폴라로이드도 즉석 영화 시장에 진출했다가 2억 달러의 손실을 입은 바 있다.
　왜 이처럼 경험이 풍부한 우량 기업들도 새로운 분야에 진출하면서 성공을 거두지 못했는가? 한 가지 분명한 사실은 전략적이고 모험적인 신규사업(venture business)들은 본질적으로 위험하기 때문에 실패할 확률이 높다는 것이다. 그러나 이 회사들이 혁신적인 신규사업에 진출할 때 적절한 계획과 통제 수단을 가지고 있었다면 실패를 줄이고 비용을 최소화할 수 있었을 것이다.

발견중심기획법(Discovery-Driven Planning)은 신규사업 기획이 기존 사업 기획과 다르다는 점에 근거한 매우 실용적 기법이다. 전통적 기획은 경영자들이 과거의 경험을 추정 근거(Platform)로 미래의 결과를 예측할 수 있다는 전제에서 수행된다. 이 경우 사람들은 자신들이 사용한 추정 근거가 불확실한 가정이 아니라 확고한 지식이기 때문에 그들의 예측이 정확할 것이라고 생각한다. 이 때문에 경험의존기획법(Platform-Based Planning)을 사용할 경우 신규사업이 초기의 계획과 다르게 전개되면 바람직하지 못한 것으로 간주하게 된다.

경험에 의존한 접근법은 기존 사업에서는 타당한 방법일 수 있다. 하지만 이를 모험적 신규사업에 적용하는 것은 지극히 어리석은 일이다. 신규사업에 진출하는 회사는 말 그대로 경쟁자도 잘 알지 못하는 불확실한 일들을 수행해야 한다. 이러한 사업에 대해서는 아직 충분히 이해하지 못하는 경우가 대부분이다. 또한 예측에 도움이 될 만한 안전하고 신뢰할 수 있는 지식도 없는 상태다. 이로 인해 경영자들은 신규사업을 기획할 때마다 미래의 불확실한 가정에 의존할 수밖에 없다. 다시 말하면 기존 사업은 과거의 경험과 지식을 바탕으로 두지만, 신규사업은 지식보다는 가정에 의존하는 비율이 훨씬 높다.

그런데 일반적으로 미지의 영역에 대한 가정은 오류가 많다. 따라서 신규사업은 원래의 계획목표로부터 벗어나기도 하며, 때로는 과도하게 이탈하는 경우도 생긴다. 게다가 신규사업에서는 근본적으로 방향을 전환해야 하는 경우도 자주 발생한다.

발견중심기획법은 새로운 사업을 시작할 때 기존 사업에 통용되는 기획기법을 강요하지 않는다. 오히려 신규사업을 시작할 때에는 아는 부분이 거의 없으며, 많은 가정들이 필요하다는 사실을 인정한다. 반면에, 경험의존기획법은 계획 수립 시 사용된 가정들을 추정치가 아니라 기획 단계에서 주어지는 명백한 사실로 받아들인다. 그래서 기업들은 암묵적으로 내재된 가정들을 가지고 사업을 추진한다.

하지만 발견중심기획법은 그러한 가정들을 수시로 점검하고 의문을 제기해야 하는 최선의 추정치로 받아들인다. 따라서 전략적 신규사업이 진행됨에 따라 발견중심기획법은 그러한 가정들을 체계적으로 지식화해 나가게 된다. 또한 새로운 자료가 발견되면 이를 다시 기존 계획을 개선하는 데 이용한다. 즉, 신규사업의 진정한 가능성은 바로 사업이 진행되면서 밝혀지게 되는 것이다. 발견중심기획법이라는 용어는 바로 이러한 맥락에서 나온 것이다. 이 접근법에 사용되는 통제 수단은 기존의 기획법과는 다르다. 하지만 그 정확성은 결코 뒤떨어지지 않는다.

유로디즈니의 신규사업기획법

최고의 기업들도 그들의 계획에 숨어 있는 가정들을 파악하지 못한다면 심각한 문제에 직면할 수 있다. 유로디즈니(현재의 디즈니랜드 파리)의 지분 49퍼센트를 보유하고 있는 월트디즈니는 테마공원 경영에서 매우 성공한 기업으로 인정받고 있다. 이 회사는 미국뿐 아니라 세계 여러 곳에서 성공을 거두었다. 예컨대 1983년 개장한 도쿄디즈니랜드는 현재까지 재정적·대중적으로 큰 성공을 거두고 있다. 그러나 유로디즈니랜드는 서두에서 밝힌 것처럼 1994년까지 10억 달러 이상의 손실을 입었다. 유로디즈니랜드는 1993년만 해도 입장객 수가 매달 100만 명에 근접하면서 유럽에서 가장 인기 있는 유료 관광지로 부상했었다. 그런데 어떻게 그렇게 많은 손실을 기록했을까?

디즈니는 1986년에 유로디즈니를 기획하면서 다른 지역의 테마공원을 운영한 경험에 기초해 사업을 구상하였다. 이 회사는 입장료를 통해 수입의 절반을 얻고, 호텔 및 식당 운영과 기념품 판매로 나머지 절반을 충당할 수 있을 것으로 기대했다. 하지만 유로디즈니는 1993년까지 당초 목표치였던 1천100만 명의 입장객을 유치시키기 위해서 성인 이용권의 가격을 대폭 인하해야만 했다. 또한 입장객 1인당 평균 지출도 기대를 훨씬 밑돌아 적자 폭은 더욱 커졌다.

디즈니의 사례에서 어떤 비난의 대상을 찾고자 하는 것은 아니다. 단지 앞으로 제시하게 될 새로운 접근법을 활용했다면 잘못된 가정을 밝혀내고 손실을 줄일 수 있었다는 사실을 보여주고자 하는 것이다. 주요 가정들을 체계적으로 점검할 수 있는 방법을 사용했다면 사업계획 상의 취약점들이 분명하게 드러났을 것이다. 구체적인 논의는 테마공원 운영 수입의 구성 요소들을 차례로 살펴보면서 하기로 하자.

테마공원 이용료

디즈니는 일본과 미국에서 공원 이용료를 서서히 인상하였다. 이러한 정책은 개장 초기에 입장객들이 집에 돌아가 그들의 이웃들에게 공원에 대해서 호의적인 이야기를 하도록 만들었다. 그러나 유로디즈니의 기획자들은 이용료를 처음부터 성인 1인당 40달러 이상의 고가로 책정해도 목표 고객 수를 채울 수 있을 것으로 생각하였다. 하지만 불행하게도 당시 유럽의 경기는 침체되었으며, 프랑스 정부는 프랑화 강세기조를 유지해 나갔다. 이는 문제를 더욱 악화시켰고 입장객 수를 감소시키는 주원인이 되었다. 많은 기업들은 이 같은 거시경제적 변수들을 통제할 수 없다. 그렇지만 최소한 가격 정책에 내포된 가정들에 관심을 갖고 재검토할 수는 있다.

유로디즈니의 이용권 가격은 정문 입장료와 시설 이용료를 모두 포함하고 있어서 매우 높았다. 반면, 유럽의 다른 테마공원들은 이를 분리시켜 상대적으로 가격을 낮게 책정하였다. 예컨대 수중궁전Aqua Palaces의 경우 정문 입장료를 아주 낮게 책정하는 한편 개발 시설이용료로 선택적으로 지불하게 되어 있었다. 결국 유로디즈니가 1993년까지 목표 고객 수를 확보하기 위해서는 입장료를 대폭 인하할 수밖에 없었다. 특히, 초기 입장객들에 의한 입소문 마케팅 효과는 전혀 기대할 수 없었다. 만약 클럽 메드Club Med가 입소문 마케팅의 혜택으로 유럽 진출에 성공했다는 사실을 디즈니가 미리 알았다면 입소문 마케팅이 유럽에서 특히 중요한 변수임을 깨달았을 것이다.

숙박 시설

디즈니는 다른 나라에서 겪은 경험을 토대로 사람들이 테마공원 내의 다섯 개 호텔에서 평균 나흘 정도는 묵을 것이라고 가정했다.

그러나 1993년의 평균 숙박일 수는 고작 이틀에 불과했다. 만약 그 가정에 조금만 주의를 기울였다면, 아마 다음과 같은 사실 때문에 의문을 제기했을 것이다. 디즈니월드 본사의 경우 45개의 놀이시설을 운영하고 있지만, 유로디즈니는 개장 당시 놀이시설이 15개에 불과해 고객들이 단 하루 만에 모든 시설을 이용할 수 있었다.

식사 공간

미국과 일본의 경우 방문객들은 하루 종일 때를 가리지 않고 음식을 즐긴다. 유로디즈니는 유럽인들도 이와 동일한 행태를 보일 것이라고 가정했다. 이 때문에 유로디즈니는 고객들이 하루 내내 고르게 식당을 이용할 것에 대비해 식당들을 설계했다. 하지만 유럽인들은 미국인들이나 일본인들과는 달리 점심시간에 맞추어 식사를 즐기려고 했기 때문에 디즈니는 한꺼번에 몰려드는 고객들을 제대로 접대할 수 없었다. 이에 짜증이 난 고객들은 공원 밖으로 나가 식사를 하게 되었고, 집에 돌아가 친구와 이웃들에게 불평을 늘어놓고 말았다.

기념품 판매

디즈니는 유럽의 고객 1인당 기념품 구입액이 미국과 일본에 비해 적을 것이라고 예상했다. 그러면서도 의류와 인쇄물 간의 구매 비율은 다른 지역과 비슷할 것이라고 가정했다. 하지만 예상과는 달리 고부가가치 품목인 T셔츠와 모자류의 구매율은 당초 목표치를 크게 밑돌았다. 디즈니가 만약 매출액을 전망하기 전에 숨어 있는 가정들을 재점검했더라면, 다음과 같은 사실을 알아냈을 것이다. 즉, 유럽 여러 도시에 있는 디즈니 기념품 판매소를 조사하면 의류 제품에 비해 이윤이 낮은 품목인 인쇄물이 훨씬 많이 팔리고 있다는 것이다.

경험의존기획법의 4가지 오류

디즈니만 이러한 어려움을 겪은 것은 아니다. 다른 기업들도 새로운 사업에 도전하면서 잘못된 가정에 바탕을 둔 경험의존법에 의존함으로써 막대한 대가를 지불하기도 한다. 이처럼 실패하는 경우는 보통 알려지지 않은 가정들을 확인하고 타당성을 검증하는 일에 소홀하기 때문이다. 또한 종종 무의식적으로 사업을 수행한 결과이기도 하다. 필자의 지속적인 연구 결과, 경험의존기획법이 가지는 주요 오류로 다음 4가지를 발견할 수 있다.

첫째, 기업들은 확실한 자료를 갖고 있지 않은 경우에도 일단 몇 가지 주요 결정이 내려지면 마치 그들의 가정이 사실인 것처럼 받아들인다.
유로디즈니가 방문객이 호텔과 식당을 이용하는 행태에 대해 가졌던 초기의 가정들이 좋은 예가 될 것이다.

둘째, 기업들은 가정들을 점검하는 데 필요한 확실한 자료를 모두 가지고 있음에도 불구하고 그 시사점을 발견하지 못한다.

사용 가능한 자료 중의 일부에 기초해서 일단 가정이 만들어지면 그들은 그 가정에 대해 아무런 점검 없이 사업을 추진한다. 페더럴 익스프레스는 잽메일을 기획하면서 전국의 페덱스 센터를 팩스로 연결하는 '4시간 서류 전송 서비스'에 대한 수요가 충분할 것으로 가정했다. 여기에는 고객들이 한참 동안은 개인적으로 팩스를 소유할 능력이 없을 것이라는 암묵적인 가정이 전제되어 있었다. 만약 페덱스가 이러한 가정을 분석해보았다면, 머지않아 팩스기기의 가격이 하락해 팩스기기가 빠른 시간 내에 사무실과 가정에 널리 보급될 것이라는 것을 예상할 수 있었을 것이다.

셋째, 기업들은 진정한 기회를 발견하는 데 필요한 모든 자료를 보유하고 있음에도 계획을 실행할 때 그들의 능력에 대해 암묵적이면서 부적절한 가정을 사용한다.

엑슨Exxon은 사무자동화 사업에 진출해 2억 달러의 손실을 입었다. 이는 엑슨이 직접 판매망과 서비스 능력에서 IBM이나 제록스와 같은 선발 업체와 경쟁이 가능하다고 가정한 데 따른 것이다.

넷째, 기업들은 정확한 자료를 가지고 사업을 시작하지만, 암묵적으로 주변 환경이 정태적static일 것이라고 가정하기 때문에 주요 변수들이 변화했을 때 그 사실을 너무 늦게 깨닫는다.

폴라로이드는 폴라비전polavision이라는 즉석 영화 사업을 시작하는 바람에 2억 달러의 손실을 기록하였다. 이 당시 폴라로이드는 자체 개발한 7달러짜리 3분용 비디오테이프가 기존의 20달러 30분용 비디오테이프에 대해 경쟁력이 있을 것이라고 가정하였다. 여기에는 비디오 녹화기 및 재생기의 가격이 대다수의 고객들에게는 여전히 고가인 상태로 유지될 것이라는 암묵적인 가정이 내포되어 있었다. 그러나 기술 발전으로 인해 비디오기기의 가격은 지속적으로 낮아졌다.(표 5-1 참조)

카오의 신규사업기획법

발견중심기획은 자칫 못 보고 지나치기 쉬운 위험한 암묵적 가정들을 밝혀낼 수 있는 체계적인 방법을 제시한다. 이 기법은 엄격한 통제 수단으로서 4가지 상호 연결된 문서를 제시한다. 첫째는 역逆손익계산서(reverse income statement)로 사업의 기본적인 경제성을 모형화한다. 둘째, 세부운용견적서(pro forma operations specs)로 사업 운영 과정을 개괄적으로 열거한다. 셋째, 가정점검표(assumptions checklist)는 가정들이 점검되고 있는지 확인하는 데 사용한다. 넷째, 이정표계획차트(a milestone planning chart)는 프로젝트의 각 단계별로 점검해야 할 가정들을 표시한다. 신규사업이 진행

표 5-1 위험한 암묵적인 가정의 예

1. 우리가 좋은 제품이라고 생각하기 때문에 고객들은 우리 제품을 구매할 것이다.
2. 우리 제품이 기술적으로 우수하기 때문에 고객들은 우리 제품을 구매할 것이다.
3. 고객들은 우리 제품이 '훌륭하다'는 것에 공감할 것이다.
4. 고객들이 거래처를 우리 회사로 바꾸는 데는 리스크부담이 전혀 없을 것이다.
5. 우리 제품은 가만히 있어도 저절로 팔릴 것이다.
6. 중간상들은 우리 제품을 확보하고 이를 제공하는 데 열성을 다할 것이다.
7. 우리는 주어진 예산과 기일 내에 제품 개발을 완료할 수 있다.
8. 우리는 능력 있는 직원들을 고용하는 데 그다지 어려움을 겪지 않을 것이다.
9. 경쟁사는 합리적인 대응을 취할 것이다.
10. 우리는 우리 제품을 독점적으로 판매할 수 있을 것이다.
11. 우리는 점유율을 급속히 높이면서도 가격은 적정선을 유지할 수 있을 것이다.
12. 회사의 다른 부문도 필요하다면 우리 전략을 지지하고 도움을 줄 것이다.

되고 새로운 자료가 밝혀짐에 따라 각각의 문서들은 새롭게 바꿔야 한다.

이 기법의 효과를 검증하기 위해 1988년 카오Kao Corporation의 플로피디스크 사업 진출 사례에 소급 적용해보도록 하겠다. 이 과정에서 카오의 사업 기획 절차에 대한 세부적인 내부 정보는 의도적으로 배제하겠다. 대신에 어느 기업이든지 사업 초기에 갖고 있는 제한된 종류의 공시 정보만을 사용하도록 하겠다.

회사 개요

일본의 카오는 자기매체(magnetic media)의 플로피디스크 제조업체에 계면활성제(surfactant, 물과 기름을 섞일 수 있게 해주는 일종의 혼합물로서 대부분의 화학제품에 사용됨 - 옮긴이주.)를 공급하는 대표적인 기업이었다. 1981년에 이 회사는 핵심사업 분야인 비누와 화장품 사업에서 개발된 계면활성제 기술을 활용하여 플로피디스크 사업에 진출하고자 그 가능성을 검토하기 시작했다.

카오의 경영자들은 계면화학(surface chemistry) 분야에서 자체 기술을 이용하는 데 필요한 생산공정에 관해서는 그들의 주고객인 플로피디스크 제조업체로부터 충분히 습득하였다고 생각했다. 이 당시 그들은 다른 경쟁업체에 비해 훨씬 낮은 가격에 높은 품질의 플로피디스크를 생산할 수 있다고 믿었다. 플로피디스크는 표면의 품질에 따라 그 신뢰도가 결정된다. 따라서 카오가 가지고 있는 계면활성제 분야의 경쟁력은 그야말로 중요한 가치를 지니고 있었다. 성숙기 산업에 속한 기업으로서 기존 생산품을 성장기 산업 분야로 이동시킬 수 있는 기회가 주어진다는 것은 아주 매력적인 일이었다.

시장 개요

플로피디스크 시장의 수요는 1986년 말까지 매년 40퍼센트의 성장을 거듭하였다. 그 결과 수요를 살펴보면, 미국 시장은 5억 장, 유럽은 1억 장, 일본은 5천만 장에 달했다. 이런 추세라면 1993년까지 전세계 시장 수요가 30억 장에 달할 것으로 전망되었다. 그 중 3분의 1 정도는 이른바 주문자상표부착생산방식(OEM)으로 이루어졌다. 예컨대 IBM이나 애플, 마이크로소프트 등이 자사 소프트웨어를 배포하기 위해 대량의 플로피디스크를 필요로 했던 것이다. OEM 시장에서의 디스크 가격은 1993년에는 대략 1장당 180엔 정도가 될 것으로 추정되었다. 한편, 품질과 신뢰성은 소프트웨어 유통업과 같은 산업에서는 항상 중요한 제품 속성으로 여겨진다. 이는 불량디스크로 인해 고객이 회사의 품질을 전반적으로 나쁘게 인식할 수 있기 때문이다.

역손익계산서

발견중심기획법은 일반적인 손익계산서의 가장 아래 줄에서부터 역으로 출발한다. 먼저 카오가 사업결정을 내리는 순간으로 돌아가자. 그리고 플로피디스크 사업이 카오의 경쟁적 지위와 재무적 성과 제고에 지대한 공헌을 끼칠 가능성이 있는지를 질문해보자. 만약 그렇지 않다면, 카오는 왜 주요 전략적 신규사업에 진출함으로써 위험과 불확실성을 감수해야 했는가?

여기서 우리는 첫 번째 통제 수단으로 일반적인 손익계산서를 뒤집어 작성하는 역손익계산서를 사용하도록 제안한다.(표 5–2 참조) 일반적인 손익계산서는 매출액을 측정한 후 일련의 계산 과정을 통해 마지막으로 이익을 도출한다. 하지만 역손익계산서는 목표이익(required profits)을 먼저 설정한 후 역으로 계산해 올라간다. 다음으로 목표이익 수준에 도달하기 위해 필요한 매출액과 비용의 양을 결정해 나간다. 여기에는 사업 초기부터 수익성을 기획에 접목시킴으로써 매출액과 비용을 통제한다는 생각이 기반이 된다. 목표이익은 필요한 매출액에서 허용 가능한 비용을 차감해서 얻어진다.

1988년에 카오의 경영자들은 아마 회사 전체의 순매출액을 약 5천억 엔으로 상정하고, 세전이익 약 400억 엔, 매출액이익률(Return on Sales, ROS) 7.5퍼센트 등으로 몇 가지 지표를 설정했을 것이다. 이 수치를 바탕으로 과연 플로피디스크 사업에 진출하는 것이 정당화 되려면 얼마만큼의 수익이 필요한지를 계산할 수 있다. 모든 기업은 그들이 성취해야 할 도전 목표를 설정하고 있다. 우리는 전략적 신규사업의 경우 회사 전체의 이익을 적어도 10퍼센트까지 증가시킬 수 있어야 한다고 본다. 또한 모험적 신규사업에 투자함으로써 증가하는 위험을 보상받기 위해서는 기존 사업에 재투자하는 것 이상으로 높은 수익을 보장해야 한다고 믿는다. 앞의 예에서 카오가 리스크 프리미엄으로 현재보다 33퍼센트 이상 높은 수

표 5-2 역손익계산서

역손익계산서의 목적은 성공 시 신규 사업의 가치를 신속히 파악하는 것이다. 신규 사업이 충분한 수익을 보장하지 못한다면 그 사업은 리스크를 감수할 가치가 없을 수도 있다.

- **총액 기준**
  회사 전체이익(400억 엔)을 10퍼센트 증가시키기 위한 목표이익 = 40억 엔
  10퍼센트의 매출액이익률을 내기 위해 필요한 매출액 = 400억 엔
  10퍼센트의 매출액이익률을 내기 위한 최대 허용가능비용 = 360억 엔

- **단위당 기준**
  장당 160엔 설정시 필요한 판매량 = 2억5천만 장
  OEM 판매량의 세계 시장 내 필요한 점유율 = 25퍼센트
  10퍼센트의 매출액이익률을 내기 위한 장당 최대 허용가능비용 = 144엔

익률을 요구한다고 가정하자. 그러면 카오 전체의 매출액이익률이 7.5퍼센트이므로 플로피디스크 사업의 매출액이익률은 10퍼센트(7.5퍼센트 × 1.33)가 되어야 할 것이다.

카오의 자료를 이용하면 다음과 같이 계산할 수 있다. 먼저 신규사업은 회사 전체 이익을 최소 10퍼센트 이상 증가시켜야 하므로 플로피디스크 사업의 목표이익은 40억 엔(10퍼센트 × 400억 엔)으로 결정된다. 여기서 앞서 계산한 플로피디스크 사업의 매출액이익률 10퍼센트를 적용한다. 그러면 40억 엔의 순이익을 얻기 위해서 필요한 매출액은 400억 엔이 된다.

한편, 카오가 높은 품질에도 불구하고 신규 시장 진입자로서 점유율을 높이기 위해 경쟁력 있는 가격을 책정해야 한다고 가정하자. 그러면 카오는 디스크 1장당 목표가격을 시장가격인 180엔보다 낮은 160엔으로 결정해야 할 것이다. 이 결과 총 디스크 판매 수량은 2억5천만 장(400억 엔 ÷ 160엔)이 된다. 이렇게 산출된 간단한 성과지표들을 1988년도 사업 시작

시점에 적용함으로써 사업의 규모와 범위를 간단히 설정할 수 있다. 즉, 카오는 1993년까지 전세계 OEM 시장 판매량인 10억 장의 25퍼센트를 점유해야 하는 것이다. 시장의 규모를 알아냈다면, 카오는 사업 초기부터 제조와 판매 모두에 심혈을 기울이면서 글로벌 경쟁에 대비해야 한다.

계속해서 손익 항목을 거슬러 올라가서 최대 허용가능비용(allowable cost)을 계산해보자. 만약 카오가 장당 160엔의 가격에 10퍼센트의 이윤을 남기려고 한다면, 제조와 판매 및 전세계 유통 비용을 합쳐 장당 144엔을 초과해서는 안 된다. 즉, 플로피디스크 사업에 도전하는 경우 비용 지출을 이 수준에서 막아야 한다는 것을 역손익계산서를 통해 즉각적으로 명확하게 알 수 있다.

세부운용견적서

진행 절차상 두 번째 통제 수단은 세부운용견적서를 작성하는 것이다. 여기에서는 제조, 판매, 서비스, 그리고 제품이나 서비스를 고객에게 전달하는 데 필요한 모든 활동들을 수치로 환산한다. 이들이 총체적으로 합쳐지면 사업상 허용 가능한 비용이 결정된다. 우선 전화 몇 통과 온라인 검색을 통해 기초 자료를 수집한 후 이를 간단히 스프레드시트로 모형화할 수 있다. 아이디어만 모아두고 있다면 새로운 정보를 이용해 모형을 지속적으로 수정하면서 바탕에 깔린 가정들을 밝혀내고 점검할 수 있다. 기업이 이러한 접근법을 반복해서 사용함으로써 그 사업 구상에 내재된 주요 오류들을 즉시 밝혀낼 수 있다. 또한 취약한 개념들은 상당한 투자가 이루어지기 전에 폐기할 수 있다.

어떤 사업이 경쟁적인 환경에 진입하기 위해서는 속해 있는 산업의 산업표준(industrial standard)을 적용하는 것이 필수적이다. 모든 산업은 총자산

회전율, 산업이익률, 공장가동률과 같은 표준 성과측정지표를 가지고 있다. 이 외에도 그 나름의 평가지표들의 통제를 통해 정상적인 수익률 수준을 유지하게 된다. 글로벌 경쟁 환경에서는 모든 기업이 그 산업 전반에 이미 표준으로 자리 잡고 있는 평가지표들의 통제를 받을 수밖에 없다. 이러한 산업표준지표들은 투자분석가나 기업정보 서비스에 의해 즉각적으로 제공되기 때문에 누구나 손쉽게 구할 수 있다. 가령 미국보다 정보 제공 원천이 부족한 나라에서도 산업 내 주요 지표들은 투자은행이나 상업은행 등에서 이미 널리 사용하고 있다. 따라서 새로운 산업에 진출하는 경우에 가장 좋은 접근 방법은 기존의 유사 업종에 적용되고 있는 기준에 맞추는 것이다.

주의할 것은 상품 또는 서비스의 속성들에 대한 정교한 분석이나 심층 시장조사를 시작하자는 것이 아니다. 이러한 분석이나 조사는 차후에 실시할 일이다. 우선은 새로운 사업 저변에 깔려 있는 가정들을 단순히 도출해내기 위해 노력하자. 이를 위한 기본원칙은 첫째, 신규사업이 기준으로 삼아야 하는 산업표준들이 어디 있는지, 둘째, 그 가운데 경영자들이 경쟁사를 능가할 것으로 기대하는 부문은 무엇인지, 셋째, 그들이 그 기대를 어떻게 달성하려고 하는지를 분명하고도 현실적으로 규명하는 것이다.

1988년에 카오의 경영자들은 플로피디스크 산업 내의 표준 성과지표들을 고려했을 것이다. 당시 카오는 기존의 경쟁사들보다 우수한 표준 생산설비를 사용할 수 있다고 믿을 만한 근거를 갖고 있지 않았다. 그래서 카오는 설비 사용과 관련된 성과측정지표를 비교 근거로 사용하기를 원했을 것이다. 이에 따라 카오는 산업표준을 조사하고 생산라인당 실질 생산능력이 분당 25장이며 생산설비의 평균수명이 3년이라는 사실을 알아냈을 것이다.

카오의 장점은 계면화학과 계면물리학(surface physics) 분야에 있었다. 이는 곧바로 품질 향상과 원료비 절감으로 이어져 이윤을 높일 수 있는 원동력이 된다. 카오는 원료비를 계획할 때 앞서의 장점이 생산공정상의 특정 도전목표에 적용되기를 원했을 것이다. 원료비를 산업표준보다 25퍼센트 절감시킬 수 있다는 목표를 예로 들 수 있다.

발견중심기획법에서 운영상의 도전목표들을 구체화하는 것은 매우 중요한 단계다. 필자의 경험에 따르면 설계와 운영에 능숙한 사람들은 도전목표를 명확하게 설정해줌으로써 의욕을 불러일으킬 수 있다. 예를 들어 캐논의 게이조 야마지Keizo Yamaji는 사내 기술진들에게 최소한의 기본 기능만을 갖춘 1천 달러 미만의 개인용 복사기를 제조할 것을 도전목표로 설정했다. 그러자 캐논의 기술진들은 의욕적으로 이 목표를 달성해내기 위해 애썼다.

기업은 유사한 상황에서의 경험이나 산업 분야 전문가들의 조언 혹은 출판된 정보들을 통해 초기의 가정들을 검증할 수 있다. 요점은 최고의 정확성을 요구하는 것이 아니다. 단지, 신규사업의 경제성이나 유통에 관한 합리적인 모형을 구축하고 그 도전목표의 중요성을 평가하라는 것이다. 나중에 그 기업은 계획의 어느 부분이 잘못된 가정에 가장 민감한지를 분석함으로써 좀 더 정형화된 검증을 할 수 있게 된다. 종종 은행가, 공급업자, 잠재고객, 도매상 등이 매우 정확한 정보를 저가로 제공하는 산업 컨설턴트의 역할을 하기도 한다.

기업은 그 사업을 수행하는 데 필요한 활동들과 그 비용에 관한 밑그림을 그려야 한다. 따라서 세부운용견적서에는 2억5천만 장의 판매를 달성하기 위해서 필요한 주문량, 이를 위해 필요한 전화통화의 수, 전화주

표 5-3 세부운용견적서

세부운용견적서에는 신규 사업을 진행하기 위해 필요한 제반 비용을 나열한다.

1. 판매

디스크 목표 판매량 = 2억5천만 장
1회 주문 평균 주문량(가정 8) = 1만 장
예상 주문 횟수(2억5천만 장 /1만 장) = 2만5천 회

판매 1건당 통화량(가정 9) = 4회
총 판매 관련 통화량(4회×2만5천 회) = 연간 10만 회

판매원 1인당 하루 통화량(가정 10) = 2회
연간 판매원 총 근무 일수(10만 회/2회) = 5만 일
연간 1인당 250일 근무 시 필요판매원 수(가정 11) : 5만 일(판매원 총 근무 일수)/250일(1인당 근무 일수) = 200명
판매원 1인당 인건비=1천만 엔(가정 12)
총 판매원 인건비(1천만 엔×200명)=20억 엔

2. 생산

디스크 계면의 품질 조건 : 최우량 경쟁사보다 불량률 50퍼센트 감소(가정 15)

라인당 연간 생산능력 = 분당 25장×1천440분(1일 가동 시간)×348일(가정 16) = 1천250만 장
필요생산라인 수(2억 5천만 장/라인당 1천250만 장) = 20라인
생산요원 수(라인당 30명(가정 17)×20라인) = 600명
생산요원 1인당 급여 = 500만 엔(가정 18)
총 노무비(600명×500만 엔) = 30억 엔

디스크 장당 원료비 = 20엔(가정 19)
총 디스크 생산 원료비(20엔×2억5천만 장) =50억 엔
10장 단위 박스 포장비용 = 40엔(가정 20)
총 포장비(40엔×2천500만 박스) = 10억 엔

3. 운송

1만 장 주문당 필요 컨테이너 수 = 1대(가정 13)
컨테이너당 운송비 = 10만 엔 (가정 14)
총 운송비(2만5천 주문×10만 엔) = 25억 엔

4. 설비 및 감가상각

고정자산 대 매출액 비율 = 1:1(가정 5) = 400억 엔
설비 가용 수명 = 3년(가정 7)
연간 감가상각(40억 엔/3년) = 133억 엔

표 5-4 가정점검표

가정점검표를 관리하는 것은 신규 사업이 진행됨에 따라 각 가정이 점검·검증되는 것을 확실하게 하기 위한 중요한 방법이다.

가정	추정치
1. 이익률	매출액의 10퍼센트
2. 매출액	400억 엔
3. 장당 판매가	160엔
4. 1993년 전세계 OEM 시장 규모	10억 장
5. 고정자산 대 매출액 비율	1:1
6. 라인당 가용 생산 능력	분당 25장
7. 설비 가용 수명	3년
8. 평균 OEM주문 1회당 규모	1만 장
9. OEM주문당 판매 관련 통화량	주문당 4통화
10. 판매원 1인당 통화량	1일 2통화
11. 연간 영업 일수	250일
12. 연간 판매원 1인당 인건비	1천만 엔
13. 1회 주문당 컨테이너 수	1대
14. 컨테이너당 운송비	10만 엔
15. 고객들의 요구품질 수준 : 최우량 경쟁자에 비해 줄일 수 있는 불량률(%)	50퍼센트
16. 연간 생산 일수	348일
17. 생산라인당 1일 종업원 수(라인당 10명 3교대)	라인당 30명
18. 생산요원 연간 노무비	500만 엔
19. 디스크 장당 원료비	20엔
20. 10장당 포장비	40엔
21. 허용 가능한 라인 비용(수정 역손익계산서 참조)	92억 엔

문을 위한 판매원의 수, 그리고 이들에게 지급되는 급여 등을 표시한다.(표 5-3 참조) 각각의 가정은 처음에는 대략적이지만 점차 정확성을 갖게 된다.

독자들은 아마 이렇게 계산된 초기 추정결과에 동의하지 않을 것이다. 그것은 당연한 것이며, 카오도 마찬가지였을 것이다. 만약 합당한 이유를 가지고 결과에 동의하지 않는다면 토론이 필요하고, 여기서 얻은 결론으로 스프레드시트를 수정하면 된다. 세부운용견적서는 이렇게 개선을 거듭하면서 토론의 촉매제 역할을 수행한다.

표 5-5 수정 역손익계산서

수정된 역손익계산서를 작성하면 수정된 자료를 통해 전체 사업계획이 잘 진행되고 있는지를 확인할 수 있다.

목표이익률	10퍼센트 매출액이익율
목표이익	40억 엔
필요매출액	400억 엔
허용가능비용	360억 엔
총 판매원 인건비	20억 엔
총 노무비	30억 엔
총 디스크 생산 원료비	50억 엔
총 포장비	10억 엔
총 운송비	25억 엔
연간 감가상각비	133억 엔
허용 가능 관리비	92억 엔(가정 21)
단위당 기준	
장당 판매가	160엔
장당 판매 총비용	144엔
디스크 장당 원료비	20엔

가정점검표

발견중심기획법의 세 번째 통제 수단은 가정점검표를 작성하는 것이다. 이를 통해 신규사업이 진행되어 가면서 가정이 세워지고 검토와 토론을 거쳐 점검될 수 있도록 하는 것이다.(표 5-4 참조)

지금까지의 전 과정은 다시 역손익계산서를 수정하는 것으로 되돌아간다. 이렇게 함으로써 전체 사업계획이 서로 앞뒤가 잘 맞는지를 확인할 수 있다.(표 5-5 참조) 만약 차이가 발생하면 일련의 과정은 성과의 요구목표와 산업표준이 서로 적절하게 맞을 때까지 반복되어야 한다. 그렇지 않으면 그 신규사업을 포기해야 한다.

이정표계획

전통적인 기획에서는 경영진들이 회의 일정에만 관심을 갖는 경향을 보인다. 그 결과 일반적으로 신규사업에서 불가능한 목표들이 여러 가정과 함께 그대로 남게 된다. 이는 비생산적인 것으로서 회의 일정에 얽매이는 것은 사실상 학습을 방해한다. 그러나 경영진은 가정들을 점검하기 위한 이정표적 사건들을 계획함으로써 학습을 공식화할 수 있다.

이정표계획(milestone planning)은 신규사업의 진행 상황을 확인하기 위한 것으로 현재까지 잘 알려진 기법 중 하나이다. 이 기법의 기본 아이디어는 제나스 블록Zenas Block과 이안 맥밀란Ian C. MacMillan이 제공하고 있다.(『Corporate Venturing』, Harvard Business School Press, 1993) 그들에 따르면 전 단계의 이정표상에서 나온 증거를 살펴보고 다음 단계에서 위험을 채택하는 것이 정당하다고 판단할 수 있을 때까지 자원의 집중 투입을 연기한다는 것이다. 여기서 우리가 제안하는 것은 가정을 지식으로 전환시키는 확장된 도구로서 이정표계획을 사용하라는 것이다.

1988년 카오의 경우로 되돌아가서 플로피디스크 사업이 고정자산에만 400억 엔의 투자를 필요로 한다는 사실을 상기해보자. 그같이 막대한 투자를 하기 전에 카오는 다음과 같은 3가지 주요 도전목표에 깔려 있는 가장 중요한 가정들을 검증하기 위한 방법을 찾고 싶었을 것이다.

- 장당 20엔의 가격 할인과 고품질을 바탕으로 전세계 시장의 25퍼센트를 점유하는 것
- 평균적인 경쟁사들과 적어도 동일 수준의 생산성을 유지하면서 총 추정 비용의 90퍼센트 이내에서 플로피디스크를 생산하는 것
- 보다 우수한 품질의 디스크 생산을 위해 산업표준인 장당 27엔보다 낮은 20

엔의 비용으로 우수한 원재료와 응용계면기술을 사용하는 것

이처럼 중대한 도전목표 때문에 400억 엔 규모의 신규사업을 시작하기 전에 가정 검증을 위한 구체적인 이정표적 사건들을 계획할 필요가 있다. 예를 들어 카오는 생산 예정된 디스크를 사전에 OEM 시장의 고객들이 기술적인 검사를 할 수 있도록 하청업체에 시제품(prototype) 생산을 맡기는 이정표적 사건을 기획할 수 있었다. 만약 그 하청업체가 만든 시제품이 검사를 통과한다고 하자. 그러면 카오는 '직접 생산을 통하여 목표한 가격으로 시장의 상당 부분을 점유할 수 있다'라는 가정에 의존하지 않아도 된다. 그 대신에 하도급 계약을 통해 대략의 플로피디스크를 생산함으로써 비용을 낮출 수 있다. 그리고 이를 고객들에게 판매함으로써 첫 번째 도전목표를 달성할 수 있다. 또한 신규 진입자로서 가격 할인에 대한 OEM 시장의 반응을 점검해볼 수도 있을 것이다.

유사한 방법으로 일단 시제품이 만들어지면 두 번째와 세 번째 도전목표를 달성할 수 있는지도 검증할 수 있다. 이 경우에도 아예 백지 상태에서 새로 시작하는 것보다는 소규모 생산업체를 인수해서 기존 생산설비에 기술을 적용시키는 것이 바람직하다. 일단 소규모 공장에서나마 필요한 품질과 비용에 맞춰 디스크를 생산할 수 있는 능력을 증명한 다음에 본격적으로 자체적인 대규모 생산설비를 갖추는 단계로 진행할 수 있을 것이다.

가정 검증을 위한 이정표들의 예는 〈표 5-6 이정표계획차트〉에 열거하였다. 여기에는 이외에도 대부분의 주요한 신규사업에서 발생하는 몇 가지 전형적인 이정표들도 소개하고 있다. 각 이정표 단계에서 검증되어야 하는 가정들은 가정점검표에 표시된 것과 일치하도록 숫자를 표시하였다.

표 5-6 이정표계획차트

이정표에서 가정들을 검증하도록 기획한다.

행사이정표 (개별 완료 시점)	검증되어야 할 가정들
1. 초기 자료수집 및 기초 사업 타당성 분석	4: 1993년 전세계 OEM 시장 8: 평균 OEM주문 규모 9: 주문당 판매관련 통화량 10: 판매원 1인당 하루 통화량 11: 연간 판매일수 250일당 필요한 판매원 수 12: 연간 판매원 인건비 13: 주문당 필요한 컨테이너 14: 컨테이너당 운송비용 16: 연간 생산 일수 18: 연간 생산요원 노무비
2. 시제품 생산	15: 고객의 요구 품질 수준 19: 디스크 장당 원료비
3. 고객에 의한 기술적 검증	3: 단위당 판매가 15: 고객의 요구 품질 수준
4. 생산하도급 계약	19: 장당 원료비
5. 생산하도급 계약에 의한 판매활동	1: 이익률 2: 매출액 3: 단위당 판매가 8: 평균 OEM주문 규모 9: OEM주문당 판매관련 통화량 10: 판매원 1인당 통화량 12: 연간 판매원 인건비 15: 고객의 요구 품질 수준

실제 실행 단계에서는 가정관리인(a keeper of the assumption)을 지정하는 것이 현명한 방법이다. 가정관리인의 공식 업무는 각 이정표 단계에서 가정들이 제대로 검증되고 수정되는지를 감독하는 것이다. 또한 수정된 가정들이 앞서 언급된 발견중심기획법 상의 4가지 문서들에 계속해서 반영될 수 있도록 하는 것이다. 가정관리인의 헌신적인 도움이 없다면 개개인이 프로젝트의 압박 속에서 독자적으로 업무를 조율해 나가기가 매

우 힘들 것이다.

　발견중심기획법은 불확실성에 가득 찬 중요한 전략적 사업에 적용될 수 있는 강력한 도구이다. 중요한 전략적 사업에는 신상품 또는 신시장 개척, 기술개발, 합작사업, 전략적 제휴, 시스템 재구축 등이 포함될 수 있다. 경험의존기획이 많은 부분을 알고 있는 상태에서 진행되는 것과는 달리, 발견중심기획은 경영자들이 모르고 있는 것들을 명확히 밝혀주고 학습할 수 있는 지침을 제공한다. 따라서 기획도구로서의 발견중심기획법은 신규사업에서 흔히 나타나는 성공과 실패의 불확실성을 가시화시켜줌으로써 경영자들이 최소의 비용으로 이를 해결하는 데 도움이 될 것이다.

6

미래 예측력을 결정하는 2가지 사고방식

히렐 아인혼
Hillel J. Einhorn

로빈 호가스
Robin M. Hogarth

요약 | 미래 예측력을 결정하는 2가지 사고방식

　의사결정은 경영자의 일과 중 대부분을 차지한다. 그럼에도 불구하고 제대로 된 의사결정을 하기 위한 사고 방법에 대해 생각해보는 사람은 거의 없다. 모든 의사결정은 과거 지향 사고와 미래 지향 사고가 결합되어 나타나는 결과이다. 과거에 대한 분석은 대체로 직관적이고 진단적인 판단을 요구한다. 과거 분석에는 이미 발생한 사건들로부터 일정한 유형을 찾는 것, 어떤 사건의 인과관계를 검증하는 것, 미래 예측에 도움이 되는 암시를 찾아내는 것 등이 포함된다. 반면, 미래 지향 사고는 직관보다는 수학적 논리 체계에 의존한다. 전략과 법칙을 사용하고, 개별 요소들의 정확성을 평가하고, 정보를 종합하여 하나의 통합된 전망을 만들어낸다.

　과거 지향 사고는 상호 연관된 3가지 단계로 구성된다. 먼저 관련 변수들을 찾고, 그것들을 인과사슬로 결합하며, 마지막으로 그 사슬의 현실성을 측정하는 것이다. 과거 지향 사고의 효용성을 높이기 위해서는 다음의 4가지 측면에 주의를 기울여야 한다. 첫째, 한 가지 단서에만 의존하지 말고 다각적인 차원에서 원인과 결과의 인과관계를 분석해야 한다. 둘째, 인식과 실제 사이에는 항상 괴리가 있기 마련이므로 인과관계를 규명할 때 발상의 전환이 필요하다. 셋째, 원인과 결과를 연결하는 인과사슬의 연결 강도를 평가해야 한다. 마지막으로 인과관계 설명 모형의 대안을 다수 설정하고 각각의 대안을 검증하도록 해야 한다.

　우리는 과거 지향 사고와 미래 지향 사고를 개별적으로, 복합적으로 사용하고 있다. 미래 지향 사고가 명시적인 법칙이나 모형이 최선의 도구이기는 하지만, 과거 지향 사고가 예측에 상당한 영향을 미치기도 한다. 양자는 분리된 것이 아니라 상호 의존적인 것이다.

미래 예측력을 결정하는 2가지 사고방식

과거 지향 사고의 유용성

경영자들은 매일같이 여러 가지 상황을 분석하고 수백 가지의 의사결정을 내려야 한다. 한 도시에서는 매출이 증가하고 있는데 왜 다른 도시에서는 감소하고 있는가? 새로운 기계를 도입하면 생산성이 증대될 것인가 아니면 기존 설비와 서로 맞지 않아서 오히려 혼란만 초래할 것인가? 지금이 합작투자 파트너를 구하는 적기인가 아니면 시간을 가지고 기다려볼 것인가? 이와 같은 다양한 의사결정의 순간을 맞이하게 된다. 그러나 의사결정을 위하여 어떤 방식으로 생각을 해야 하는지에 대해서 고려하는 경우는 매우 드물다. 각각의 의사결정은 과거를 이해하기 위해 분석하는 작업과 미래를 예측하기 위해 전망을 내리는 작업의 두 가지 사고가 서로 복잡하게 연결되어 나타나는 결과이다.

과거를 분석하는 것은 대체로 직관적이고 시사적示唆的이며, 진단적인 경향을 가지고 있으며 특정한 판단을 요구한다. 이런 식의 사고에는 과거의 여러 사건에서 일정한 유형을 찾는 것, 표면상으로는 서로 무관해

보이는 사건들 사이의 연결고리를 찾는 것, 어떤 사건의 원인 설명을 위하여 인과관계를 검증하는 것, 그리고 미래를 예측하는 데 도움이 되는 암시나 이론을 찾아내는 것 등이 포함된다.

미래 지향 사고는 과거 지향 사고와는 다르다. 미래 지향 사고는 직관보다는 수학적 논리체계에 의존한다. 의사결정자는 몇 개의 변수들을 조합하고 각각에 가중치를 매긴 후 미래를 예측한다. 그리고 하나의 통합된 전망을 만들어내기 위하여 전략과 법칙을 사용하고, 개별 요소들의 정확성을 평가하며, 모든 가용 정보를 종합한다.

경영자들은 이 2가지 유형의 사고방식을 항상 사용하고 있으면서도 그 차이에 대해서는 이해하지 못하는 경우가 많다. 더구나 양자 간의 차이에 대한 이해가 부족하여 종종 논리적 함정에 빠지게 되고 잘못된 의사결정을 내리게 된다. 과거 지향 사고와 미래 지향 사고를 보다 정확하게 이해한다면 경영자들이 논리적 함정에 빠지지 않고 의사결정에서 정확성을 기할 수 있을 것이다.

과거 지향 사고에 대한 이해를 돕기 위하여 혈거(穴居 : 동굴에서 주거) 시대로 거슬러 올라가 다음과 같은 원인 및 영향 분석 사례를 검토해보자. 당신이 속한 종족이 사고 방법론 측면에서는 수준이 아주 높지만 과학의 발달 정도는 아주 원시적인 상태에 머물러 있다고 가정하자. 이 종족은 생물학, 물리학, 또는 화학에 대해서 아는 것이 하나도 없는 상태에서 심각한 수준의 출생률 하락 문제에 봉착하고 있다. 출생률 추세를 감소에서 증가로 반전시키지 못할 경우 종족의 멸종이 예상될 정도이다.

위기 상황에 대처하기 위해서 부족장은 출생 감소의 원인을 규명하기 위한 긴급 연구 프로젝트에 착수했다. 프로젝트 팀의 일원으로서 당신은 같은 종족에 대한 생체 실험을 포함하여 어떤 종류의 실험도 수행할 수 있도록 사전 허가를 받았다.

　당신이 가장 먼저 풀어야 할 문제는 원인이 될 만한 요소들이 무엇인지 규명하는 일이다. 인과관계를 규명하기 위해 사람들은 대부분 어떤 현상이 발생하기 전에 혹시 평상시와는 다른 특별한 사전 징후가 나타났는지를 찾게 된다. 출생률의 예에서 보면 하락 추세가 시작되기 전에 어떤 특별한 일이 발생하였는지에 대하여 의문을 가지게 될 것이다. 당신은 직관적이고 시사적인 사고를 동원하여 문제의 원인이라고 할 만한 증거를 수집하게 될 것이다. 그리고 당신은 수집된 증거들이 문제를 얼마나 잘 설명할지에 대해서 평가할 것이다.

　당신은 종족의 아이들이 같이 사는 여자와 남자의 외모를 닮았다는 사실을 발견할 수도 있다. 이런 유사점은 성교가 임신의 원인이 된다는 직관적 분석을 유발하게 될 것이다. 그러나 프로젝트팀은 곧 성교 이론은 증명할 수도 없고 따라서 설득력이 없다는 결론에 이르게 될 것이다. 첫째, 원인과 결과 사이에는 9개월이라는 시차가 있다. 둘째, 성교와 임신을 연결시켜주는 생물학적 과정에 대한 정보도 없다. 셋째, 원인과 결과가 규모나 기간의 측면에서 큰 격차를 보이고 있다. 넷째, 종려나무 아래에 앉아 있는 것이나, 보름달 밑에서 손을 잡고 있는 것 등 성교의 원인이 되는 요소들을 출산의 원인으로부터 구분하여 배제하기가 쉽지 않다.

　결국, 각각의 수집된 증거를 평가하여 결론을 내리는 경우, 궁극적으로 종족을 멸종의 위기로부터 구해낼 수 있는 방법은 오직 실험을 통해 확인해보는 것뿐이라는 결론에 도달하게 되었다. 당신은 종족으로부터 200쌍의 표본을 추출하여 100쌍은 성교를 하도록 하고, 나머지 100쌍은 하지 않도록 하였다. 일정한 시간이 경과한 후, 성교를 하도록 한 집단에서는 20퍼센트의 임신율이 관찰되었고, 성교를 하지 않도록 한 집단에서는 5퍼센트의 임신율이 관찰되었다.(이 5퍼센트의 임신은 잘못된 기억, 고의적인 거짓말, 그리고 사람들의 의지력 부족 등에 의해서 발생할 수 있는 아주 일반적인 측정상의 오차이다.)

관측된 결과를 가지고 계산한 성교와 임신 사이의 상관계수는 0.34에 불과하다. 낮은 상관계수를 근거로 당신은 성교가 임신을 초래하는 가장 중요한 요소가 아니라는 결론을 내리게 된다. 당신은 실증적인 설명력이 부족한 성교 이론을 폐기하고 다른 해결 방안을 찾게 될 것이다.

과거 지향 사고의 3단계

위의 예는 과거 지향 사고가 가진 상호 연관된 세 가지 단계를 보여준다. 즉, 먼저 관련 변수를 찾고, 이들을 인과사슬로 결합하고, 그 사슬의 가능성을 평가하는 것이다.

우리는 예외적이거나 잘못된 것을 발견했을 때 그 문제에 대한 해답을 찾으려고 한다. 교통량이 정상적일 때 그 원인을 찾으려는 사람이 없는 것처럼, 예상하지 못했던 일은 호기심을 자극하지만 정상적인 일은 그렇지 못하다. 혈거 시대에 살던 원시 종족의 사례도 마찬가지이다. 출생률 감소는 그 자체가 비정상적인 사건일뿐더러 종족의 존속을 위협하는 사건이기 때문에 대응 조치를 강구하게 된 것이다.

다음 단계에서는 문제의 원인이 될 만한 요소들을 찾고, 그 요소들 중에서 규모, 지속 기간, 발생 시기 등의 여러 가지 측면에서 문제가 되는 사건과 가장 유사한 요소에 초점을 맞추게 된다. 사람들은 비슷한 원인이 비슷한 결과를 초래한다는 관념을 가지고 있다. 예컨대 유럽의 의약 발달 초기에 적용되었던 '용법표시원칙(doctrine of signature)'에 따르면 질병은 그 질병과 유사한 것에 의해 발생하기도 하고 또 치료도 될 수 있다고 믿었다. 이런 맥락에서 당시의 유럽 사람들은 황달을 치료하는 약이 노란색일 것이라는 믿음을 가지고 있었던 것이다. 물론 이상하게 보일 수도 있지만, 문제의 원인이 될 만한 변수를 찾는 데 있어서 유사성을 찾아가는 것 말고는 별다른 대안도 없었다.

유사성의 탐색은 보통 추론이나 은유로부터 시작된다. 뇌의 작동 방법을 이해하기 위해서 우리는 컴퓨터, 근육, 스펀지와 같은 것과 두뇌를 비교해볼 수 있다. 각각의 은유는 두뇌의 움직임을 파악하는 서로 다른 방법을 제시한다. 컴퓨터를 통해서는 정보의 입력, 저장, 출력 그리고 계산 등과 관련한 것을 추론할 수 있다. 근육을 통해서는 지속적인 사용은 지력의 강화로 연결되며, 기능 쇠퇴나 과도한 사용은 지력의 약화를 초래할 것이라는 연상을 할 수 있다. 스펀지는 정보의 수동적 흡수를 연상하게 한다. 두뇌를 설명하기 위한 은유나 인과관계를 이해하기 위해 선택한 은유가 가지는 중요성은 그것들이 사고의 방법을 제시해준다는 점이다.

원인이 될 만한 변수들에 대하여 탐색하는 것은 원인과 결과 사이의 가능한 관계를 제시하는 단서를 찾는 것과 마찬가지이다. 이러한 단서의 범주에는 다음의 4가지가 포함된다. 시간적 순서(원인은 결과보다 먼저 발생한다), 근거리성(원인과 결과는 시간과 장소의 측면에서 서로 가깝다), 상관성(원인과 결과는 비슷하게 변화한다), 그리고 유사성(원인과 결과는 규모나 강도 측면에서 비슷하다)이 그것이다.

이런 단서는 그 자체가 인과관계를 증명하는 것은 아니다. 그러나 이런 단서들은 관련 변수를 찾는 데 있어서 올바른 방향을 제시하며, 또한 원인과 결과 사이에 설정 가능한 인과사슬이나 시나리오의 수를 최소한으로 줄일 수 있도록 해준다.

한 예로, 태양의 흑점이 주가에 영향을 미칠 가능성이 얼마나 될 것인가에 대한 질문을 생각해볼 수 있다. 말도 안 되는 가정으로 치부해버릴 것이 아니다. 19세기의 저명한 경제학자 윌리엄 제본스William Stanley Jevons는 흑점이 주가에 영향을 미친다고 믿었다. 이러한 연결을 하기 위해서는 여러 제약 조건을 만족시키는 인과사슬을 구축해야 한다.

편의상 다음과 같은 가정을 해보자. 어떤 시기에 주가가 변화하기 전에 흑점이 발생했다(시간적 순서가 정배열되었음). 흑점이 나타났을 때 주가의 변동이 심했다(상관성이 높음). 흑점이 나타난 뒤 6개월 만에 주가에 변화가 생겼다(시간적인 근거리성은 낮음). 이상과 같은 가정하에서 남은 과제는 흑점 활동과 주가 변화 사이의 시차(時差)와 거리 격차를 설명하는 것이다. 이 격차를 설명하지 못하면 인과관계는 설명될 수 없는 것이다.

이번에는 태양의 흑점이 기상 조건에 영향을 미치고, 기상 조건은 농업 생산에, 농업 생산은 경제 여건에, 경제 여건은 기업의 이익에, 기업의 이익은 주가에 차례대로 영향을 미치는 인과사슬을 고려해보자. 인과성에 대한 단서는 우리가 상상할 수 있는 가능한 인과사슬의 종류나 수를 제한하게 된다. 원인과 결과의 시간적 순서를 평가하는 데 있어 인과성의 단서에 의한 제약은 특히 중요한 것이다. 그러나 원인과 결과 사이에 발생되는 시간과 장소의 근거리성, 일치성, 길이와 강도 등에 대한 단서 역시 원인과 결과 사이의 연결성을 제약한다. 흑점과 주가 변화의 장소적·시간적 격차는 날씨의 변화를 관찰함으로써 해소될 수도 있다.

그러나 주가 변동이 흑점 발생 후 6개월 만에 나타나는 것이 아니라 즉각적으로 발생한다고 가정하면, 시간상의 근거리성으로 말미암아 날씨와 경제 조건의 변화로 연결되는 사슬의 가능성이 배제된다. 이 경우 흑점과 주가 변화를 연결하기 위해서는 시간상의 근거리성을 충족시키는 새로운 인과사슬을 찾아내야 할 것이다.

인과관계의 단서는 불일치성이라는 또 다른 검증 방법을 가능하게 한다. 여기에는 원인의 규모가 작은데 결과는 크게 나타나는 경우와 원인은 큰데 결과가 작게 나타나는 경우가 포함된다. 이런 불일치를 설명하기 위해서는 인과사슬에서 증폭 과정과 축소 과정을 고려해야 한다. 19세기 파스퇴르의 질병에 대한 세균 이론이 신뢰를 얻지 못한 것은 순전히 불일치성 때문이었다. 작고 보이지도 않는 미생물이 질병, 전염병, 죽음의 원인이 된다고 생각하기는 쉽지 않다. 과학적인 정보가 없었으므로 사람들은 하찮은 세균 때문에 그렇게 커다란 결과가 유발될 수 있다는 인과사슬을 인정할 수 없었던 것이다.

과거 지향 사고 향상법 5가지

의사결정에서 과거 지향 사고의 효용성을 높이는 방법은 다음과 같다.

여러 가지 은유를 사용하라

과거 지향 사고는 직관적이고 순간적인 것이므로 은유를 통하여 쉽게 확대된 인과사슬로 발전시켜 나갈 수 있다. 다만 모든 은유가 완전한 것은 아니다. 은유는 은유일 뿐이며 그것이 실제 인과사슬은 아니라는 점을 명심해야 한다.

몇 가지 은유를 함께 사용함으로써 인과관계를 설명하는 데 있어 하나의 시나리오에만 집착하는 잘못을 미리 예방할 수 있다. 한 가지 은유에만 초점을 맞추지 말고 여러 가지를 실험해야 한다. 예를 들면 경영대학원과 같이 복잡한 조직에 대해서 어떤 평가를 내릴 수 있는지 생각해보

자. 각각의 은유는 사고 대상의 서로 다른 측면을 부각시켜준다. 경영대학원은 취직 이전의 학생들을 직접 적절히 훈련시켜주는 최종 단계의 학교라고 생각할 수 있다. 경제 전쟁에 대비하는 훈련소로도 생각할 수도 있으며, 경제학 이론들에 교화받는 수도원이나 그저 졸업장을 받기 위한 삼류 대학, 또는 직업훈련소 정도로 치부할 수도 있다.

이러한 각각의 은유는 서로 다른 요소들, 즉 여러 가지의 사고 방법을 설명하고 있다. 이런 은유는 어느 하나만으로 전체를 설명할 수 없고, 모든 은유를 종합하여 검토해야만 종합적인 이해가 가능하다.

한 가지 단서에만 의존하지 마라

하나의 단서만을 가지고 인과성을 추정하는 것은 심각한 오류를 초래할 가능성이 높다. 한 가지 방법에만 의존하였기 때문에 혈거 종족은 임신의 실제 원인을 놓치게 되었던 것이다. 상관관계가 항상 인과관계를 의미하는 것은 아니며, 인과관계도 항상 상관관계로 연결되는 것은 아니다.

발상의 전환이 필요하다

단서는 우리의 인식을 구체화하고 이해하기 어려운 정보를 해석하는 데 도움을 준다. 그러나 인식과 실제 사이에는 차이가 있기 마련이다. 단서는 우리의 관심을 확실한 것에만 집중시키고 다른 선택의 여지를 줄여버린다. 그러나 때로는 문제의 원인이 단서가 제시하는 방향과는 전혀 다른 곳에 있다는 직감이 들 때가 있다. 이럴 때에는 발상의 전환을 해보는 것이 창의적인 사고력을 증진시키는 한 가지 방법이 된다. 복잡한 결과에 대해 설명하고자 할 때, 경우에 따라서는 복잡하고 유사성이 있는 것처럼 보이는 원인보다 유사성이 없어 보이는 것에 주목해볼 필요가 있다.

인과사슬을 평가하라

원인과 결과 사이의 관계를 시험해보는 방법에는 인과사슬을 이용하는 것이 있다. 그러나 각 사슬의 연결 정도는 서로 다르다. 예를 들면 태양의 흑점과 주가를 연결하는 인과사슬은 연결 부분이 아주 많고 각각의 연결이 불확실하기 때문에 연결 강도가 약한 편이다. 실제로 인과사슬은 가장 강도가 약한 연결 부분만큼의 연결 강도를 지니게 된다. 또한 긴 인과사슬은 짧은 인과사슬에 비해 연결 강도가 약하다. 하지만 사람들은 이런 사실을 잘 모른다. 많은 사람들은 세부적인 결과를 보여주는 복잡한 시나리오가 단순한 시나리오보다 더 사실에 가깝다고 생각한다. 연결 부분의 수와 연결 강도를 기준으로 인과사슬을 평가하는 것이 중요하다.

인과관계를 설명할 수 있는 여러 가지 대안을 설정하고 검증하라

대부분의 경우 사람들은 진단하는 식의 사고 성향을 보인다. 그러나 이러한 사고방식은 사람들을 잘못된 믿음으로 이끄는 단점이 있다. 의약의 역사를 보면 이런 사례가 허다하다. 의사들은 방혈防血을 치료 방법으로 사용했던 적이 있었는데, 이는 방혈이 과학적이고 확실한 방법이라는 잘못된 믿음에 의한 것이었다. 지금 가장 대중화된 경제나 경영 이론들이 실상은 방혈과 같이 잘못된 믿음일 수도 있는 것이다.

검증을 활용하면 잘못된 믿음을 사전에 방지할 수 있다. 예를 들어 광고의 효과를 평가하기 위해서 광고를 완전히 중단하는 실험을 실시해볼 수 있다. 극단적인 검증이 불가능한 경우에는 일정 지역이나 일정 기간 동안만 광고를 중단하는 부분적인 검증을 통해서도 유용한 정보를 얻을 수 있다.

이와 같은 실험이 어려운 경우에는 원인으로 추정되는 사건이 발생하지 않아도 동일한 결과가 발생할 수 있는 경우를 상정해보면 된다. 이런 가상의 시나리오하에 따라 인과사슬을 평가해볼 수 있다. 광고를 하지 않고도 매출이 증대될 수 있는지에 대한 질문을 통하여 광고와 매출이 어떻게 연결되어 있는지를 평가할 수 있게 될 것이다. 잘 짜인 실험이라면 광고가 매출 증대에 기여하는가에 대한 해답도 찾을 수 있어야 한다. 체계적인 방법을 통해 이러한 질문들을 검증해보면 실제 상황에서 얻을 수 있는 것만큼 유용한 정보를 얻을 수 있다.

미래 지향 사고의 실제

스스로 인정하기 어려울지 몰라도 우리에게는 미래를 정확하게 예측하는 능력이 부족한 것이 사실이다. 결혼 상담, 은행 대출, 경제 전망, 심리 상담 등 다양한 분야에서 수집된 자료를 보면 사람의 미래 예측력은 가장 간단한 통계 모형보다도 못하다. 그런데도 사람들은 통계모형보다 자신의 판단이 더 정확하다고 믿는다. 물론 사람의 판단에 비해 통계학적 모형이 갖는 단점도 있다. 논란의 여지는 있는 것이다. 그렇다면 통계 모형과 사람의 판단 중 어느 것이 더 정확한지 판단해보도록 하자.

모형에는 오차가 생긴다

모형을 사용하는 것에는 장점과 단점이 있다. 모형은 변수 사이의 미묘한 관계까지를 다 반영하지 못하고 핵심만 다루기 때문에 오차가 발생한다. 반면에 사람의 판단은 모형으로 설명할 수 없는 부분까지도 고려할 수 있다.

그러나 사람의 판단에도 오차는 발생한다. 반면, 모형은 항상 일관성을 유지한다. 모형은 사람과는 달리 싫증을 내거나, 지치거나, 집중력을 잃어버리지 않는다. 모형은 항상 일관성 있게 잘못된 답을 내놓기도 하는 것이다. 여기서 중요한 문제는 어떤 방법이 전반적으로 오차를 적게 만드는가 하는 것이다.

다른 측면에서 말을 하자면, 모형을 사용하는 데 발생하는 오차를 필연적인 것으로 받아들인다면 모형을 사용하는 것이 사람의 판단에 의존하는 것보다 오차의 수준이 줄어들지 않을까 하는 것이다. 확률 학습에 관한 심리학적 실험 결과에 의하면 모형을 사용할 경우에 오차가 작다는 것이 입증되고 있다.

이런 심리학적 연구 중에 실험 대상이 빨간 불과 파란 불 중에서 어느 것이 켜질 것인지 알아맞히는 실험이 있었다. 예측이 맞으면 실험 대상자는 현금 보상을 받고, 틀리면 보상이 없었다. 실험자는 무작위로 불의 색깔을 결정하는데, 빨간 불이 켜질 확률은 60퍼센트이고 파란 불이 켜질 확률은 40퍼센트가 되도록 설계하였다. 실험 대상자들에게는 확률에 대한 사전 정보는 제공하지 않으므로, 그들은 실험에 참가하는 동안 학습을 해야만 한다.

이런 종류의 실험 결과를 확률 매칭(probability matching)이라고 하는데, 실험 대상자들은 단서가 발생하는 것과 동일한 비율로 반응하는 것을 학습하게 된다. 이 실험에서 대상자들은 대체로 빨간 불의 확률은 60퍼센트로, 파란 불의 확률은 40퍼센트로 정확하게 예측한다고 한다. 그러나 그들은 오차를 받아들이고자 하지 않기 때문에 보상 금액이 가장 많은 예측 전략을 만들어내지 못한다.

그들은 총 예측 횟수에서 60퍼센트는 빨간 불이라고 대답하고, 40퍼센트는 파란 불이라고 대답한다. 이렇게 함으로써 그들은 전체의 52퍼센트를 맞추게 될 것이라고 기대하게 된다. 빨간 불이라고 대답한 60퍼센트 중에서는 36퍼센트를 맞추고, 파란 불이라고 제시한 40퍼센트 중에서는 16퍼센트를 맞추게 된다.

그러나 실험 대상자가 매번 확률이 높은 빨간 불이라는 답만 한다면 어떻게 될 것인가? 이런 전략은 오차를 인정하는 것이다. 이 경우 예측이 맞을 확률은 60퍼센트에 달하게 되어 매번 틀리지 않으려고 노력하면서 답을 할 때보다 적중률이 8퍼센트나 높아지게 된다.

실험 대상자가 오차를 받아들이고 단순한 수학적 모형을 일관성 있게 사용한다면 더 많은 현금 보상을 받을 수 있을 것이다. 그러나 대부분의 실험 대상자들은 매번 옳은 답을 하려고 노력하면서, 어떤 불이 켜지는지를 결정하는 존재하지도 않는 법칙을 알아내려고 애쓴다. 이는 주식 시장에서 주가의 향방을 알아맞히려고 노력하는 것과 유사한 것이다.

모형은 정태적이다

이 말은 사실과 다르다. 모형은 새로운 정보가 습득될 때마다 수정할 수 있어야 하고 수정되어야만 한다. 최근에는 예측 결과를 활용하여 학습하는 모형들이 개발되고 있다. 아직 초기 단계이기는 하지만, 경험으로부터 학습하는 모형을 개발하는 것은 가능한 일이다.

사람의 판단에 관한 한 사람들이 미래를 예측할 때 과거의 예측 결과로부터 학습한다는 사실은 확인된 바 없다. 학습의 어려움은 행동을 취하기 위하여 예측적인 판단을 내려야 할 때에 나타난다. 지나간 예측의 결과는 그것이 얼마나 잘 맞았는지에 대하여 애매한 피드백만을 줄 뿐이기 때문이다.

예를 들어 미국 대통령이 경기침체를 예측하여 강력한 경기부양 조치를 취하는 상황을 가정하고, 이런 가정하에 발생 가능한 다양한 결과로부터 학습한다는 것이 얼마나 어려운 일인가를 생각해보도록 하자.

먼저 경기부양 조치 이후에 경기침체가 발생하지 않는 경우를 고려하자. 이 경우, 처음부터 예측이 잘못되고 그 예측에 대한 조치도 효력이 없었던 탓에 경기침체가 발생하지 않은 것인지, 아니면 예측이 제대로 되었고 그로 인한 조치 때문에 경기침체가 발생하지 않았는지 확인할 길이 없다. 반대로 경기침체가 발생한 경우도 비슷하다. 예측은 정확했지만 조치가 효력이 없어서 발생했을 수도 있고, 아니면 예측이 잘못된 데다가 사용한 경제 정책이 부작용을 초래해서 경기침체가 발생했을 수도 있다. 문제는 간단하다. 예측 능력에 대하여 학습하기 위해서는 예측의 질과 그에 근거한 조치의 효과를 분리해서 살펴봐야만 하는 것이다.

모형을 통해서 얻는 이익보다 비용이 더 크다

일반적으로 모형을 사용함으로써 제고되는 정확성과 모형을 구축하는 데 소요되는 비용을 비교하여 평가하는 것은 어려운 일이다. 그러나 예측에서 모형의 활용도가 높을 경우에는 예측의 정확성이 조금만 향상되어도 이로 인하여 발생하는 이익은 매우 클 수가 있다.

예를 들어, 1970년대 후반 AT&T는 고객 신용도를 우량과 불량으로 구분하는 특성들에 대한 연구를 실시하였다.[1]

경영진은 이 연구 결과를 활용하여 신규 고객별로 보증금을 받을 것인지를 결정하는 데 활용하기 시작했다. 연구 결과 발견된 특성을 의사결정의 규칙으로 개발하기 위하여, AT&T는 우량 고객과 불량 고객 모두에게 보증금 없이 신용을 부여하는 실험을 일정 기간 동안 수행하였다. 실험 결과 자신들이 개발한 신용 평가의 규칙이 모든 고객들의 특성을 반영한다는 것을 확인하였다. 이후, 이 의사결정 규칙을 실제로 사용함으로써 AT&T는 연간 1억 3천700만 달러의 악성 채권을 줄일 수 있었다. 모형을 만들고 유지하는 데 소용된 비용이 얼마인지 확인하기는 어렵지만, 악성 채권의 축소 규모로 볼 때 모형을 개발하고 유지하는 비용은 충분히 보상하고도 남은 것으로 보인다.

우리가 예측하려고 하는 현상은 일반적으로 너무 복잡하기 때문에, 미래를 예측하는 법칙을 똑같이 복잡하게 만들 필요는 없다. 성공한 사례들을 보면, 몇 개 되지 않는 변수만을 활용하여 모형을 만드는 경우가 많다. 모형은 전문가의 과거 경험을 체계화함으로써 개발되기도 하고, 몇 개의 관련 변수들이 결합되어 만들어지기도 한다.

2가지 사고방식의 결합

일상생활은 과거에 대한 분석과 미래에 대한 예측으로 이어진다. 우리는 이러한 2가지 사고방식을 개별적으로 또는 복합적으로 사용하고 있지만 그 사용에 있어서는 양자의 구분이 잘 안 되고 있다.

미래 지향 사고에서는 명시적인 법칙이나 모형이 최선의 도구인 반면, 원인에 대한 직관이 예측에 상당한 영향을 미치기도 한다. 사건의 발생이 확률적 과정에 따르는 사안에 대하여 행동을 취할 때 사람들은 상황을 통제할 수 있다는 잘못된 인식에 사로잡히기 쉽다. 예로, 복권을 살 때 자신이 직접 고르는 것이 복권 판매상이 골라주는 것보다 당첨될 확률이 높다고 믿는 경향을 들 수 있다.

같은 이유로 상황이 복잡해질수록 사람들은 계획과 예측에 더 많이 의존하고 환경 변화로 발생하는 임의적 요소의 중요성은 낮게 평가하게 된다. 그러나 이러한 의존성은 잘못된 통제를 유발한다. 증명되지 않은 예측에 대해서는 그것이 전문가에 의한 것이든 모형에 의한 것이든 간에 일단 회의적인 자세를 취하는 것이 상책이다. 속는 사람이 있기 때문에 예언자가 있는 것이다.[2]

예측 능력의 향상에 관한 어떤 논문은 미래 예측에 대하여 "비결은 변수를 선정하고 모형에 포함시키는 것이다."라고 지적하고 있다.[3] 그러나 비결이라는 것은 복잡한 과거 분석적 사고를 요구하기 때문에 찾아내기가 어렵다. 실제로 컴퓨터 공학자들도 인공지능 기법을 적용하여 인간의 인지 과정을 재현하는 프로그램을 만드는 작업을 추진하고 있으나, 진척이 더딘 상황이다. 최근에 추진되고 있는 인지 과정의 재현 작업 중 하나가 신문의 머리기사를 해석하는 과정을 인지하는 프로그램이다. 공학자들은 머리기사를 이해하는 데 필요한 기본 지식과 말을 바꾸어 쓰는 법칙을 프로그램에 내장하였다. 그러나 이 인지 프로그램은 '세계적인 충격, 교황 피격'이라는 머리기사를 '이탈리아 강진, 1명 사망'으로 해석하고 말았다.

판단과 의사결정에 관한 심리학적 연구들은 인간의 사고 중에 과거 지향적 부분과 미래 지향적 부분의 차이점을 구분하여 분리해내는 데 초점을 맞추고 있다. 그러나 양자는 분리된 것이 아니라 상호 의존적인 것이다. 로마신화의 야누스가 한쪽 얼굴은 앞을 보고 나머지 한쪽은 뒤를 보고 있는 것과 마찬가지로 의사결정에 직면했을 때 우리의 사고도 동시에 양방향으로 진행된다.

7

혁신 기술과 기업 재창조

조셉 바우어
Joseph L. Bower
클레이튼 크리스텐슨
Clayton M. Christensen

기존 기업들이 지금의 고객들을 유지하기 위한 기술 개발에 적극적으로 투자하는데도 실패하는 이유는 무엇인가? 가장 근본적인 이유는 과거의 경영 신조에 빠져 있기 때문이다. 즉, 현재의 고객들과 지나치게 밀착되어 있는 것이다.

대부분의 경영자들은 자기가 일을 주도하고 있다고 생각하지만, 실질적으로는 고객들이 기업의 투자 방향 설정에 막강한 영향력을 행사하고 있다. 경영자들은 신기술 사용, 제품개발, 공장 설립, 유통 채널의 확립과 같은 주요 사안을 결정할 때 제일 먼저 고객의 반응을 생각한다. 즉, 현재의 고객 요구에 지나치게 집착하고 있는 것이다. 선두 자리를 유지하기 위해서 경영자들은 혁신 기술의 추이를 인지해야 한다. 혁신 기술을 인지하고 배양하는 방법은 다음과 같다.

첫 번째 단계는 여러 가지 기술 중에 어떤 것이 혁신적인지 그리고 어느 정도 위협적인지를 결정하는 것이다. 산업에서 혁신 기술의 영향력을 설명할 때는 '성능향상궤도performance trajectories'의 개념을 도입하면 도움이 될 수 있다. 이것은 일정 기간 동안 제품 성능의 향상 정도와 미래의 성능 향상에 대한 기대 정도를 나타내는 것이다.

두 번째 단계는 혁신 기술의 전략적 중요성에 대한 적절한 질문을 관련된 사람들에게 물어보는 것이다. 경영자들은 기술자, 학자, 벤처 캐피탈 담당자 등과의 월례 회의를 통해 선도 기업의 정보를 살펴볼 필요가 있다. 기존의 전통적 채널은 선도 기업의 정보를 얻는 데 적당하지 않다.

마지막 단계는 주요 사업과 완전히 독립적인 조직을 만드는 것이다. 만약 혁신 기술에서 분사화된 조직을 본사의 주요 조직과 통합하게 되면 불행을 자초하게 된다. 산업의 역사를 볼 때 하나의 조직으로 혁신 사업과 기존 사업을 동시에 추진했던 기업들은 대부분 실패를 경험했다.

혁신 기술과 기업 재창조

혁신 기술이 기업에 미치는 영향

산업계에서 볼 수 있는 가장 일반적인 사실 중에 하나는 기술이나 시장이 변할 때 선도적인 기업들이 정상의 위치를 지속하기가 쉽지 않다는 것이다. 굿이어Goodyear나 파이어스톤Firestone과 같은 기업들은 레디얼 타이어radial-tire 시장에 뒤늦게 진입하였다. 제록스는 캐논에 소형 복사기 시장을, 뷰사이러스이리Bucyrus-Erie는 캐터필러Caterpillarr와 디어Deere에 기계식 굴착기 시장을 내주었다. 또한 시어즈Sears는 월마트에 유통업계 선두 자리를 양보하였다.

이러한 실패의 경향이 가장 두드러진 곳은 컴퓨터 산업 분야이다. IBM은 메인프레임 컴퓨터 시장을 장악했지만 메인프레임보다 기술적으로 단순한 미니컴퓨터 시장은 장악하지 못했다. 디지털 이큅먼트Digital Equipment는 VAX 기종과 같은 혁신 제품으로 미니컴퓨터 시장을 한동안 석권했지만 개인용 컴퓨터(PC) 시장을 완전히 지배하지는 못했다. 애플 컴퓨터는 개인용 컴퓨터 시대를 주도하고 사용자 위주의 컴퓨터 기술을 확립했지만, 휴대용 컴퓨터 제품을 이 분야의 선도 기업에 비해 5년이나 늦게 시장에 내놓았다.

이와 같이 기업들이 현재 고객들을 유지하는 데 필요한 기술에는 과감하고 성공적인 투자를 하면서도, 미래 고객들이 필요로 하는 기술 투자를 제대로 수행하지 못하는 이유는 무엇인가? 이에 대한 표면 상 이유로는 관료주의, 오만함, 고위경영층의 무능력, 잘못된 기획, 지나치게 근시안적인 투자 등을 들 수 있을 것이다. 그러나 좀 더 근본적인 이유는 다음과 같은 모순에 기인한다. 한때 선도적인 기업들은 과거의 값진 경영신조(dogma)에 빠져 있었기 때문이다. 즉, 현재 고객들과 너무 지나치게 밀착되어 있었던 것이었다.

대부분의 경영자들은 자신의 힘으로 일을 주도하고 있다고 생각하지만, 실질적으로는 고객들이 기업의 투자 방향 설정에 특별한 영향력을 행사하고 있는 것이다. 경영자들은 신기술을 사용하거나 제품을 개발하고 공장을 설립하거나 새로운 유통 채널을 확립하기 전에 우선적으로 고객의 반응을 생각한다. 즉, 고객들이 진정으로 무엇을 원하고 있는가, 시장 규모는 적정한가, 충분한 수익성을 확보할 수 있는가 등의 질문들을 고려하여 투자 여부를 결정한다. 현명한 경영자는 이러한 질문에 빈틈없이 의문을 가지고 쉴 새 없이 대답을 계속하여 점차적으로 더욱더 고객의 요구에 맞추어 나간다.

이러한 것들이 경영을 잘하는 기업의 운용 방침이다. 그러나 만약 고객들이 그들의 요구와 맞지 않는다는 이유로 기업의 사업 운용 방식이나 신기술, 제품 콘셉트를 거부하는 경우 어떻게 될까? 초기에 제록스의 고객 기반 핵심을 이루고 있었던 대형 복사(photocopy) 센터에서는 소형의 느린 복사기가 별로 소용이 없는 물건이었다. 증기와 디젤 동력의 전선이 부착된 대형 굴착기를 생산했던 뷰사이러스이리는 소형이며 동력이 약하다는 이유로 수력을 동력원으로 하는 굴착기 시장의 형성 초기에 참여하지 않았다. IBM의 주요 고객인 정부와 대형 기업 고객들은 미니컴퓨터(minicomputer)가 당장 필요하지는 않았다. 위에서 언급한 기업들은 매번 고객의 소리에 귀를 기울였고 고객이 원하는 대로 제품을 개발·생산하였다. 그러나 결과적으로 자신의 고객들이 무시했던 그 기술 때문에 후에 고전을 면치 못하게 되었다.

이러한 경향은 기술적 변화에 직면한 여러 산업의 선도 기업에 반복적으로 일어난다는 것이 저자가 연구한 결과이다. 이 연구에 의하면 경영을 잘하고 조직화된 기업들은 고객들의 요구를 만족시킨다면 점진적 개선에서 혁신적인 새로운 접근 방법에 이르기까지 차세대 신기술을 끊임없이 상용화하고 개발하고 있었다. 그러나 이 기업들은 고객들의 주된 요구를 당장 만족시키지 못하는 신기술을 앞장 서서 상용화하는 일은 드물며, 단지 소규모의 신흥 시장만 겨냥하여 영업 활동을 하고 있다.

위에서 언급한 기업들이 사용하는 분석적이고 합리적인 투자의 관점에서는 기성 시장의 기존 고객으로부터 자원을 전환하여 아직 그다지 중요하지 않으면서 채 확립되지 않은 시장과 고객에게 투입하는 비합리적인 투자를 하기가 쉽지는 않을 것이다. 왜냐하면 기존 고객의 요구를 충족시키고 경쟁사와 싸워 이기기 위해서는 기업이 가지고 있는 모든 자원과 여분의 것까지 총동원해야 할 필요가 있기 때문이다. 경영을 잘하는 기업들은 고객 요구에 대한 인식, 기술 개발 추이에 대한 예측, 수익성 평가, 여러 경쟁적 투자안에 대한 자원 배분을 거쳐 신제품을 시장에 내놓는 프로세스를 밟고 있다. 물론 이러한 프로세스는 현재의 고객과 시장에 초점을 맞추고 있다.

사실 기업들은 종종 주된 고객들에게 주력하기 위한 이러한 프로세스와 동기로 인해 신흥 시장에 출현한 신기술을 간과한다. 많은 기업들이 주요 고객의 요구를 충족시키지 못한다는 이유로 신기술을 무시함으로써 위기에 빠지는 경우를 자주 겪는다. 예를 들어 개인용 컴퓨터는 1980대 초기의 주류였던 미니컴퓨터 사용자의 요구를 충족시키지는 못했다. 하지만 개인용 컴퓨터의 연산 기술은 미니컴퓨터 사용자가 요구하는 연산 기술보다 더욱 빠르게 발전하여 사용자들의 요구 수준을 충분히 만족시킬 정도가 되었다. 이에 따라 개인용 컴퓨터는 미니컴퓨터 제조업체인 왕Wang, 프라임Prime, 닉스도프Nixdorf, 데이터 제너럴Data General, 디지털 이큅먼트와 같은 기업들의 고객 요구를 충분히 충족시켜주게 되었다.

  오늘날 개인용 컴퓨터는 많은 적용 분야에서 미니컴퓨터와 경쟁할 만한 충분한 성능을 갖추고 있다. 미니컴퓨터 제조업체의 입장에서 보면 신흥 시장에서 그리 중요하지 않아 보이는 고객들이 사용하는 초기의 저성능 개인용 컴퓨터 기술을 무시하고 대신 주요 고객들에게 주력하는 것이 보다 합리적 결정이었다고 할 수 있다. 그러나 이것은 치명적인 결과를 가져왔다.

  기존의 기업들에 해를 끼치는 기술적 변화는 기술적 관점에서 보면 획기적으로 새롭거나 아주 어려운 것만은 아니다. 이러한 기술적 변화는 다음과 같은 2가지 특징을 가지고 있다. 첫째, 기술적 변화는 적어도 겉으로 보기에 기존 고객들에게 과거의 것에 비해 특별히 다르지 않고 가치 없는 성능의 특징을 가지고 있다. 둘째, 이러한 성능의 특징은 어느 사이에 급속한 속도로 발전하여 기존 고객들에게 가치 있는 것으로 자리 매김하며, 이에 따라 기존 시장을 위협하게 된다. 이 시점이 되면 기존의 주요 고객들도 신기술을 원한다. 그러나 불행하게도 이 시점에서는 기존의 제조 공급업체들이 경쟁하기에는 이미 늦게 된다. 결국, 신기술의 선도 기업이 시장을 지배하게 되는 것이다.

따라서 최고경영자는 이러한 범주에 속하는 신기술을 우선적으로 발견해야 한다. 그 다음 단계로 경영자는 신기술을 상용화하고 발전시키기 위해서 현재 기존 고객의 요구에 부합되도록 고안된 프로세스나 동기로부터 신기술을 보호해야 한다. 신기술을 보호하는 유일한 방법은 기존 사업의 주요 조직과는 별도로 완전히 독립된 조직을 만드는 것이다.

'성능향상궤도'를 활용하라

하드디스크 드라이브 산업만큼 현재의 고객과 지나치게 밀착하면 위험이 발생할 수도 있다는 교훈을 남긴 것은 없을 것이다. 1976년부터 1992년까지의 디스크 드라이브의 성능은 놀라울 정도로 향상되었다. 100MB에 달하는 외형적 물리적 규모는 5천400평방인치에서 8평방인치로 줄어들었으며, IBM당 비용도 560달러에서 5달러로 감소하였다. 물론 기술적 변화가 이러한 획기적 성능 향상을 가져온 중요한 요인이었다. 이러한 개선의 절반은 디스크 드라이브의 성능이 획기적으로 향상되었기 때문이며, 나머지 절반은 점진적인 발전으로 이루어진 것이다.

디스크 드라이브 산업의 이러한 경향은 다른 산업에서도 반복되어 나타나고 있다. 기존의 선도적 기업은 고객들이 원하는 기술을 받아들이고 개발함으로써 해당 산업을 꾸준히 이끌어갔다. 심지어 고객들이 원하는 기술이 기존의 것과는 전혀 다르고, 또한 다른 생산 설비를 필요로 하는 것일지라도 그렇게 해온 것이다. 기업들의 이러한 적극적인 기술 전략에도 불구하고 지난 몇 년 동안 하드디스크 드라이브 제조 산업을 완전히 지배한 기업은 존재하지 않았다. 일련의 기업들이 이 산업에 진입하여 선도 기업으로서 일시적인 명성을 날리기도 했지만, 얼마 가지 않아 해당 산업의 주요 고객의 일시적 요구를 충족시키지 않고 신기술을 추구하는 새로운 경쟁자들에 의해 축출되었다. 이러한 결과에 따라 1976년 당시 하드디스크 드라이브 산업에서 존재했던 기업은 현재 모두 없어지고 말았다.

기존 산업에서 특정 기술의 혁신에 대한 영향력 차이를 설명할 때는 '성능향상궤도(performance trajectories)'의 개념을 도입하면 도움이 될 수 있다. 이것은 일정 기간 동안 제품 성능의 향상 정도와 미래의 성능 향상에 대한 기대 정도를 나타내는 것이다. 대부분의 모든 산업은 중요한 성능향상궤도 지표를 가지고 있다. 굴착 기계의 주요 성능향상궤도는 1분당 굴착 가능한 흙의 양이 1년간 얼마나 향상되었는가를 측정하여 알 수 있다. 복사기의 경우에는 1분당 복사량의 개선 정도로 결정될 수 있다. 하드디스크 드라이브의 경우 성능향상궤도는 저장 능력으로 측정되며, 일정 크기의 드라이브로 저장 가능한 용량이 매년 50퍼센트 이상씩 커지고 있다.

기술적 혁신은 그 종류에 따라 성능향상궤도에 다른 영향을 미치고 있다. 기술적 혁신의 하나로 지속적(sustaining) 기술의 꾸준한 개선을 들 수 있다. 지속적 기술은 고객에게 기존에 부여했던 특성을 점차 개선하거나 확대한다. 예를 들어 1982년과 1990년 사이에 하드디스크 드라이브의 박막(thin-film) 필름 요소는 기존의 아철산(ferrite) 헤드와 산화(oxide) 디스크를 대체하여 디스크에 좀 더 많은 정보를 보관하게 하였다. 기술자들은 아철산 헤드와 산화 디스크의 기록 성능을 향상시키려 노력했지만 이 기술은 'S 커브'와 같은 자연적 한계점에 도달하였다. 이 시점에서 새로운 박막 기술이 출현하여 성능향상궤도를 유지하거나 되살려주었던 것이다.

다른 한편으로 혁신(disruptive) 기술은 주요 고객들이 중요시하는 과거 가치와는 매우 다른 특성이다. 이 기술은 주요 고객들에게 하나 또는 두 개 이상의 측면에서 크게 뒤지는 경향이 있다. 일반적으로 소비자들은 그들이 알고 이해하는 적용 분야에 혁신 기술을 이용하지 않으려고 한다. 따라서 혁신 기술은 생성 초기에는 기존 시장에서 쉽게 활용되지 않는다. 결국 새로운 기술은 새로운 시장을 만들어내게 된다. 예를 들어 소니의 새로운 트랜지스터라디오는 음질이 떨어지는 측면이 있지만, 작고 가벼워서 휴대하기 쉬웠기 때문에 새로운 시장을 형성하였다.

하드디스크 드라이브 산업의 역사를 살펴보면 이 산업의 선두 기업들은 새로운 기술의 출현에 따라 영욕이 교차하였다. 즉, 디스크 드라이브의 직경이 14인치에서 8인치로, 5.25인치로 그리고 다시 3.5인치로 줄어들 때마다 선두 기업의 좌절이 있었다. 새로운 기술에 의해 만들어진 하드디스크 드라이브의 새로운 제품들은 기존 제품보다 저장 용량이 적었다.

예를 들어 8인치 드라이브가 처음 도입되었을 때는 20MB 용량이었다. 그러나 당시 디스크 드라이브의 주 시장인 메인프레임은 보통 200MB를 요구하고 있었다. 물론 선도 제조업체는 맨 처음 8인치 드라이브를 만들려고 하지 않았다. 이에 따라 이 선도 기업의 납품업자들도 혁신적 기술을 적극적으로 개발하지 않았고, 14인치 드라이브에 200MB 용량의 제품을 주력으로 하였다. 5.25인치와 3.5인치 드라이브가 출현했을 때도 사정은 마찬가지였다. 즉, 기존의 컴퓨터 제조업체는 새로운 드라이브를 배격했으며, 이에 따라 드라이브 공급업자들도 자연스럽게 무시했던 것이다.

그러나 새로운 드라이브들은 기존의 것에 비해 적은 저장 용량을 가지고 있었지만 신기술의 등장에 따라 또 다른 중요한 제품 특성을 가져왔다. 예컨대, 8인치 드라이브의 내재 동력 공급 장치와 소규모, 5.25인치 드라이브의 소규격과 저비용의 보조 동력장치, 3.5인치 드라이브의 내구성, 소중량과 저소비 동력 등이다. 1970년 후반부터 1980년 중반까지 위의 3가지 드라이브의 유용성은 각각 미니컴퓨터, 데스크 탑 PC, 휴대용 컴퓨터의 새로운 시장을 형성하였다.

비록 소형 드라이브가 혁신적 기술의 변화를 대변하고 있다 할지라도 이들은 각각 기술적 발전의 연장선상에서 이루어진 것이다. 사실 신기술의 기반 위에 한때 번영을 누렸던 많은 기업에서는 경영진이 공식적 사업을 추진하기 전에, 소량의 자원으로 시제품(prototype)을 만들어 놓았던 기술자들이 있었다. 그러나 이 기업들은 이 제품을 적시에 조직적으로 시장에 출시하지는 못하였다. 기존 기업들의 절반 또는 3분의 2 이상은 과거 지속적 기술을 바탕으로 한 새로운 제품은 즉시 출시하면서, 반대로 신기술이 출현할 때는 이 기술을 이용한 새로운 구조(architecture)의 제품을 적시에 내놓지 못했던 것이다. 그나마 이 기업들이 때늦게 출시하는 새로운 모델들은 대부분 처음의 도입 시점보다 2년 정도 지체되는 경향이 많았다.

그러나 이러한 산업에서의 제품수명주기는 보통 2년이므로 출시 시기가 한참이나 늦은 것이다. 위에서 언급했던 디스크 드라이브의 3가지 기술 혁신으로 새롭게 떠오른 기업들은 다음과 같은 혁명적 과정을 주도했다. 즉, 처음에 새로운 시장을 선점하고 그 후에 해당 시장에서 기존의 기업을 축출하는 것이었다.

그렇다면 개발 초기에는 내재적으로 열등하고 일부 시장에서만 유용하게 보였던 기술들이 어떻게 기존 시장에서 선도 기술들을 위협할 수 있었는가? 혁신 구조가 새로운 시장에서 한번 자리 잡게 되면 지속적 기술은 가파른 성능향상궤도를 따라서 제품의 구조적 성능(architecture's performance)을 개선시킨다. 이러한 성능 발전의 향상 속도는 매우 빨라서 제품의 구조적 성능이 기존 시장 고객들의 요구를 금세 만족시키게 된다. 예를 들어 1980년대 5MB 용량의 5.25인치 드라이브가 처음 도입되었을 때 이것은 그저 미니컴퓨터 시장의 일부분을 차지할 정도의 보잘것없는 성능이었지만, 성능이 지속적으로 발전함에 따라 1986년과 1991년에는 각각 미니컴퓨터와 메인프레임 시장의 전체를 차지할 정도로 경쟁력이 향상되었다.(표 7-1 참조)

기업의 수입·비용구조는 미래의 기술 혁신을 평가하는 데 중요한 역할을 한다. 일반적으로 혁신 기술은 재무적인 관점에서 볼 때 기존 기업들에 매력적이지 못하다. 현재 인식할 수 있는 시장에서 잠재적 수익은 작게 나타나며, 장기적으로 신기술이 얼마나 큰 시장을 형성시킬 수 있을지 여부를 평가하기가 곤란하기 때문이다. 이에 따라 일반적으로 경영진들은 신기술이 기업 성장에 큰 기여를 하지 못할 것이라는 판단하에 신기술의 개발 노력을 등한시하고 있다. 더욱이 기존 기업들은 새로운 혁신 기술보다 지속적 기술을 유지하기 위해 높은 비용을 투입하고 있다. 결과적으로 경영진들은 혁신 기술을 추구할 때 전형적인 2가지 대안 중 하나를 선택하게 된다.

한 가지 방안은 혁신 기술이 형성하는 신흥시장에서 소규모 고객들(downmarket)을 대상으로 한 적은 이익(margin)을 받아들이는 것이다. 또 다른 방안은 기존 보유 기술의 바탕 위에 대형 고객들(upmarket)을 대상으로 높은 수익률을 추구하는 세분시장(segment)을 형성하는 것이다.(예를 들어, IBM 메인프레임의 수익률은 아직까지 PC보다 높게 나타난다.) 기업들은 기존

표 7-1 디스크 드라이브 용량이 시장의 요구를 만족시킨 방법

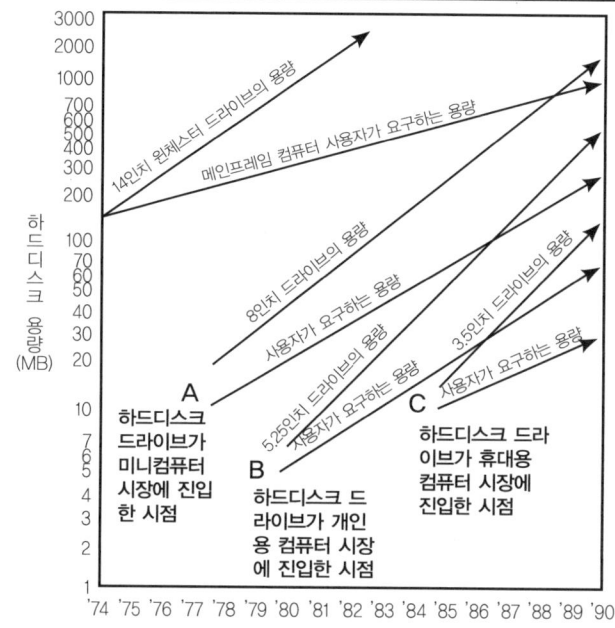

시장에서 합리적 자원배분에 따라 소규모 고객보다 대형 고객들을 추구하고 있다.

새로운 시장에서 새로운 혁신 기술로 성공을 이룬 경영진은 기존 기업의 경영진과는 다른 시각을 가지고 있다. 이 기업들은 기존의 경쟁자와는 달리 낮은 비용구조를 가지고 있어서 새로운 시장이 매력적이라는 사실을 인식하고 있다. 이 기업들이 시장 기반 형성과 신기술 성능 발전에 성공하게 되면 고비용 구조의 공급자가 제품을 공급하는 한 단계 높은 시장에 대한 진입이 가능해진다. 새로운 기업들이 한 단계 높은 시장에 대한 공략을 추진할 경우 무방비 상태인 기존 기업과의 경쟁은 아주 쉬울

것이다. 기존 기업들은 대형 고객들을 대상으로 잠재적인 위협을 간과하고 있기 때문이다.

여기까지의 서술을 바탕으로 가치 있는 교훈을 찾아낼 수 있다. 경영진은 현재 소비자의 요구와 맞지 않는다는 이유로 잠재적이고 발전 가능성 있는 신기술의 추이를 인지하는 것과 그것에 어떻게 대처할 것인가는 별개의 문제임을 명심해야 한다. 새로운 기업들이 신기술을 가지고 세 번이나 연속적으로 시장에 나타났음에도 불구하고 기존 디스크 드라이브 제조업체의 경영진들은 앞선 기업들의 경험에서 교훈을 배우지 못한 것 같다. 이러한 사실은 경영진의 근시안적인 시각이나 미래 예측 능력이 부족하다는 것만으로는 충분하게 설명되지 않는다.

보다 근본적인 문제는 경영진이 과거에 성공적이었던 전략에 너무 매달리고, 현재 고객의 증대되는 요구에만 집착하는 잘못을 저지르고 있다는 것이다. 성공적이거나 경영을 잘하는 기업은 현재 고객들이 원치 않거나 수익성이 적은 투자안에는 자원배분을 많이 하지 않는 경향이 있다.

새로운 기술을 개발하고 관리하는 것은 기업의 투자 프로세스와 연계되어 있다. 설비의 증설이나 새로운 제품, 프로세스의 개발과 같은 전략적 대안들은 대부분 프로젝트팀이나 엔지니어그룹과 같은 하위 조직에서 기안된다. 자금의 투입 여부는 여러 대안에 대하여 각종 투자분석을 실시하고 예산 시스템에 맞추어 평가한 결과를 가지고 결정하게 된다.

새로운 시장의 신사업은 그 시장 규모를 신빙성 있게 측정하기가 곤란하기 때문에 투자 여부를 평가하기가 어렵다. 잘 관리되는 기업의 상위 및 중간경영자들은 자신의 선택에 대하여 성과평가를 받게 되므로, 확실한 시장이 보장되는 투자안을 선택하게 될 것이다.

따라서 경영자들은 지금껏 교육받아온 것처럼 주요 고객들과 밀착하여 이들의 이익과 요구사항을 만족시키기 위해 자원을 집중하고 있다. 이렇게 함으로써 기존 고객들이 원하는 바를 충족시키고 동시에 리스크를 최소화하고, 결과적으로 경영자로서의 지위를 보장받을 수 있기 때문이다.

혁신 기술에 대응하지 못한 시게이트

혁신 기술에 제대로 대응하지 못한 기업 중 하나인 시게이트 테크놀러지Seagate Technology의 자원배분 프로세스는 앞에서 언급한 사항들을 잘 설명해주고 있다.

여러 측면에서 볼 때 캘리포니아 스코트 밸리Scotts Valley에 본부를 둔 시게이트는 전자공학 산업 역사 상 가장 성공적이고 공격적으로 경영을 수행한 기업 중에 하나라고 볼 수 있다. 1980년 창업 초기부터 지속적으로 성장해온 시게이트는 1986년까지 7억 달러 이상의 매출액을 기록하였다. 이 회사는 5.25인치 하드디스크 드라이브를 처음으로 소개하였으며 IBM과 IBM PC 호환 제품의 주요 공급자였다. 이 회사는 3.5인치 드라이브가 도입된 1980년대 중반까지 5.25인치 드라이브의 선도 제조 기업이었다.

시게이트는 업계 두 번째로 3.5인치 드라이브를 개발하였다. 1985년 초반까지 이 회사는 적은 투자 금액을 바탕으로 3.5인치 드라이브의 80여 가지 모델들을 개발하였다. 시게이트의 엔지니어는 새로운 모델을 마케팅 이사에게 소개하였고, 언론에서는 시게이트가 3.5인치 드라이브를 적극적으로 개발하고 있다고 보도하였다. 그러나 시게이트의 주요 고객인 IBM과 IBM PC 호환 제품의 주요 제조업체들은 3.5인치 드라이브에 별다른 관심을 보이지 않았다. 이들은 차세대 모델로 40MB와 60MB가

통합된 드라이브 형태를 원하였다. 당시 시게이트가 개발한 3.5인치 모델은 10MB 용량밖에 되지 못하였다. 이 때문에 시게이트의 마케팅 이사는 새로운 디스크 드라이브의 예상 판매량을 낮춰 잡았다.

시게이트의 재무와 생산담당 이사는 3.5인치 드라이브의 또 다른 결점을 지적하고 나섰다. 이들의 분석에 따르면 시게이트의 고객 관점에서 평가하는 디스크 드라이브 성능의 주요 지표인 메가바이트당 비용이 5.25인치 드라이브에 비해 훨씬 비싸다는 것이었다. 즉, 시게이트의 기존 비용구조상 5.25인치 드라이브가 3.5인치 제품에 비해 좀 더 많은 이익을 창출하는 것이었다.

시게이트 경영진에서는 새로운 제품인 3.5인치 드라이브가 충분한 판매량이나 이익을 창출하지 못할 것이라는 합리적인 결론을 도출하였다. 시게이트의 전적 마케팅 이사는 다음과 같이 그 당시 상황을 회고하였다. "우리는 제품수명주기 상 쇠퇴기에 있던 5.25인치 드라이브에서 연간 3억 달러의 매출을 올릴 수 있는 ST412와 같은 차세대 모델을 필요로 하고 있었다. 당시 3.5인치 드라이브의 매출액은 5천만 달러 이하였고, 매출과 이익 측면에서 3.5인치 드라이브는 수지가 맞지 않는 제품이었다."

시게이트가 3.5인치 드라이브에 주력하지 않았다고 기술 혁신을 등한시한 것은 아니었다. 시게이트는 빠른 속도로 5.25인치 드라이브의 새로운 모델을 출시하였다. 결과적으로 많은 생산시설들이 폐기되었는데도 이렇게 함으로써 5.25인치 드라이브의 지속적 기술을 놀랄 만큼 발전시켰다.

시게이트가 개인용 컴퓨터에 주력하는 동안에 3.5인치 드라이브 출시 지연에 불만을 가지고 있었던 시게이트 직원들과 다른 5.25인치 드라이브 제조업체들이 합작하여 코너 페리퍼랄스Conner Peripherals라는 새로운 기업을 설립하였다. 코너는 떠오르는 새로운 시장인 휴대용 컴퓨터와 책상에서 차지하는 공간이 상대적으로 적은 소형(small-footprint) 데스크 탑 제조업체에 3.5인치 드라이브를 집중적으로 판매하였다. 코너의 주요 고객은 시게이트가 한 번도 납품한 적이 없었던 컴팩Compaq 컴퓨터였다. 시게이트는 과거의 명성에 자만하고 있었고 자사 제품 특성과는 차이가 있는 세련됨, 용량, 무게 등 디스크 드라이브의 다른 부분을 더 중요하게 생각하는 고객에 초점을 맞춘 코너의 전략 때문에 코너와 3.5인치 드라이브의 위협을 간과하게 되었다.

그러나 휴대용 컴퓨터의 빠른 성장에 발맞춰 코너는 3.5인치 드라이브의 용량을 매년 50퍼센트 이상 향상시켰다. 1987년 후반에 3.5인치 드라이브는 개인용 컴퓨터 주요 고객의 요구사항을 충분히 만족시킬 정도가 되었다. 이 시점에서 시게이트는 그동안 등한시했던 3.5인치 드라이브 제품을 시장에 출시하였다. 코너와 3.5인치 드라이브 제품의 또 다른 선도 기업인 퀀텀Quantum Corporation을 견제하는 차원에서 3.5인치 제품을 판매했는데, 그나마 때는 이미 늦었다.

그 이후 시게이트는 힘든 경쟁을 해야 하는 처지에 놓이게 되었다. 시게이트는 한동안 3.5인치 드라이브를 기존 고객인 개인용 컴퓨터 제조업체와 판매업체에 판매함으로써 명맥을 유지할 수 있었다. 사실 시게이트의 3.5인치 제품 대부분은 5.25인치 드라이브를 수용하도록 설계된 컴퓨터 드라이브에 이 제품을 장착하게끔 만든 프레임Frame 그대로 고객들에게 배송되었다. 그러나 종국에 가서 시게이트는 새로운 휴대용 컴퓨터 시장에서 주 공급업체가 아닌 제2차 납품업체로 격하되고 말았다.

이와는 반대로 코너와 퀀텀은 새로운 휴대용 컴퓨터 시장에서 독보적 지위를 차지하게 되었고, 그동안 키워왔던 경험과 규모의 경제를 바탕으로 시게이트를 개인용 컴퓨터 시장에서 축출하였다. 코너와 퀀텀의 합산 매출액은 1994년 회계연도 기준으로 50억 달러를 넘어서게 되었다.

시게이트는 혁신적 기술 출현에 대해 때늦게 대응하는 전형적인 사례이다. 시게이트는 3.5인치 드라이브가 자사의 재무적 요건을 만족할 만한 시점, 즉 기존 고객들이 새로운 기술을 요구하게 되는 시점에서야 비로소 이 시장에 뛰어들었던 것이다. 시게이트는 1990년에 컨트롤 데이터 Control Data Corporation라는 디스크 드라이브 사업 부문을 인수하면서 기존의 기득권을 간신히 유지할 수 있게 되었다. 컨트롤 데이터의 기술적 강점과 시게이트의 대량 생산 경험을 통해 시게이트는 고성능 컴퓨터의 대용량 디스크 드라이브를 공급하는 주요 납품업체가 되었다. 그럼에도 불구하고 시게이트는 개인용 컴퓨터 시장에서 스스로 사라져가는 존재가 되었다.

혁신 기술을 인지하고 배양하는 방법

혁신 기술을 갖고도 규모 있는 성공의 약점을 극복한 기업들이 거의 없었다는 것은 그리 놀랄 만한 사실이 아니다. 그러나 이러한 약점을 극복하는 길은 있다. 혁신 기술을 인지하고 배양하는 방법이 존재하는 것이다.

기술이 혁신적인지 또는 지속적인지를 결정하라

첫 번째 단계는 여러 가지 기술 중에 어떤 것이 혁신적인지, 그리고 그 가운데 어떤 것이 진정으로 위협적인지를 결정하는 것이다. 대부분 기업들은 현재 고객들을 보호하고 서비스를 제공하는 것이 중요하기 때문에 지속적 기술의 잠재적 발전을 추적하고 인지하는 프로세스가 잘 발달되어 있다. 그러나 혁신 기술을 발견하고 추적하는 체계적 시스템은 거의 없는 편이다.

혁신 기술을 인지하는 접근 방법 중에 하나는 새로운 제품이나 기술 개발에 대한 내부적 의견 불일치를 점검하는 일이다. 즉, 조직 구성원 중 누가 새로운 프로젝트에 찬성하고 반대하였는가를 조사하는 것이다. 마케팅과 재무담당 경영진은 그들의 경영책임과 재무적 성과배분 때문에 혁신 기술을 대체로 찬성하지 않는다. 반면에 훌륭한 업적을 가지고 있는 기술자들은 주요 고객과 마케팅, 재무 경영진의 의사에 반하더라도 새로운 기술을 바탕으로 하는 새로운 시장에 참여할 것을 주장할 것이다. 이 두 그룹 간의 의견 불일치는 혁신 기술 출현의 신호로 간주될 수 있으며 최고경영자가 조사해야 할 사항이 된다.

혁신 기술의 전략적 중요성을 규정하라

그 다음 단계는 혁신 기술의 전략적 중요성에 대한 적절한 질문을 적합한 사람들에게 물어보는 것이다. 종종 경영자들은 잘못된 질문을 하거나 또는 적절한 질문을 잘못 선정된 사람들에게 던짐으로써 전략적 검토를 일찌감치 끝내버리는 경향이 있다. 예를 들어, 기존의 기업들은 주요 고객들에게 새로운 사안을 타진하는 정례적 절차를 가지고 있다. 일반적으로 고객들은 경쟁자들을 앞서기 위해 제품의 품질 향상을 요구하는 사람들이다. 따라서 이 고객들은 대부분 공급업체에 가장 좋은 성능을 요구할 가능성이 크다. 이 같은 이유로 기존 기술의 잠재성을 평가하는 데는 선도적 고객들이 가장 정확하다. 그러나 선도적 고객들은 혁신 기술

표 7-2 혁신 기술을 평가하는 방법

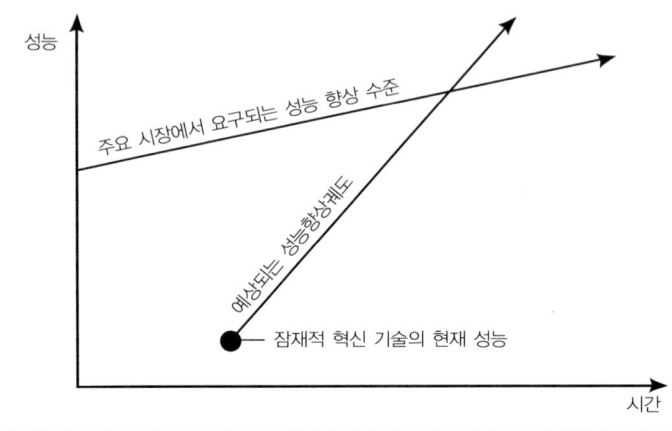

의 잠재성 평가는 부정확하게 하는 편이다. 이들은 혁신 기술의 잠재성에 대해 질문하기에 적합한 대상은 아닌 것이다.

〈표 7-2〉에서 보는 바와 같이 수직선상에 성능을, 수평선상에 시간을 축으로 놓는 단순한 도표는 경영자들이 적절한 질문과 적합한 질문 대상자들을 선정하는 데에 도움이 될 것이다. 우선 기존 기술의 성능 수준과 고객들이 과거에 좋아하였고 또 미래에 선호할 것으로 예상되는 성능향상궤도를 나타내는 선을 그린다. 그 다음 신기술의 최초 성능 수준에 맞는 위치를 추정한다. 만약 기술이 혁신적이라면 이때 생기는 점은 현행 고객이 요구하는 것보다 훨씬 아래쪽에 위치할 것이다.(표 7-2 참조)

기존 시장이 요구하는 성능 향상선의 기울기와 비교해서 혁신 기술의 성능 향상선의 기울기는 어떤 양상을 하고 있을까? 만약 현명한 기술자가 혁신 기술이 현재 시장에서 요구하는 성능 향상 요구보다 빠르게 발전한다고 믿는다면, 비록 지금 당장 고객의 요구를 충족시키지 못한다 하더라도, 이 기술은 머지않은 미래에 시장에 큰 영향을 끼칠 수 있다. 따라서 새로운 기술은 전략적으로 중요한 것이 될 수 있다.

그러나 대부분 경영자들은 이 방법을 사용하기보다는 잘못된 질문을 한다. 그들은 새로운 기술의 성능 향상 예상 속도를 시장에서 요구하는 기술 수준이 아니라 기존 기술과 비교해본다. 만약에 새로운 기술의 성능 향상 예상 속도가 기존 기술의 성능 향상 속도를 능가할 가능성이 있다면 경영자들은 이 신기술을 서둘러 개발하려고 할 것이다.

아주 간단해 보인다. 그러나 이러한 비교 방식은 지속적 기술에 대해서는 타당성이 있지만, 잠재성이 큰 혁신 기술을 평가할 때는 중요한 전략적 문제를 간과할 가능성이 크다. 필자가 연구한 대부분의 혁신 기술은 지속적 기술의 성능을 능가하지 못한 것들이 많았다. 중요한 것은 혁신 기술의 성능향상궤도를 시장에서 요구하는 성능향상궤도와 비교해야 한다는 점이다.

예를 들어 메인프레임 컴퓨터 시장이 침체하게 된 이유는 개인용 컴퓨터가 메인프레임의 성능을 능가해서가 아니다. 파일 서버(file server)에 의해 네트워크로 연결된 개인용 컴퓨터가 많은 조직의 자료 처리와 자료 저장의 요구를 잘 충족시킬 수 있었기 때문이다. 메인프레임 컴퓨터 제조업체들이 시장에서 위기에 빠지게 된 것은 개인용 컴퓨터의 기술이 메인프레임 기술의 성능보다 뛰어났기 때문이 아니라 개인용 컴퓨터의 성능이 기존 시장에서 요구되는 것과 일치했기 때문이다.

다시 한 번 표를 살펴보자. 만약 기술자들이 새로운 기술의 성능 향상이 현재 시장의 요구와 같은 속도로 병행하여 발전된다고 믿는다면, 아마도 혁신 기술은 기존 시장에 침투하기가 힘들 것이다. 컴퓨터당 하드디스크 용량이 1년에 30퍼센트 이상 증가했던 개인용 컴퓨터 시장에 초점을 맞춘 시게이트를 상기해보자. 3.5인치 드라이브 용량이 좀 더 빠른 속도로 증가했기에 3.5인치 드라이브 선도 업체들이 시게이트를 축출할 수 있었던 것이다. 그러나 5.25인치 드라이브의 또 다른 업체였던 맥스터Maxtor와 마이크로폴리스Micropolis는 하드디스크 용량에 대한 수요가 아직 포화 상태에 이르지 않은 엔지니어링 워크스테이션engineering-workstation에 초점을 맞추었다.

이 시장에서 요구되는 성능향상궤도는 3.5인치 드라이브 구조architecture하에서 기술자들이 제공할 수 있는 기술의 성능향상궤도와 평행을 이루고 있었다. 결과적으로 이 두 기업에서는 3.5인치 드라이브 시장의 전략적 중요성이 시게이트만큼 크지 않았던 것이다.

혁신 기술에 대한 초기 시장을 선정하라

경영자가 신기술이 혁신적이고 전략적으로 중요하다고 결정했다면, 그 다음 단계는 신기술에 대한 초기 시장을 선점하는 것이다. 경영자들이 전통적으로 의존하고 있는 시장조사는 별다른 도움이 되지 않는다. 혁신 기술에 대한 전략을 수행할 시점에 일정한 가시적 시장이 존재하지 않기 때문이다.

폴라로이드의 에드윈 랜드Edwin Land가 시장조사팀에게 신제품의 잠재적 매출 가능성에 대해 평가하라는 임무를 부여했을 때, 시장조사팀은 제품수명 주기 동안 단지 10만 개의 카메라만 판매될 것이라는 예측을 내놓았다. 그들이 인터뷰한 사람들 대부분이 인스턴트 사진의 유용성에 대해 대수롭지 않게 생각했던 것이다.

혁신 기술들이 새로운 시장에서 세분시장 출현에 대한 신호를 자주 보내고 있기 때문에 경영자들은 그 시장에 대한 정보를 창출해야 한다. 즉,

소비자가 누구인지, 소비자들에게 중요한 제품 성능 부분은 어떤 것이 있는지, 가격은 어떤 수준이 적정한지에 대한 정보 등이다. 경영자들은 제품과 시장에 대한 이러한 정보들을 싸고 빠르고 반복적인 실험을 통해 얻을 수 있다.

하지만 기존 기업들이 이와 같은 실험을 수행하기는 쉽지 않다. 수익성과 경쟁력을 중요시하는 자원배분 프로세스는 매출이 상대적으로 적을 것 같은 시장에 자원을 직접적으로 배분시킬 수 없기 때문이다. 그렇다면 어떻게 기존의 기업이 혁신 기술에 대한 시장을 조사할 수 있는가? 회사가 기금을 대주는 연구기관이나, 회사와 아무런 연관이 없는 조직이 실험을 실시하도록 해야 한다. 반면에 소규모의 성공을 열망하는 조직들은 시장의 침투에 대한 피드백에 재빨리 반응하며 시장의 전략과 제품의 변환에 빠르게 대응하고 집중적 투자를 효과적으로 수행할 수 있다.

애플컴퓨터의 사업 초기를 생각해보자. 애플의 초기 제품인 애플 I 이 1977년에 출시되었을 때는 그저 그런 제품이었다. 그 당시 애플은 초기 제품에 회사의 모든 자원을 투입하지 않았고 적어도 초기 사용자들에게 일부 기능적 혜택만 부여하였다. 애플은 애플 I 에서 신기술의 교훈에 대해서, 그리고 소비자들이 원하는 것과 원하지 않는 것들에 관해 알게 되었다. 또한 일련의 소비자 그룹도 개인용 컴퓨터에서 원했던 것과 원하지 않았던 것을 배우게 되었다. 이러한 정보의 축적에 따라 애플은 애플 II를 성공적으로 출시할 수 있었다.

또한 많은 기업들은 애플의 행동을 유심히 관찰함으로써 값진 교훈을 얻을 수 있었다. 사실 몇몇 기업들은 기술적으로 앞선 소규모의 기업들이 새로운 시장을 개척하도록 방관하는 후선적(後先的) 전략(second to invent)을 추구하고 있었다. 예를 들어 IBM은 초기에 애플, 코모도Commodore, 탠

디Tandy와 같은 기업들이 개인용 컴퓨터 시장의 일부를 형성하도록 방관하였다. 그 이후 IBM은 이 시장에 적극적으로 뛰어들어 개인용 컴퓨터 사업의 상당 부분을 장악하였다.

그러나 IBM과 같이 새로운 시장에 뒤늦게 참여하여 성공한 전략은 예외적인 경우에 해당된다. 대부분의 성공한 기업은 작은 시장 개척자의 성과를 그들 자신의 실적 평가에 사용되는 재무기준으로 측정하려고 한다. 기업은 자사의 자원을 엄격히 잘 사용하고 있다는 것을 확신하는 시도 차원에서, 진입해야 할 시장의 초기 규모를 상대적으로 높게 설정하는 경향이 있다. 이러한 접근 방법 때문에 경쟁 기업들이 이미 장악하고 있는 시장에 뒤늦게 참여하게 되는 것이다.

예를 들어 3.5인치 드라이브가 출시되었을 때 시게이트는 자사의 대표적 제품이며 1년에 3억 달러 이상의 매출을 올릴 수 있는 5.25인치 모델 ST412를 대체할 제품이 필요했다. 하지만 3.5인치 드라이브 제품은 그 정도의 규모가 되지 못했다. 2년 동안 언론에서는 시게이트가 언제 3.5인치 드라이브를 출시할 것인가를 꾸준히 물었지만 그때마다 시게이트의 경영진에서는 3.5인치 드라이브 시장이 아직 형성되지 않았다고 답변하였다. 그러나 사실 3.5인치 드라이브 시장은 이미 존재하고 있었으며 빠르게 성장하고 있었다. 시게이트가 이 시장에서 얻었던 신호는 3.5인치 드라이브를 원하지 않았던 소비자들에 의해 오도되었던 것이다.

시게이트가 마침내 1987년에 3.5인치 드라이브 시장에 출시하였을 때는 이미 7억 5천만 달러 이상의 3.5인치 드라이브가 팔린 상태였다. 드라이브 산업에서는 이 시장 규모에 대한 정보가 널리 퍼져 있었다. 그러나 이것만으로 시게이트 경영진의 마음을 쉽사리 돌리기에는 역부족이었다. 시게이트 경영진들은 기존 고객의 관점과 당시의 재무구조만으로 새로운 시장을 보려 했던 것이다.

디스크 드라이브 제조업체인 선도 기업들이 1.8인치 드라이브를 인지하는 자세 또한 과거와 흡사하다. 드라이브 산업의 선도 기업들은 좀 더 작은 드라이브 모델들을 개발하고 있으며, 속속 시장에 출시하고 있다. 새로운 드라이브 용량은 현재 노트북 컴퓨터에 장착시키기에는 너무 모자라며, 또한 초기 시장이 어느 정도 규모인지 아무도 모른다. 다만 이것들은 팩스, 프린터, 자동차 항법 장치의 계기판(dashboard)에 쓰이고 있다.

어떤 선도 기업 경영자는 새로운 드라이브의 초기 시장이 아직 형성되지 않았다고 불만을 터뜨렸다. 즉, 1.8인치 드라이브 제품은 만들어놓은 상태이고 수요가 어느 정도 있을 것이라고 예상은 하고 있지만 아무도 주문을 하지 않는 상태라는 것이다. 그러나 이 경영자는 이 회사의 판매 팀이 기존 제품을 많이 판매하는 대신에 1.8인치 드라이브를 판매했을 때에 인센티브가 전혀 없다는 사실을 간과하고 있었다. 1.8인치 드라이브를 출시해 놓고 아무런 행동을 취하지 않은 이 기업에 비해 다른 신생 업체들은 초기에 1.8인치 드라이브를 5천만 달러어치 팔았다. 이들은 1995년 1.8인치 드라이브 시장의 매출 규모가 1억5천만 달러에 달할 것으로 예상하고 있다.

기존 기업의 경영자들은 소규모 선도적인 기업들이 새로운 시장을 선점하는 것을 방지하기 위해 기술자, 학자, 벤처 캐피털 담당자, 통상적 정보 소스를 가지지 않은 사람들 등과의 월례 회의를 통해 선도 기업들의 정보를 개인적으로 주시할 필요가 있다. 기존의 전통적 채널은 선도적 기업들이 정보를 얻는 데에 적당하지 않기 때문에 경영자들은 이에 의존하면 안 된다.

혁신 기술과 관련된 독립 조직을 구성하여 권한을 부여하라

일상적 업무에 쫓기는 회사의 주요 조직과 독립된 별개의 소규모 팀(skunk-works)을 조직하는 전략은 이미 잘 알려진 것이지만 제대로 이해되고 있지는 않다. 예를 들어 기존 기술과 새롭게 다르다는 이유만으로 일부 기술자들을 독립적으로 조직화하는 것은 소규모 팀 접근 방법을 완전히 잘못 적용하는 것이다. 혁신 기술이 기존 제품보다 재무적으로 더 이득이 되는 특이한 경우라도 별도의 팀을 운용할 필요는 없다. 인텔이 디램D-RAM 사업에서 마이크로프로세서microprocessor 사업으로 이행했던 교훈을 고려해보자. 인텔의 초기 마이크로프로세서 사업은 디램 사업보다 높은 수익을 가져다주었다. 다시 말하자면 인텔의 평범한 자원배분 프로세스는 자연적으로 자원이 필요로 하는 새로운 사업에 제공·배분되었던 것이다.[1]

새로운 별도의 조직을 만드는 것은 혁신적 기술이 주요 사업에 비해 낮은 수익성을 제공하고 새로운 소비자 그룹의 요구에 부응할 독특한 무엇을 제공할 수 있을 때에만 조직될 필요가 있다. 예를 들어 컨트롤 데이터는 5.25인치 드라이브를 상용화하는 별도의 조직을 성공적으로 발족시켰다. 1980년까지 컨트롤 데이터는 메인프레임 컴퓨터에 사용된 14인치 드라이브를 만들었던 전문성 덕택에 디스크 드라이브 납품업체로서의 독자적인 지위를 누렸다. 8인치 드라이브가 출현하였을 때 컨트롤 데이터는 뒤늦게 개발 노력에 힘을 쏟았다. 하지만 이 회사의 기술자들은 14인치 드라이브의 주요 고객들을 위해 또한 전략적 우선순위의 고수익성을 위해 14인치 드라이브의 프로젝트에만 골몰하였고, 8인치 드라이브 프로젝트에 전력을 투입하지 않았다. 이에 따라 컨트롤 데이터는 8인치 드라이브를 3년 늦게 출시하였으며 5퍼센트의 시장 점유율을 더 이상 확대하지 못했다.

  5.25인치 드라이브 제품 모델이 일반화 되었을 때 컨트롤 데이터는 새로운 시장기회에 대해 좀 더 전략적으로 대응하기로 결정하였다. 이 회사는 주요 고객과 멀리 떨어진 별도의 조직을 구성하여 5.25인치 제품을 개발하고 상용화하는 임무를 맡겼다. 이 팀은 기술자와 마케팅 담당자로 이루어졌고 오클라호마Oklahoma 주의 오클라호마 시에 위치하고 있었다.

  이 회사의 한 임원은 "우리는 5만 달러의 주문에도 모든 구성원들이 열광할 만한 환경을 조성할 필요가 있었다. 미니아폴리스Minneapolis에 위치한 본사에서라면 100만 달러 정도의 주문이어야만 주목을 끌 수 있었을 것이다."라고 회고하였다. 컨트롤 데이터는 메인프레임 컴퓨터의 디스크 드라이브 시장에서 예전과 같은 70퍼센트의 점유율까지 끌어올리지 못했지만, 오클라호마 시 소재의 프로젝트 덕분에 5.25인치 드라이브 시장에서 20퍼센트의 수익률을 올리는 성과를 얻었다.

  만약 애플이 휴대용 디지털 단말기(PDA)인 뉴턴Newton의 개발을 위해 위와 같은 유사한 팀을 조직했다면 그저 그런 제품을 훨씬 성공적인 제품으로 바꿀 수 있었을 것이다. 애플은 PDA라는 신제품 출시를 기존 시장의 제품과 같은 방법으로 운용하는 실수를 저질렀다. 애플의 경영자는 PDA 프로젝트가 회사 성장에 중요한 기여를 할 것이라고 가정하였다. 이에 따라 그들은 별도로 소비자의 욕구를 조사하였으며 뉴턴의 출시에 막대한 자원을 집중하였다. 만약 애플이 기술과 재무적 투입을 좀 더 자제하고 애플 I 을 출시하였을 때와 동일한 규모의 조직을 운용하였다면 그 결과는 아마도 달라졌을 것이다. 뉴턴은 소비자들이 진정으로 원하는 바에 부응하면서 점차 그 성장 범위를 넓혀가는 제품이 되었을 것이다. 사실 시제품이 출시된 후 애플 I 보다 뉴턴이 훨씬 많이 팔렸다.

혁신 조직의 독립성을 유지하라

기존 기업들은 새로운 시장을 지배하기 위해 컨트롤 데이터가 오클라호마 시에서 행한 것처럼 소규모 팀을 조직해야 한다. 그러나 새로운 시장이 커지고 기존의 시장과 같이 된다면 어떻게 할 것인가? 대부분의 경영자들은 분사화(spin-off)된 조직이 새로운 시장에서 생존 가능하다면 본사의 주요 조직으로 통합해야 한다고 생각할 것이다. 경영자들은 엔지니어링, 제조, 판매, 유통 활동과 관계된 고정비들을 소비자와 제품 사이에 광범위하게 분산시킬 수 있을 것으로 생각하기 때문이다.

이러한 접근법은 지속적 기술에는 적합할지 모르지만 혁신 기술에서 분사화된 조직을 본사의 주요 조직과 통합하는 것은 불행을 자초하는 길이다. 만약에 독립적 조직과 주요 조직이 지원을 공유하기 위해 통합된다면 기존 제품을 경영하기 위한 활동으로 어떤 조직이 언제, 어떤 종류의 자원을 가져야 하는가에 대한 쓸데없는 논쟁이 발생할 것이다. 디스크 드라이브 산업의 역사를 살펴보면 모든 기업들은 하나의 조직 내에 혁신 사업과 주요 사업을 동시에 경영하려고 노력함에 따라 실패로 돌아가게 된 것을 알 수 있다.

어떤 산업이든 간에 한 기업은 한정적인 수명 주기를 가진 사업 단위로 구성된다. 모든 사업의 기술적·시장적 기반은 결국에는 사라지게 마련이다. 혁신 기술은 이러한 주기의 한 부분인 것이다. 이러한 프로세스를 이해하는 기업들만이 종국적으로 소멸되는 사업을 대체하는 새로운 사업을 창출할 수 있는 것이다. 이렇게 함으로써 기업들은 경영자에게 비록 주요 사업을 궁극적으로 위축시킬 가능성이 높더라도 혁신 기술이 기술적 잠재가능성을 실현하도록 하는 힘을 부여하는 것이다. 기업이 생존하기 위해서는 주요 사업 단위가 소멸하는 것을 지켜봐야 할 때도 있다.

만약 기업이 스스로 이 사업 단위를 소멸시키지 않는다면 다른 경쟁자가 그 사업 단위를 소멸시킬 것이다.

혁신적 변화를 배양하는 가장 중요한 요소는 단지 좀 더 많은 위험을 받아들이거나 장기적인 투자를 행하고 관료주의를 제거하는 것만은 아니다. 중요한 혁신 기술을 전략적으로 수행하는 길은 적은 매출주문이라도 활력을 창조하도록 하고, 적은 비용만으로도 아직 견고히 정의되지 않은 시장에 침투시킬 수 있도록 해야 한다. 또한 적은 공통비용만으로도 새로운 시장에서 이익을 창출할 수 있도록 만드는 것이다.

기존 기업의 경영자들은 혁신 기술을 더욱 성공적으로 만들 수 있다. 그러나 주요 사업의 재무구조 테두리 안에서 현재의 주요 고객들이 거부할 만한 혁신 기술을 개발하고 출시한다면 실패로 돌아갈 가능성이 크다. 왜냐하면 경영자들이 잘못된 의사결정을 행해서가 아니라 거의 역사적인 유물이 될 수 있는 환경에서 올바른 결정을 하였기 때문이다.

8

시장변화 주도전략: 타임 페이싱

캐슬린 아이젠하르트
Kathleen M. Eisenhardt
쇼나 브라운
Shona L. Brown

시장 변화 요인들, 즉 경쟁 규칙, 기술적 표준, 제품 사양, 고객 니즈 등이 변화함에 따라 기업은 새로운 환경에 맞게 변해야 한다. '이벤트 페이싱event pacing'은 변화가 적은 안정된 시장에서는 효과적이다. 그러나 변화의 폭이 크고 미래의 변화 추세가 불확실한 산업에서 성공한 기업들은 그와 다른 전략을 구사한다. 필자는 그 전략을 '타임 페이싱time pacing'으로 지칭한다.

타임 페이싱은 변환 시간 속도를 조정하는 것을 말한다. 시장의 변화를 정기적인 간격으로 조정함으로써 시장 변화에 주도적으로 대응하는 전략인 것이다. 즉, 기업이 시장에서 새로운 변화를 수동적으로 기다리기보다는 오히려 새로운 변화를 계획에 맞추어 정기적으로 일으킴으로써 변화를 능동적으로 주도해 나가는 전략이라고 할 수 있다. 타임 페이싱을 추진하는 기업에게 시장 변화는 더 이상 예측 불가능한 것이 아니며, 기업의 계획과 관리하에 통제되는 경쟁수단일 뿐이다. 예를 들면, 3M은 매년 신규 제품의 판매량이 그해 전체 매출의 30퍼센트를 차지하도록 규정짓고 있다.

타임 페이싱 전략은 크게 2가지 효과를 가진다. 첫째, 시장 변화를 주기적으로 선도함으로써 경쟁사에 혼란을 일으켜서 경쟁우위를 강화할 수 있다. 둘째, 타임 페이싱은 새로운 변화 목표를 주기적으로 제시함으로써, 조직과 임직원이 변화에 대한 긴장감과 추진력을 지속적으로 유지할 수 있게 한다.

필자들은 뱅크원, 델컴퓨터, 질레트, 인텔 등과 같은 유수 기업들의 사례를 통해 타임 페이싱 전략의 2가지 요소를 잘 설명하고 있다. 첫째는 변화관리로서, 한 신제품 개발 프로젝트에서 다음 프로젝트의 이동할 때와 같은 변환을 관리하는 것이다. 둘째는 변환을 위한 적절한 리듬을 설정하는 것이다. 타임 페이싱의 주기에 따라 이를 추진하는 기업들은 모멘텀을 구축하게 되며, 이러한 변화를 효과적으로 관리함으로써 리듬을 깨지 않고 모멘텀을 지속할 수 있다.

시장변화 주도전략: 타임 페이싱

인텔의 타임 페이싱 전략

1965년 인텔의 공동창업자인 고든 무어Gordon Moore는 마이크로프로세서 컴퓨터 칩의 용량이 18개월마다 두 배씩 증가할 것이라고 예측했다. 소위 무어의 법칙(Moore's Law)으로 알려진 이 법칙은 물리학의 한 법칙처럼 들리지만 사실은 그렇지 않다. 그것은 실제로 인텔의 엔지니어와 관리자들이 내부적으로 진지하게 추진해온 사업목표였다. 그동안 인텔은 컴퓨터 산업에서 연속적인 신제품 출시를 매우 빠른 속도로 수행해왔다. 이를 통해 지난 1987년부터 1997년까지 10년 넘게 인텔은 투자자들에게 연평균 44퍼센트라는 놀라운 수익률을 제공하였다. 더욱 놀라운 것은 최근 인텔의 연간 수익이 상대 10위 PC 회사들의 수익을 모두 합친 것과 같다는 사실이다.

비록 극소수의 기업만이 인텔과 같은 시장우위를 점하고 있지만, 경영자들은 이 세계적인 컴퓨터 칩 제조회사로부터 중요한 교훈을 배울 수 있다. 즉, 인텔은 타임 페이싱(time pacing) 전략을 추진한 기업들 중 가장 확실하게 실천한 기업이다. 이 전략은 예측 가능한 기간 주기로 변화 시기를 조정함으로써, 급변하면서도 예측하기 어려운 시장에서 경쟁력을 유지하기 위한 것이다. 인텔은 신제품 출시를 통해 무어의 법칙을 실행했을 뿐만 아니라 다른 핵심영역에서도 타임 페이싱 전략을 운용하고 있다. 예컨대, 약 9개월마다 인텔은 그의 제조공정에 새로운 조립시설을 추가하고 있다. 최고경영자인 앤디 그로브Andy Grove는 "공장에서 새로이 제조될 제품이 개발되기 전에, 산업이 성장할 것이라는 것을 알기도 전에, 공장이 필요하다고 느끼기 2년 전에 우리는 새로운 공장을 미리 짓는다"고 했다. 이와 같은 예측 가능한 방법으로 공장의 생산능력을 확장함으로써, 인텔은 경쟁자의 사업 진입을 사전에 저지할 수 있었다. 또한 경쟁자가 시장의 수요를 인텔이 만족시킬 수 없을 때 자칫 생길 수 있는 발판을 마련하는 것조차 미리 차단하였다.

소규모와 대규모 기업, 하이테크와 로테크low tech 기업 모두 비슷하게 타임 페이싱을 통해 급변하는 시장에서 이익을 실현할 수 있다. 예를 들어, 시스코 시스템즈Cisco Systems, 에머슨 전자Emerson Electric, 질레트, 넷스케이프, 샙SAP, 소니, 스타벅스, 3M 등의 기업들은 모두 같거나 유사한 형태로 타임 페이싱 전략을 수행하고 있다. 급변하는 변화가 일어나는 산업에서, 경영자는 타임 페이싱을 통해 변화를 예측하고 인텔처럼 변화에 대한 속도를 규정할 수 있다. 또한 변화 속도가 다소 느린 시장에서도 타임 페이싱 전략을 통해서 너무 오래 기다리고, 아주 천천히 움직이고, 모멘텀을 상실하는 경영자들의 경향을 반전시킬 수 있다.

타임 페이싱을 충분히 이해할 수 있게 된 것은 변화 속도가 빠르고 경쟁이 치열한 산업에서 성공 동인(the drivers of success)에 대하여 약 10년에 걸쳐 연구를 수행한 결과이다. 그 연구를 통해 우리는 컴퓨터 산업의 상이하게 세분된 시장 내에서 12개의 성공적인 회사를 살펴볼 수 있었다. 컴퓨터 산업은 이러한 새로운 경쟁적 실체의 전형적인 모습을 제공한다.

우리는 목표로 한 사례 연구와 임원들과의 컨설팅 작업을 통해 여타 산업에서도 이러한 아이디어가 적용 가능한지를 조사했다. 이를 통해 발견된 사실은, 관리자들이 변화하는 사업환경을 극복하려고 노력할 때마다 타임 페이싱이 성공하는 데 결정적으로 기여했으며, 관리자들이 얼마나 자주 변화해야 하는가에 대한 기본적인 딜레마를 해결하는 데에도 크게 이바지했다는 것이다.

타임 페이싱 vs 이벤트 페이싱

대부분의 관리자들에게, 이벤트 페이싱(event pacing)은 익숙하고 자연스러운 전개 과정을 보여준다. 경쟁에 의한 이동, 기술의 변화, 빈약한 재무 성과, 또한 새로운 고객수요와 같은 사건들에 대한 대처를 통해 기업은 변하게 된다. 즉, 이벤트 페이싱은 유망한 기술이 접목된 신제품 출현, 경쟁사의 움직임에 대한 대응으로써 신시장 진입, 또는 매력적인 인수합병 대상의 등장으로 인한 기업의 인수 등과 관련된다. 따라서 이벤트 페이싱의 관리자들은 계획을 준수하면서, 단지 성과가 악화되었을 때만 계획에서 벗어나면 된다. 즉, 시장이 안정적인 경우 이벤트 페이싱은 기회를 포착하여 변화에 효과적으로 대처할 수 있는 방법이다. 그러나 정의에 따르면, 이벤트 페이싱은 변화에 대응적이면서도 종종 궤도를 이탈하는 전략이라고 할 수 있다.

반면에, 타임 페이싱은 연중 일정표에 따라 새로운 제품·서비스를 창

출하거나, 새로운 사업에 착수하는 것, 또는 새로운 시장에 진입하는 것을 말한다.[1]

타임 페이싱을 실천하는 기업이 매우 빠르게 움직인다 할지라도, 타임 페이싱과 속도를 혼동하지는 말아야 한다. 타임 페이싱은 정기적 · 주기적 · 능동적인 특징을 갖고 있다. 예컨대, 3M은 수익의 30퍼센트가 매년 신제품에서 창출되어야 한다고 규정하고 있으며, 넷스케이프는 6개월마다 신제품을 출시하고, 브리티시 항공은 5년마다 비행기 내부를 새롭게 꾸민다. 타임 페이싱이란, 관리자가 노력의 속도와 강도를 일치시키기 위해 정기적인 최종기한(데드라인)을 설정하면서 사업을 운영하는 것이다. 음악에서 박자를 맞추기 위해서 사용되는 메트로놈처럼 타임 페이싱은 회사 내의 변화에 대해 예측 가능한 리듬을 창출하도록 기여한다.

우리가 연구한 기업들에서 타임 페이싱은 강력한 심리적 영향을 주었다. 타임 페이싱은 최종기한을 맞추도록 지속적인 긴박감을 조성하면서 개인과 팀의 에너지를 공동의 목표에 집중시킨다. 한 경영자는 "그것은 마치 단거리 전력 질주의 속도로 마라톤 경기를 하는 것과 같다."고 비유했다. 템포는 매우 빠르지만 예측 가능하기 때문에 사람들에게 무질서한 시장을 조절한다는 느낌을 준다. 사람들은 당면 과제에 집중하기 때문에 효율적이 되고, 아울러 자신감을 갖게 됨으로써 성과를 향상시킨다.

타임 페이싱은 긴박감을 조성하는 역할 외에도, 변화하는 시장에서 성공하기 위해 필수적인 2가지 중요한 행동을 제공함으로써 경영자를 훈련시킨다. 첫 번째는 한 가지 활동에서 다음 활동으로의 변화 또는 전환을 관리하는 것이다. 두 번째는 기업의 변화 리듬이나 페이스를 관리하는 것이다. 타임 페이싱의 리듬으로 사업이 추진되는 회사의 모멘텀을 구축하게 되며, 이러한 변화를 효과적으로 관리함으로써 기업들은 리듬을 깨지 않고 획득한 모멘텀을 지속할 수 있다.

타임 페이싱에 의한 변화관리

변화는 그 자체에 복잡성을 내포하고 있으며, 변화하는 시장 내의 회사들에 약한 고리를 형성시켜준다. 평범한 변화의 예로는 제품 개발 프로젝트, 광고 캠페인, 또는 제품의 계절적 수요에서 다음 단계로의 이동을 들 수 있다. 또한 시장의 진입 및 철수, 새로운 기업의 인수, 새로운 전략적 제휴의 시작, 또는 대량생산의 경우도 변화라고 할 수 있다.

변화에는 일반적으로 많은 사람들이 서로 관련되어 있지만, 그들 중 대부분은 함께 작업하는 데 익숙하지 않다. 왜냐하면 변화란 일상적으로 발생하는 것이 아니어서 경쟁자들이 경험을 통해 배울 수 있는 기회가 적기 때문이다. 따라서 커뮤니케이션은 쉽게 결렬되고, 그 활동은 실책으로 인해 자주 지연되면서 값비싼 대가를 치르게 된다. 요약하면, 머피의 법칙은 확실히 변화에 적용된다.(이 장 마지막에 있는 '신제품 개발을 위한 해결책' 참조)

큰 변화는 기업이 비틀거리는 시기에 일어나기 때문에, 경영자들이 그러한 큰 변화에 보다 많은 관심을 기울일 것으로 생각하기 쉽다. 그러나 놀라운 것은 실상은 그렇지 못하다는 것이다. 비록 그들은 제품 개발 과정을 관리하지만, 한 프로젝트에서 다른 프로젝트로의 전환을 관리하지는 않는다. 그들은 기업 인수를 분석하는 데 몇 개월씩 소비하지만, 인수 후 통합을 계획하는 데는 시간을 덜 할애한다. 어떤 경영자는 그럭저럭

그가 한 활동이 다른 활동으로 접목되기를 희망하면서 무턱대고 변화를 무시한다.

변화가 제대로 이루어지지 않는 경우, 기업은 현재의 위치를 상실하고 비틀거리며 뒤처지게 된다. 미국의 비디오 대여점 체인망을 가진 블록버스터 비디오Blockbuster Video는 변화관리 운용의 실패 사례로 지적된다. 블록버스터는 비용을 절감하기 위해 비디오 유통 부문을 자사가 직접 운영하기로 결정했다. 그러나 그 회사는 새로운 시스템이 가동되기도 전에 외부에 있던 유통 업무를 내부로 전환하는 실수를 저질렀다. 즉, 그들은 텍사스 주에 있던 자동화 설비로 유통 업무를 보기 시작했는데, 그 시기가 다소 빨랐던 것이다. 그 후로 회사는 원활한 제품 유통을 위해 많은 노력을 경주해야만 했다. 그러한 유통 부문의 혼란 때문에 회사 창고에서 지역 상점까지 최신 비디오 배급이 반복적으로 지연됨으로써 회사 매출이 커다란 타격을 받았다. 그 결과 1997년에는 현금흐름이 전년 대비 70퍼센트 수준으로 수직 하락하였다.

이와는 대조적으로, 타임 페이싱에 의해 운영되는 회사는 중요한 변화를 적절히 편성하여 그 변화를 실행하는 데 소요되는 시간을 줄이는 방법을 배워 나간다. 예컨대, 질레트는 매년 20여 개의 신제품의 변화를 원만하게 실행하고 있다. 질레트는 제약회사처럼, 제품의 개발·출시·판매를 모두 동시에 하는 안정된 제품흐름 관리로 유명하다. 질레트는 균형 잡힌 제품 파이프라인을 규율화된 변화 과정을 통해서 관리하고 있다. 차후에 연속해서 나올 제품의 모형이 확실해지고 나서야 비로소 시제품을 대량생산하기 시작한다. 예컨대, 크게 성공한 센서면도기(Sensor Razor)는 후속 제품인 엑셀Excel이 개발되고 나서야 비로소 출시되었다.

마찬가지로, 엑셀의 경우, 후속 제품과 10개 이상의 대안 제품이 개발되고 난 다음에야 출시되었다. 최고경영자인 알 자이엔AI Zeien은 질레트의 전략을 '단지 경쟁자에 대해 대응하는 차원이 아닌, 한 사업을 관장(orchestrating)하고 지휘하는 것'이라고 묘사했다.

질레트는 변화를 전체적으로 편성하는 것에 그치지 않고 변화를 실행하는 데 걸리는 시간을 단축하기 위해 노력해왔다. 즉, 질레트는 미국 내수시장에 일련의 센서 제품을 출시한 후 여타 모든 시장에 그 제품을 진입시키는 데 4년이 걸렸다. 그 후속 라인인 엑셀의 경우, 질레트는 시장 진입 시간을 3년으로 단축할 수 있었다. 이를 통해 회사는 매출 증대를 촉진할 뿐만 아니라 경쟁사가 질레트 제품을 모방한 신제품을 출시하는 것을 막을 수 있었고, 또한 질레트보다 먼저 다른 시장을 목표로 제품을 출시하는 것도 차단할 수 있었다.

또한 질레트는 새로운 시장으로의 진입을 위한 효과적인 변화 과정을 개발하는 데에 주력해왔다. 새로 진입하는 국가에서는 교두보를 확보하기 위해 질레트는 자사의 최고 인기 제품인 면도날을 이용했다. 이러한 초기 진입 시기의 유통 하부구조 구축은 운영마진이 매우 낮아 실제로는 손해를 보았다. 그러나 머리 손질용 제품, 칫솔과 같은 다른 제품들이 창고에 입하되기 시작하고 소매업자에게 유통됨에 따라, 질레트의 원가는 떨어지고 이익은 증가하게 되었다. 신시장 진입 시에 일어나는 변화는 더욱 세련되게 다듬어져 각 국가의 개발수준에 따라 상이하게 구사되었다. 그 결과 질레트는 신제품에서 전체 매출액의 40퍼센트를 벌어들이는 목표를 지속적으로 성취하였으며, 이는 소비자용 제품 회사로서는 탁월한 성과였다.

변화가 가장 중요한 곳

변화는 항상 중요하지만 급변하는 시장에서는 특히 더 중요하다. 어느 경영자의 말대로 "변화는 자동차가 달리는 동안 그 차의 팬벨트를 바꾸는 것과 같다."고 할 수 있다. 속도가 빠르면 빠를수록 보다 많은 변화가 요구되며, 이에 따라 관리자는 변화관리에 보다 많은 시간을 투입해야 한다. 더욱이 시장이 빠르게 변할수록 한 번 저지른 실수를 만회하는 것이 더욱 어렵기 때문에, 변화 그 자체가 중요하다. 그것은 마치 4명의 선수가 교대로 달리는 400미터 릴레이 경주와 같다. 즉, 트랙의 각 구간이 매우 짧아서 바통을 얼마나 잘 넘겨주는지가 경주의 결과를 결정하게 된다.

한 예로서, 넷스케이프를 살펴보자. 넷스케이프는 마이크로소프트와 IBM 계열의 로터스Lotus보다 빨리 주요 목표를 성취하기 위해 모든 유형의 변화를 단축시켰다. 넷스케이프보다 앞서 그 산업에 진입해 있던 다른 회사들의 전형적인 제품 개발 주기는 12개월이었다. 제품 개발 후에는 베타 사이트에서 시험 가동을 하고 제품을 선적했다.

넷스케이프는 제품 출시에 대한 일련의 과정을 간소화하기 위해 노력하였다. 즉, 그 회사는 우선적으로 제품 개발 간격(당시 기술 부문 담당자였던 마크 안드레센Marc Andressen은 3개월을 원했으나 6개월로 조정되었다)을 단축시켰고, 필요한 변화의 수를 효과적으로 두 배 늘렸으며, 변화를 잘 실행하고자 사전적으로 보다 많은 인력을 투입하였다. 그 후 몇 개의 주요 베타 시험 사이트를 사용하던 관행을 없애버림으로써 변화를 단축시켰다. 즉, 그 회사는 평가용 시제품을 인터넷에 공개한 후 사용자들이 문제점에 대해서 피드백 해주기를 기다렸다. 놀랍게도 넷스케이프는 이를 통해 시제품을 최종 제품으로 재빨리 개선시킬 수 있는 많은 프로그램 해결자(debuggers)를 가지게 되었다. 그 후에 회사는 종종 무료로 인터넷상에 제품을 출시하였다. 이러한 빠르고 순조로운 변화 과정을 통해서 넷스케이프는 브라우저 시장에서 기술적 주도권을 유지할 수 있었다.

지속적으로 변동하는 시장을 상대해야만 하는 회사에 효과적인 변화 관리는 종종 결정적인 역할을 한다. 우리가 연구했던 한 글로벌 컴퓨팅 회사(가칭으로 안드로메다Andromeda라 칭함)는 특히 새로운 시장 진입을 위해 매우 효과적인 과정을 갖고 있었다. 그룹 수준에서 한 임원은 기존 사업과 새로운 기회를 조정하는 책임을 맡고 있었다. 그 임원이 새로운 사업기회를 발견하거나 기존 사업에서 다른 새로운 기회의 가능성을 제기할 때, 변화 과정이 시작된다. 첫 달에 그 임원은 기존 사업부 내에서나 또는 독립적인 벤처로서 3~4개의 대체 가능한 방안을 수립한다.

그 대안들이 회사가 보유한 기술·시장·제조·유통 등의 관점에서 얼마나 그 기회와 부합되는지가 엄밀히 비교된다. 한편 안드로메다의 경영자들 또한 어느 사업부가 성장을 일으키는 새로운 기회를 필요로 하는지 고려한다. 결정은 신속하게 이루어진다. 변화 과정이 시작된 지 단 4개월 이내에 자원은 공식적으로 신규 사업에 배분되며, 최고경영진이 임명된다. 바로 4개월이 되는 시점에서 일은 시작되고, 그 최고경영진은 매출과 이익을 위한 핵심적인 성과목표치를 달성하기까지 약 2년간 유예기간을 갖게 된다.

신규 시장의 진입을 위한 안드로메다의 총괄적인 과정을 비슷한 규모의 회사인 뷰캐니어(Buccaneer, 가칭)에서 관찰했던 것과 비교해보자. 뷰캐니어의 경영자들은 전망이 밝은 멀티미디어 사업기회를 찾아냈으나, 회사 내에는 그 신규 시장에 진입하는 데 필요한 공식적인 절차를 마련하지 못했다. 왜냐하면 각각의 사업기회가 개별 사안으로 취급되었고, 이로 인해 이 기회의 진행 여부와 어떻게 진행할 것인지에 대해서는 각 사안마다 별도의 사고가 요구되었기 때문이다. 경영자들이 그 신규 사업기회에 자원을 할당받는 데까지는 8개월이나 소요되었다. 그 사이에 이미 3개의 경쟁사가 그 시장에 진입하여 뷰캐니어보다 앞서 선점함으로써 프로젝트를 추진해왔던 팀의 사기는 크게 저하되었다.

기업 인수를 통해 급속한 성장을 추구하는 회사들에 '합병 후 통합(postmerger integration)' 과정은 아주 중요한 변화라고 할 수 있다. 초지역적(superregional) 은행 중 시장 리더인 뱅크원Banc One을 예로 들어보자. 여러 해 동안 뱅크원은 매년 약 10회 정도 소규모 은행을 인수하였는데, 그때마다 4~6개의 은행을 합병했다. 변화 과정은 종종 합병이 발표된 당일부터 시작되었다. 과정의 하나로 먼저 모든 종업원들은 뱅크원의 일원이 됨을 환영한다는 내용과 새로운 합병의 의미를 설명하는 비디오테이프를 받았다. 그 후 약 30명의 뱅크원 스태프로 구성된 팀은 여러 일선 은행을 동시에 실사하는 등의 복잡한 과정을 신속하게 처리했다. 예컨대, 마케팅 부문과 소매 부문은 피인수 은행의 상품을 뱅크원의 포트폴리오에 편입하고, 전자은행 부문은 자동현금인출기(ATM)의 거래량을 평가한다. 뱅크원은 또한 새로이 인수된 은행에 최근 비슷한 변환을 겪었던 다른 은행을 일종의 멘토 역할을 위해 연계시켰는데, 이는 피인수 은행에 데이터 변환 후 운영이 어떻게 이루어져야 하는지에 대한 모델을 제시하는 데 목적이 있었다.

180일간에 걸친 변화 과정 후에, 최종 전환은 단 1주일 동안 처리된다. 구 시스템은 금요일에 폐쇄되고, 뱅크원 시스템이 다음 월요일부터 작동된다. 이러한 총괄적 (합병 후 통합) 과정은 뱅크원이 다른 은행들을 신속하게 인수하면서, 가장 크고 성공적인 미국 은행의 대열로 급속히 이동할 수 있는 계기를 만들어주었다.[2]

최상의 변화들

최상의 변화는 단순히 회사를 A에서 B로 옮기는 것 이상의 작업을 필요로 한다. 경영자들은 방향 제시를 배우고 이를 반영하고 바꾸면서, 다른 목표를 성취하기 위해 실제로 이러한 변화를 이용할 수 있다. 신규 시장에 진입할 때 안드로메다는 사업 절차 상 단순히 사업기회를 포착하기 위해 회사가 자원을 배치하지는 않는다. 다만 그 절차를 통해서 회사는 쇠퇴하는 사업부의 성과를 끌어올리는 등의 목표를 달성할 수 있다. 마찬가지로, 뱅크원은 그들의 피인수 은행을 통합해가는 과정에서, 피인수 은행의 새로운 베스트 프랙티스를 찾아서 이를 뱅크원의 전체 네트워크에 적용한다. 가장 성공적인 기업들은 변환을 보다 광범위하게 변화하기 위한 또 다른 기회로 이용한다.

그러나 최상의 변화에는 공통점이 거의 없다. 필자의 연구 결과에 따르면, 구체적인 변화 과정은 회사마다 가지각색임을 알 수 있었다. 사실, 그 과정은 놀라울 만큼 임의적으로 수행되었다. 변화를 효과적으로 관리한 기업들에서 눈에 띄는 것은 그 기업들 모두가 종업원이 이해하도록 분명한 총괄된 (타임 페이싱) 과정을 갖고 있다는 것이다. 이 점은 필자가 두 개의 선도적인 컴퓨터 회사에서 제품 개발에 관한 연구를 수행할 때 명백하게 나타났다.

개발 프로젝트 간의 변화관리를 위한 과정은 거의 모든 중요한 설계의 측면에서 달랐다. 첫 번째 회사에서는, 한 개발 프로젝트에서 다른 프로젝트로의 변환이 기술 부문 전문가에 의해 주도되었고, 두 번째 회사에서는 마케팅 관리자에 의해 주도되었다. 하나의 변환은 1개월, 다른 변환은 3개월이 소요되었다. 각 회사는 상이한 일련의 단계, 상이한 타이밍, 그리고 누가, 언제 관여해야 할지에 대한 규정이 각기 달랐다. 그러나 두 회사의 변환 과정은 모두 제대로 추진되었는데, 이는 각 경우 모두 규정을 준수했기 때문이다.

타임 페이싱에 의한 리듬 관리

변환이 한 회사의 모멘텀을 유지한다면, 경영자가 설정하는 리듬은 그 모멘텀을 창출한다. 리듬은 종업원들이 사전 계획을 수립하고 그들의 작업을 일정에 맞게 추진하는 데 기여한다. 예컨대, 매출의 30퍼센트가 매년 신제품에서 나와야 한다는 3M의 선언을 통하여 직원들은 그들이 그 목표를 위해 필요한 것과 그것이 언제 필요한지를 계획할 수 있다. 이러한 리듬이 없다면 경영자들은 단순히 수동적이 되고 그저 변화를 별로 반갑지 않은 놀라움으로 간주하기 쉽다. 그러나 대다수의 사람들은 이 리듬에 대해 그다지 주목하지 않는다. 예컨대, 얼마나 많은 기업들이 성공을 위해 그들의 사업에 요구되는 실제 페이스와 관계없이 단지 연간 계획 사이클의 관례에 묶여 있는지를 고려해보자.

타임 페이싱의 중요한 측면은 변화를 위한 적절한 리듬을 설정해주고, 이 리듬을 시장과 조직의 내부 역량 모두에 일치시키는 것이다.(이 장의 마지막에 있는 '타임 페이싱의 기본 요소' 참조)

시장과 보조 맞추기

무엇이 적절한 리듬인가? 타임 페이싱을 효과적으로 수행했던 기업들은 계절성, 공급업체의 제품개발 주기, 고객의 소비 변화 등과 같은 시장에서의 주요 리듬을 잘 연계하였다. 놀랍게도 이러한 외부적 리듬은 종종 분명하게 잘 드러나 보이지만, 경쟁사가 그들의 전략적 기능성을 자주 인식하지 못하는 것을 필자는 흔히 발견할 수 있었다.

필자가 연구했던 써스트코(ThirstCo, 가칭)라는 한 청량음료회사를 살펴보자. 그 회사의 최고 성수기는 여름이다. 써스트코는 신제품 출시의 리듬을 성수기 수요와 일치시키기 위해 이러한 계절성을 최대한 이용하기로 했다. 돌이켜보면, 이는 확실한 전략으로 보인다. 그러나 당시에는 그렇지 않았다. 당시 업계의 관행은 계절에 상관없이 새로운 맛이 개발되는 대로 바로 소개하였기 때문이었다.

써스트코는 그러한 리듬을 실천에 옮기기 위해 신제품으로의 변화를 추진하는 총괄적인 과정을 개발하였다. 매년 봄에 서너 개의 새로운 맛에 대한 시험 마케팅을 착수하였는데, 이 과정은 약 2개월 정도가 소요되었다. 그 후 경영자들은 6월 제품 출시에 맞추어서 한두 개의 가장 전망이 밝은 신제품을 선택했다. 심지어 출시를 할 때도 표준적인 패턴을 정했는데, 각 신제품에 대해 복권 추첨식의 판촉행사를 동시에 진행하였다.

적절한 리듬의 설정과 관련된 사례는 대규모 가정용 제품 제조회사에서도 찾아볼 수 있다. 이 회사의 경영자들은 전통적으로 신제품에 대한 준비가 완료되었을 때만 제품을 출시했다. 그러나 그 회사의 주고객인 월마트나 타겟Target 같은 대형 할인유통업체들은 상품분류(예를 들면, 학교물품과 작은 가정용품)에 따라 상이하지만, 정기적이고 계절적인 진열 계획 사이클을 준수하였다. 제조업체는 제품 출시 사이클을 유통업체들의 진열 계획 사이클과 일치시킴으로써, 보다 넓은 진열공간을 확보할 수 있었고 따라서 보다 많은 매출을 올릴 수 있었다. 왜냐하면 유통업체가 진열 공간을 다시 계획할 때 제조업체는 신제품의 출시와 함께 이에 수반되는 광고비용을 사용할 수 있었기 때문이었다. 모두가 이득을 볼 수 있었다. 유통업체들은 가장 최신이면서도 광고가 잘된 제품을 비치할 수 있었고, 또 소비자들은 최근에 광고되었던 제품을 발견할 수 있었으며, 제조업체는 매출 증가의 기쁨을 누렸다.

보기에는 무질서하고 변동적인 시장에서도, 타임 페이싱을 위한 템포를 설정할 수 있는 자연스러운 리듬이 있다. 한 중견 컴퓨터 회사는 컴퓨터 산업에서 리더가 되기 위한 방안을 모색하였으며, 타임 페이싱에서 그 해답을 찾았다. 개인용 컴퓨터를 이용하는 고객들의 안목이 점차 높아짐에 따라, 고객들은 제품을 구매할 때 『PC월드PC World』와 같은 컴퓨터 잡지에 정기적으로 실리는 제품 평가에 많이 의존하게 되었다. 따라서 그 컴퓨터 회사는 자사의 제품개발 사이클을 제품 평가가 나오는 시기에 일치시키고 평가가 발표되기 전에 신제품의 출시가 이루어지도록 스케줄을 조정하였다.

그 결과, 컴퓨터 잡지의 편집자는 그 회사에서 가장 최근에 개발된 신제품에 대한 기사를 썼고, 이는 경쟁사의 시간이 경과된 제품에 비해 상대적 우위를 차지할 수 있었다. 그 후 그 회사는 자사 제품에 호의적인 평가를 한 컴퓨터 잡지의 기사를 광고에 인용함으로써 신제품의 판매를 끌어올릴 수 있었다.

기업의 리듬 조절에 가장 중요한 원천은 바로 고객이지만, 공급업체와 보안업체의 외부적 리듬 또한 중요하다. 인텔의 타임 페이싱 전략은 자사의 리듬을 실행하고 다른 업체와의 보조를 맞추기 위해 자사의 능력에 의존하고 있다. 만약 인텔이 자사의 칩과 함께 작동하는 보완적인 제품 수준에 비해 너무나 빠른 칩을 출시하거나 충분히 사용될 수 없는 칩을 디자인한다면, 인텔은 실패하게 될 것이다. 따라서 리듬을 맞추기 위해 인텔은 '새로운 사용과 새로운 사용자'를 창출해야만 하며, 이는 바로 시장과 자사의 페이스를 일치시키기 위한 회사의 슬로건이다. 인텔의 경영진은 이제 할리우드 영화계나, 비디오 게임기 회사와 밀접한 관계를 가지는 등 컴퓨터의 힘이 요구되는 거의 모든 곳에 나타난다.

인텔은 또한 소프트웨어 개발업체와 같은 보완업체와 PC 제조업체와 같은 중요한 고객들이 인텔의 페이스에 맞추어 나갈 수 있도록 해야 한다. 이를 위해, 인텔은 소프트웨어 회사의 개발 담당자들이 인텔의 신제품을 미리 사용해볼 수 있도록 허용하고 있다. 또한 인텔의 기술이 시장보다 너무 앞서서 기존에 유지되고 있던 리듬을 위협할 때에는 인텔의 엔지니어들이 해결책을 찾으려고 노력하게 된다.

과거 인텔의 마이크로프로세서 속도가 네트워크에서 데이터에 접근하기 위한 기술을 앞질렀을 때 인텔은 스스로 그 해결책을 제시하였다. 즉, 인터넷에서 자료를 전송받는 데 시간이 너무 오래 걸린다면 어느 누구도 인텔의 빠른 멀티미디어 프로세싱 칩을 원하지 않을 것이기 때문이다. 따라서 회사는 1991년 자사가 개발한 인터페이스 카드를 갖고 네트워크 인터페이스 시장에 진입하였다. 인텔은 기술력을 제고하고 제조의 효율성을 증대시킴으로써 제품을 개선하고, 가격을 약 40퍼센트 절감시켰을 뿐만 아니라, 네트워크에 접속하는 값싸고 빠른 PC에 대한 수요를 창출하면서 궁극적으로는 인텔의 마이크로프로세서에 대한 수요를 창출할 수 있었다.

대부분의 회사들에서 시장과 보조를 맞춘다는 것은 보다 빨리 이동하는 것을 의미한다. 그러나 때때로 적절한 리듬을 발견하는 것은, 컴퓨터 칩 생산업체인 실리코(SiliCo, 가칭)가 지적했듯이 속도를 늦추는 것을 의미하기도 한다. 일부 반도체업체의 성과는 주로 칩을 생산하기 위해 사용되는 값비싼 설비에 의해 결정되며, 특히 칩의 크기가 줄어들 때 그렇다. 장비 공급업체는 2년의 개발 주기로 운영하는 경향이 있는데, 이러한 주기는 실리코의 개발 주기의 2배에 달한다.

주요 설비 공급업체의 페이스와 보조를 맞추기 위해 신제품의 출시 속도를 늦춤으로써, 실리코는 보다 적은 제품을 출시했지만, 이에 맞춰 나온 각각의 새로운 칩들의 성능은 크게 향상될 수 있었다. 왜냐하면 공급업체로부터 받은 최신 장비를 활용하여 보다 효과적으로 설계되었기 때문이다. 자사의 페이스를 늦춤으로써 실리코는 개발비용을 줄이고 제품당 평균수익을 높일 수 있었다.

일반 관리도 리듬을 갖는다

타임 페이싱은 모든 회사의 일반 관리 부문에도 민감하게 사용되어 거의 간과되었던 역할을 수행할 수 있다. 대부분의 경영자들은 연간 계획과 검토 주기를 갖고 작업을 수행하지만, 그것이 올바른 간격을 유지하는지에 대해서는 의문을 제기하지 않는다. 그러나 다각화된 큰 기업들에서, 경영자들은 그들의 계획과 검토 과정을 전통적인 연간 주기에서 특정 시장의 변화율에 맞춘 주기로 바꾸어왔다.

제품개발 기간과 수명주기가 짧은 전자부품업체와 같은 사업에서 고위급 임원들은 6개월의 검토 주기를 갖는다. 한편, 제품수명주기가 1~3년인 가정용 전기제품과 같은 사업에서 임원들은 1년의 검토 주기를 유지한다. 중장비와 같이 보다 긴 주기를 가진 사업에서 전략적 검토는 18개월로 설정되어 있다. 이러한 새로운 검토 기간은 특히 전략적 의미를 가지고 있다. 더욱이 회사는 자사 내 다른 사업 부문의 경영자들을 검토에 참여시켜 전략에 영향을 주도록 함으로써, 특히 사업 간 협력기회에서 이러한 변화를 최대한 활용할 수 있었다.

급변하는 컴퓨터와 네트워크 관련 산업 부문에서는, 실시간(real-time) 정보를 이용해 매우 짧은 주기로 회사를 관리하는 경영자들에 의해 페이스가 설정된다. 예를 들면, 선마이크로시스템즈의 설립 초기에 임원들은 회사의 성과를 일별 기준으로 관리했다. 또한 60억 달러 매출 규모인 네트워킹 분야의 거인 시스코 시스템스도 빠른 시간 기준으로 관리되고 있다. 시스코의 임원들은 주별 기준으로 매출을 관리하는데, 이는 베이 네트워크Bay Networks와 같은 경쟁업체가 대응하기 불가능한 페이스라 할 수 있다.

델컴퓨터의 페이스는 '델로시티Dellocity'라고 별칭이 주어졌다. 이는 속도와 타이밍에 대해 그 회사가 중점을 두는 것을 풍자한 것이다. 그러나 그 결과는 델의 경쟁사 입장에서는 결코 농담으로 받아들일 수준이 아니었다. 최고경영자인 마이클 델Michael Dell은 "컴퓨터 산업의 페이스를 결정한다."하고 언급했다.

델과 시스코 같은 회사들은 경쟁업체가 유지할 수 없는 페이스를 의도적으로 선택하기도 한다. 많은 컴퓨터와 네트워크 관련 회사들은 원거리 통신 사업에 진입하기를 바라고 있는데, 이는 그들의 속도가 통신업계의 기존 회사에 비해 결정적인 경쟁우위를 가져다줄 것으로 믿고 있기 때문이다.

관리 가능한 페이스를 선택하라

회사는 자사의 내부역량이 이동할 수 있는 범주 안에서만 빠르게 타임페이스를 조절할 수 있다. 결국, 타임 페이싱은 단순히 리듬 설정을 필요로 할 뿐만 아니라 그 실행까지를 요구한다. 전망이 좋은 사업기회가 너무 빠른 페이스로 인해 빈번히 좌초되었다. 예를 들면, 한 레스토랑의 직영점이 너무 빨리 미국 전역으로 사업을 확장하면서 매장 관리자를 찾고 훈련시키는 회사능력이 한계를 벗어나는 경우를 말할 수 있다. 타임 페이스를 효과적으로 추진하는 기업들은 자사의 리듬을 내부역량의 실체에 고정적으로 유지하는 데 많은 주의를 기울인다. 만일 그 페이스가 경영진의 높은 기대에 미치지 못할 경우에 회사는 그들의 역량을 키우려 할 것이다.

이것이 어떻게 작동하는지에 대한 아주 간단한 사례로 신용카드 업체가 대학의 졸업예정자들을 어떻게 표적고객으로 삼고 있는지 살펴보자. 그 회사의 경영자들은 학생들에게 직접 우편 광고를 보낼 최적의 시기가 구직신청과 졸업 사이의 아주 짧은 기간이라는 사실을 깨달았다. 만일 학생들이 구직신청 중이라면, 학생들은 신용카드 신청을 통해 자신이 앞으로 어떤 경제 능력을 가질 수 있는지에 대해 즉시 평가받을 수 있다. 그리고 졸업 때까지, 캠퍼스 주소로 쉽게 연락할 수도 있다.

신용카드 업체는 자사의 직접 우편 캠페인과 매우 짧은 시간 프레임 내에서 관련되는 카드신청 절차를 실시하기로 결정했는데, 이로 인해 발생하는 업무흐름의 피크(peak work flow)에 대처하기 위해서는 스태프들의 변화가 요구되었다.

보다 도전적인 상황을 맞이하고 있었지만, 리듬을 회사의 역량에 일치시키는 원리는 에머슨 전자에서도 동일하였다. 그 회사는 매출 증대를 위한 장기 목표를 달성하기 위해 수익의 35퍼센트를 신제품 매출을 통해 벌어들인다는 목표를 설정했다. 이러한 목표는 초기에는 달성 불가능했는데, 이유는 에머슨 전자의 제품개발 역량이 부족했기 때문이었다. 이에 에머슨 전자는 독자적으로 설정한 리듬에 맞추어 목표 달성을 위한 다각적인 접근 계획을 단계적으로 추진했다.

먼저 제품개발 과정을 일원화하고, 개발 주기를 약 20퍼센트 단축하는 것으로 시작했다. 동시에 고객이 무엇을 원하는가에 대한 이해를 증진시키기 위해 마케팅 스태프를 강화했다. 에머슨 전자는 엔지니어링 투입에는 더 이상 의존할 수 없었다. 세 번째 조치는 실행 중인 제품개발 포트폴리오의 크기를 줄이는 것이었다. 경영자들은 '고속도로에 자동차가 너무 많은' 것처럼 개발 중인 제품이 너무 많고, 우선순위가 분명하지 않다고 생각했다. 회사의 내부 역량을 키우는 데 몇 년이 걸렸지만, 그러한 과정을 통해서 에머슨 전자는 신제품에서 창출되는 매출액의 비율을 1991년의 21퍼센트에서 이후에는 30퍼센트 이상으로 개선할 수 있었고, 40년 동안의 기록을 통틀어서 최고의 주당 순이익 증가치를 기록하였다.

경쟁 페이스를 조절하는 타임 페이싱

필자가 타임 페이싱에 관해 기술한 것의 대부분은 그것을 실천하는 기업과 실천하지 않는 기업을 비교 관찰한 결과이다. 급변하는 시장을 연구한 결과 필자는 타임 페이싱을 통해 경영자들이 좀처럼 변화하지 않으려는 리스크를 피하도록 하는 데 도움이 되는 사례를 보았다. 이는 경영자들이 변화에 대한 규칙적인 페이스를 설정함으로써, 오래된 패턴과 관행에 얽매이는 것을 방지할 수 있기 때문이었다.

반대로 필자가 관찰했던 또 하나의 공통적인 현상인 '너무나 자주 변하는 것'을 조명해주는 재미있는 학문적 연구가 있다. 예컨대, 미시간대학의 안젤리 새스트리Anjali Sastry 교수에 의해 실시된 컴퓨터 시뮬레이션은 환경이 급변하기 시작할 때 이벤트 주도적인 관리자event-driven players

에게 이러한 일이 발생한다는 것을 보여주고 있다.

새스트리의 시뮬레이션은 피드백 루프feedback loops와 지연delays으로 프로그램 되어 있다. 즉, 사건이 발생하면 조직은 행동에 의해 반응하고, 그 후 다시 시장에서 피드백을 얻고, 다시 반응하는 것을 계속한다. 시뮬레이션을 통해 비교적 느린 시장을 모의 실험했을 때, 이벤트 페이싱은 잘 작동되었다. 그것은 이벤트 페이싱이 관리자들에게 환경에 적합한 역량을 구축할 시간을 주었기 때문이다.[3]

그러나 변화율을 가속화시키면, 이벤트 페이싱은 활동성을 상실하였다. 시뮬레이션 상에서 일어난 것은 조직이 모든 시간에 변화를 시작하는 것이다. 너무 빨리 반응하기 때문에 무슨 일이든지 제대로 하는 것을 배울 틈이 없는 것이다.

이 연구와 필자의 현장 연구에 따르면, 타임 페이싱은 조직이 지나칠 정도로 자주 극단적으로 변화되는 것을 막는 데 기여한다. 치열한 경쟁으로 급변하는 시장에서 얼마나 자주 변화해야 하는지에 대한 딜레마는 매우 심각한데, 그 이유는 도대체 언제 변화해야 할지에 대한 신호가 분명치 않기 때문이다.

예를 들어, 한 달 동안 판매량이 감소한다면 이는 소비자의 관심이 줄었음을 의미하는가? 아니면 일시적인 소강 상태로 해석해야 하는가? 또한 시장에 초기 진입을 실패한다면 이는 향후 또 다른 시도가 실패할 것을 의미하는가? 만일 경영자들이 이 모든 신호에 따라 변한다면, 그들은 과업을 성취하지도 못하면서 고객과 종업원에게 혼란스러운 메시지만 전달하게 된다. 그러나 반대로 만약 경영자들이 변하지 않는다면, 그들은 너무나 오래 기다리는 위험을 감수하게 되거나 너무 멀리 뒤처지게 되어 따라잡을 수가 없게 된다. 적절한 타임 페이싱은 이러한 딜레마를 해결하는 데 도움이 된다.

안드로메다의 경우를 다시 한 번 고려해보자. 그 회사는 새로운 사업 기회로 변환하기 위한 과정을 간소화한 글로벌 컴퓨팅 회사이다. 안드로메다가 새로운 사업에 자금 투입을 결정할 때 이 회사는 경영자가 2년 후 평가 시점이 될 때까지 그 사업에 매달릴 것을 요구한다. 2년의 시험기간은 단축되지 않는다.

GE의 CEO인 잭 웰치는 조직상의 변화를 둘러싼 GE 내부의 이와 유사한 규율을 비유하여 '데우는 냄비 안의 팝콘 낱알처럼 단지 그 자리에 앉아 있는 것'이라고 묘사했다. '갑자기 낱알들이 튀기 시작하게' 되기까지 걸리는 시간은 아주 짧다. 따라서 타임 페이싱은 대부분의 새로운 사업에서 반드시 일어나는 일종의 '잡음(noise)'에 대해 경영자들이 지나치게 민감한 반응을 보이지 않도록 충분한 시간 여유를 갖게 해준다. 그것은 변화의 길을 따라 놓여 있는 장애물을 극복하는 데 필요한 인내의 균형을 잡아주는데, 이는 특히 행동방침이 균형을 잡지 못할 때 요구되는 것이다. 그리고 급변하는 시장에서 이러한 균형 유지는 매우 매력적인 것이다.

시장에서 불가피하게 일어나는 놀라움에 대처해야 하는 모든 사업에서 이벤트 페이싱의 역할은 항상 존재한다. 이런 차원에서 타임 페이싱이 모든 사업에 대한 해답이라고는 할 수 없다. 그러나 적어도 대부분의 회사들(특히 급변하는 시장에 있는 기업들)은 그들의 전략적 방안의 하나로서 타임 페이싱을 무시할 수는 없을 것이다. 타임 페이싱을 활용함으로써 경쟁에서 뒤처지는 것을 피할 수 있고, 리듬과 변환을 이용함으로써 기반을 획득할 수 있으며, 경쟁의 페이스까지도 설정할 수 있다.(이 장의 마지막에 있는 '페이스 유지, 기반 획득 및 페이스 설정' 참조)

:: 신제품 개발을 위한 해결책

신제품 개발은 급변하는 신규 시장에서 경쟁을 위한 가장 중요한 과정 중 하나이다. 컴퓨터 산업에 대한 필자의 연구를 통해 타임 페이싱은 신제품의 적시성과 효과성에 직접적인 영향을 미친다는 사실을 알 수 있었다. 타임 페이싱에 따라 신제품 개발을 관리하는 기업에서는 각 프로젝트 간의 변환이 유동적이면서도 효율적으로 이루어졌으며, 제품들은 대체로 정해진 일정에 따라 출시되었다. 그러나 각 프로젝트가 자체적인 일정에 따라 수행되도록 방임한 회사에서는 개발 과정이 종종 궤도를 이탈하면서 프로젝트가 지연되는 비효율적인 사례가 빈번하였다.

컴퓨트코(ComputeCo, 가칭)라는 한 대형 컴퓨터 회사는 타임 페이싱에 따라 관리하지 않고 개발을 운영함으로써 많은 실책을 범했다. 컴퓨트코에서는 제품개발 프로젝트가 예측 불가능한 간격으로 시작되고 종결되었다. 스케줄은 프로젝트마다 천차만별이었고, 새로운 제품사양이 부가되도록 규격 명세서가 바뀌면 스케줄은 종종 수정되어야만 했다. 결국, 대부분의 프로젝트가 계획보다 오래 걸렸다.

개발자들은 자신들이 진행하던 프로젝트가 끝나갈 무렵이면 새로운 프로젝트 과제를 맡기 위해서 부단히 경쟁하였다. 이 회사의 개발자들은 이 같은 프로젝트 간의 비효율적인 변환을 일컬어 '주차장에서의 쇼핑'이라고 비꼬기도 하였다. 한 개발자가 말한 대로, 그러한 변환기는 '프로젝트를 진행해야 하는 사람을 밖에 내놓고, 무슨 일이 일어나는지 보고, 정렬이 될 때까지 기다리는 기간'이었다.

새로운 프로젝트의 시작은 현재 진행되는 프로젝트의 종료와 마찬가지로 사전 계획 없이 예측 불가능하게 이루어졌다. 또한 그 직무에 최선의 적임자인지에 대한 고려 없이 단지 일이 없는 사람에게 프로젝트가 배정되었다. 그 결과 개발자의 전문성과 프로젝트의 기술적 요구는 거의 연계되지 못하였다.

이렇듯 일관성 없는 프로젝트의 시작과 종료는 또한 프로젝트의 지연을 초래하였다. 왜냐하면 새로운 프로젝트를 시작할 정도로 가용 인력이 충분치 못했기 때문이었다. 이 회사의 한 관리자는 "나는 현재의 프로젝트를 수행할 인력을 어디서 찾아야 할지 모르겠다. 따라서 나의 과제는 프로젝트 자체보다는 인력을 어떻게 찾아야 할지를 우선 모색하는 것이다."라고 불평했다. 그의 프로젝트는 결국 암초에 걸려 지연될 수밖에 없었다. 필자는 컴퓨트코에서 프로젝트가 단지 작업자들이 일할 수 있도록 하기 위해 만들어지는 예를 목격했다.

그러한 프로젝트를 설명할 때, 좌절감을 느낀 한 중간 관리자는 "우리들에게 이 프로젝트는 전략적으로 적합하지 않다. 대신에 나는 우리의 자원을 사업을 위한 다른 목적에 투입하겠다."고 말했다. 보다 아이러니한 사실은 사전예고 없이 중요한 프로젝트가 제기되었을 때, 충분한 자원이 적시에 투입되지 못하곤 했다는 것이다. 그 이유는 자원을 놀리지 않기 위해 만들어진 불필요한 프로젝트에 자원이 매여 있었기 때문이다.

:: 타임 페이싱의 기본 요소

다음의 3가지 질문은 관리자들이 그들의 조직에 타임 페이싱의 근본을 정착시키는 데 도움이 될 것이다. 질문은 ① 시간기준 성과측정지표의 개발, ② 총괄되어야 할 중요한 변환의 파악, 그리고 ③ 외부 환경을 고려한 리듬의 발견 등에 초점을 두고 있다.

1. 시간기준 성과 측정지표

대부분의 기업들은 비용, 이익 또는 혁신에 주안점을 둔 성과 측정지표를 사용한다. 그런데 회사의 성과 측정지표가 경과 시간이나 속도와 같이 시간에 기준한 측정치도 포함하고 있어야 하는데, 이는 기업에 꼭 필요하다. 예를 들면, 제품 개발에서 분기당 출시되는 제품 수, 제품 콘셉트에서 상업적 출시까지 소요되는 평균 시간, 프로젝트 간 평균 작업중단 시간 등과 같은 측정치 등이 고려될 수 있다.

기업 인수 후 통합에서 새로운 조직구조가 완성되기까지 걸리는 시간, 인수 후 매출성장률이 플러스로 반전하기까지 걸리는 시간, 매년 인수된 기업의 수 등을 고려할 수 있다. 모든 중요한 변환 과정은 최소한 시간기준의 측정지표로 기록되어야 한다.

2. 변환

자사의 사업에서 중요한 변환을 검토해보자. 한 제품 개발 프로젝트에서 다음 프로젝트로 이동하는 것, 계절에 따른 상품의 변동, 신규 시장의 진입, 기업 인수, 대량 생산으로의 변화, 새로운 전략적 제휴의 시작 등이 가장 중요한 변환에 속한다. 각각의 중요한 변화를 관리하기 위해 공식적인 절차가 이루어지는가? 이러한 변화들을 회사 내에서 단순화하거나 또는 단축하는가? 단순히 A점에서 B점으로 이동하는 것 이상으로 변화를 통해 더욱 많은 것을 얻을 수 있는가?

3. 리듬
자사의 리듬들을 모두 기록하고, 어느 것이 실제로 자사의 사업과 가장 조화를 이루는지와 어느 것이 단순히 습관인지를 자문해보자. 또한 어느 것이 리듬이 없는 중요한 영역인지를 생각해보자. 구매자, 보완업체, 공급업체 및 경쟁사 등 중요한 외부 관계자에 대해 그들 각자의 사업을 추진하는 주요한 리듬을 나열해보자. 이러한 리듬 중 어느 것과 조화를 이루는 것이 새로운 기회를 창출하겠는가? 여러분의 조직이 이러한 기회들을 이용하기 위해서는 무엇이 필요한가?

:: 페이스 유지를 위한 모듈성의 역할

예컨대, 스케줄을 준수할 것인지, 또는 제품의 규격명세서를 충족시킬 것인지에 대한 결정이 필요할 때, 타임 페이싱을 실행하는 기업들은 대체로 스케줄의 고수를 선택하게 된다. 그러나 기업들이 이러한 선택을 할 수 있도록 만들어주는 필수적인 방법이 모듈성(modularity, 부품의 규격화)이다.

역사상 가장 성공적인 소비재 중의 하나로 손꼽히는 소니의 워크맨을 살펴보자. 워크맨 디자인의 모듈성은 소니가 안정된 일련의 제품을 제때에 출시함으로써 그 제품군에서 페이스를 설정할 수 있도록 하였다. 소니는 각기 다른 소비자 그룹이 자사의 제품을 어떤 목적으로 사용하는지를 충분히 고려해 워크맨에 대한 6가지 기본 플랫폼을 설계했다. 즉, 재생, 재생과 녹음, 재생과 튜너tuner, 전문가용 재생, 전문가용 재생과 녹음, 스포츠용 등 6가지로 나누었다. 그런 후 색상, 스타일링, 건전지와 같은 부품 등의 표준적인 디자인 요소를 이용해, 기본 플랫폼에 대해 다양한 제품 특징과 기술 혁신을 비교적 쉽게 추가했다.

이렇게 하여 소니는 실제 제품 디자인과 과정 자체 모두를 모듈화했다. 결국, 특정한 세분된 시장에서 경쟁적 역동성에 의해 창출되는 시간 제약에 따라, 소니는 보다 **빠르지만** 부분적인 재설계를 하거나 약간 느리지만 전체의 재설계를 하는 방식 중에서 한 가지를 선택할 수 있었다.[4]

모듈성은 또한 마이크로소프트 신제품 개발 과정상 중요한 특징이다. 비록 마이크로소프트는 윈도와 같은 운영 시스템의 출시 지연으로 악명이 높긴 하지만, 응용 프로그램의 경우는 사정이 전혀 다르다. 응용 프로그램의 개발자들은 제품 사양을 모듈로 디자인한 후 우선순위를 매긴다. 이러한 모듈성 때문에, 마이크로소프트는 순위별로 가장 중요한 사양들만을 포함시켜 제품의 출시 최종시한(release deadlines)에 맞출 수 있었고, 우선순위가 낮은 사양들은 다음 타임 페이스 구간(next time-paced interval)으로 미룰 수 있었다.

그러나 모듈성이 기술 집약적인 회사에서만 가능한 방법은 아니다. 일본에서 100년의 역사를 가진 시세이도Shiseido는 현재 세계에서 네 번째로 큰 화장품 회사이다. 일본의 소비자들은 신제품을 대할 때 특히 까다롭게 많은 것을 요구한다. 예를 들면, 매달 개선된 제품이 제공되기를 기대한다. 시세이도의 회장인 아키라 젬마Akira Gemma는 "우리는 고객을 경쟁자로 간주한다. 우리가 제품을 미리 변화시키는 것은 다른 브랜드들이 그렇게 하기 때문이 아니라 고객의 욕구가 변하기 때문이다"라고 말했다. 시세이도의 경영자들은 제품 개발을 포장과 분리시킴으로써 샴푸, 컨디셔너, 향수와 같은 제품을 모듈화하고 있다. 즉, 병 모양, 크기, 색깔을 바꾸는 방식으로 포장을 혁신함으로써 변화하는 고객의 욕구를 충족시킬 수 있었다. 그들은 일반적으로 제품 자체를 변화시키는 것보다 포장을 자주 바꾸었다.

:: 페이스 유지, 기반 획득 및 페이스 설정

타임 페이싱은 이를 활용하는 회사들에 전략적 옵션을 제공해준다. 그 회사들은 한 산업에서 경쟁적 기반을 얻거나 또는 페이스를 설정하기 위해 타임 페이싱을 사용할 수 있다.

- **페이스 유지**

    1990년대 중반 대형 컴퓨터 회사인 컴팩Compaq은 자사의 핵심시장 중 일부에서 변화의 페이스를 유지하는 데 실패했다. 예컨대, 랩탑laptops 시장에서 컴팩은 외국산 부품의 공급 지연 때문에 신제품 출시의 리듬을 상실했다. 이에 반해 경쟁사인 도시바는 글로벌 시장 점유율 면에서 첫째가 되기 위해 전속력으로 노력을 경주했다. 더욱이 데스크 탑 시장에서 인텔이 486 마이크로프로세서에서 펜티엄 프로세서로 전환하는 데 있어 컴팩은 보조를 제대로 맞추지 못했다. 컴팩은 또다시 PC 시장의 경쟁업체인 델과 게이트웨이Gateway에 기반을 잃게 되었다.

    그 이후 컴팩은 제 페이스를 다시 회복하게 되었고, 현재는 마이크로프로세서 기술에서 인텔의 신제품 개발에 상응하여 보조를 맞추고 있다. 또다시 페이스를 잃는 위험을 최소화하기 위해, 컴팩은 불규칙하게 공급될 우려가 있는 외부 부품들은 가능한 한 회피하고 있다.

- **기반 획득**

    기업들은 단순히 페이스를 유지하는 차원을 넘어서 리듬과 변환을 확실히 이용하여 경쟁적 기반을 획득하는 데 타임 페이싱을 사용할 수 있다. 방위산업체인 TRW의 사례를 살펴보자. 1990년대 초 우주 및 방위 사업 부문에 대하여, TRW는 다음 해의 모든 프로젝트에 관련된 예산을 편성하기 위해 1월에서 다음해 1월까지의 연간 사업계획 사이클을 이용했다. 그러나 TRW의 주요 고객인 미국 정부는 10월에서 다음해 10월까지의 회계연도에 근거했기 때문에, 정부가 입찰에 올리는 모든 용역에 대해 TRW가 정확한 상황을 파악할 수 있었던 시점은 단지 가을뿐이었다. TRW는 1월에 예비예산(reserve budget)을 별도 편성함으로써 이러한 불확실성을 해결하였다. 그런 후 10월에, TRW는 이 예비예산을 1월에 예상치 않았던 계약에 입찰하기 위해 사용했다.

    미국 정부의 회계연도와 일치할 수 있도록 사이클을 단순히 바꿈으로써 TRW는 보다 많은 계약에 입찰하여 정부와 계약을 자주 체결할 수 있음을 알게 되었다. 이로 인해 TRW는 실현될 가능성이 불확실한 기회에 대해 예비자금을 보유하는 방법 대신에, 그들의 전체 예산을 보다 전략적인 방법으로 배정하면서, 획득 가능성이 가장 높은 계약에 사운을 걸 수도 있었다. 따라서 TRW는 경쟁적 기반을 얻기 위해 타임 페이싱을 사용할 수 있었다.

- **페이스 설정**

소니는 1979년 워크맨을 출시한 이후, 기술 혁신과 시장 세분화의 두 부문에서 페이스를 설정하기 위해 타임 페이싱을 사용해왔다. 테이프 드라이브 구조, 건전지, 헤드폰과 같은 제품 부문에서 소니의 가장 핵심적인 혁신인 기술은 매년 1개씩의 페이스로 나왔다. 이와 동시에, 소니는 출시 일자를 정확히 맞추려는 노력의 일환으로 매년 20개의 새로운 모델 출시로 설정된 페이스로 시장을 주도해 나갔다.(236쪽 '페이스 유지를 위한 모듈성의 역할' 참조).

또한 소니는 특정 시장의 상황에 맞추어 자사의 페이스를 조정하였다. 가장 치열한 경쟁에 직면해 있던 일본 국내 시장에서 소니는 신제품 출시의 급격한 페이스를 유지했다. 아동 및 스포츠형 모델과 같이 소니가 주도하고 있는 특정 제품 영역에서는 보다 느린 변화 페이스를 사용했다. 소니는 페이스를 시장경쟁의 강도에 따라 조정함으로써, 모델 변화의 평균속도가 경쟁사보다 느렸음에도 불구하고 모델의 다양성을 통해 시장을 지배하였다. 소니는 그들의 경쟁사보다 평균적으로 길게 시장에서 모델을 유지했다.

업계에서 페이스를 설정할 수 있었던 소니의 능력은 소니가 중요한 변환을 지배할 수 있었던 사실에 부분적으로 기인하였다. 예컨대, 소니는 유럽·일본·미국에서 동시에 워크맨 2와 같은 신제품을 출시할 수 있었다. 이러한 방법으로 한 지역 시장에서 경쟁사가 소니 제품을 모방하는 것을 막고 다른 시장에서 모방제품으로 소니를 공격하는 것을 막을 수 있었다.

| 출처 |

1장 Hugh Courtney, Jane Kirkland and Patrick Viguerie, "Strategy Under Uncertainty", Harvard Business Review, November-December 1997.

2장 Gary Hamel and C. K. Prahalad, "Competing for the Future", Harvard Business Review, July-August 1994.

3장 Arie P. de Geus, "Planning as Learning", Harvard Business Review, March-April 1988.

4장 Adam M. Brandenburger and Barry J. Nalebuff, "The Right Game: Use Game Theory to Shape Strategy", Harvard Business Review, July-August 1995.

5장 Rita Gunther McGrath and Ian C. Macmillan, "Discovery-Driven Planning", Harvard Business Review, July-August 1995.

6장 Hillel J. Einhorn and Robin M. Hogarth, "Decision Making: Going Forward in Reserve", Harvard Business Review, January-February 1987.

7장 Joseph L. Bower and Clayton M. Christensen, "Disruptive Technologies: Catching the Wave", Harvard Business Review, January-February 1995.

8장 Kathleen M. Eisenhardt and Shona L. Brown, "Time Pacing: Competing in Markets that Won't Stand Still", Harvard Business Review, March-April 1998.

| 주석 |

1장
* 이 글은 매킨지앤컴퍼니의 장기적 '전략이론 연구(STI)'에서 지원한 도시연구에 기초한 것이다

2장
* 이 글은 1994년 9월 하버드 경영대학원 출판부에서 출간한 'Competing for the Future'를 각색한 것이다.
1) Donald Hambrick, 『Reinventing the CEO : 21st Century Report』(New York : Kom Ferry International and the Columbia University Graduate School of Business, 1989)

4장
1) 예시와 추론(looking forward and reason backward)에 대한 자세한 설명은 애비내시 딕시트 Avinash Dixit와 배리 네일버프Barry Nalebuff의 저서 『Thinking Strategically : The Competitive Edge in Business, Politics, and Everyday Life』(W.W. Norton, 1991)를 참조하라.

2) 본 내용은 애덤 브랜드버거Adam Brandenberger와 하본 스튜어트Harborne Stuart의 공저인 「Value-based Business Strategy」(Journal of Economics & Management Strategy에 게재) 참조하라.
3) 이 합성어의 기원은 노벨Novell의 최고경영자인 레이 누에다Ray Noorda로서, 그는 저서 「You have to cooperate and compete at the same time」(Electronic Business Buyer, 1993년 12월호)에서 정보기술 사업에서의 상호관계를 표현하기 위해 사용하였다.
4) 맥코우는 벨사우스와 공동으로 LA의 RCC사에 총 2천650만 달러를 투자했다. 그러나 벨사우스의 지분율은 85퍼센트인 반면 맥코우는 4퍼센트(자산가치 400만 달러)에 불과하여 결과적으로 2천200만 달러를 벨사우스에 지불한 셈이 되었다. 미국의 증권법은 독점금지법에 우선하므로 어느 참가자가 다른 참가자를 게임에서 포기하도록 하는 조건으로 돈을 지불하는 것은 합법적이다.
5) 이 전략을 제안한 코지는 TWA의 다운사이징 경영과 함께 사임함으로써 전략의 성과에 대한 혜택을 보지는 못했다. 그러나 TWA는 1994년 가을부터 전격적으로 일등석 전략을 수행했다.
6) 이와는 별도로 닌텐도는 소매업자들에게 게임기의 최저 가격을 유지하도록 한 요구를 철회하기로 연방공정거래위원회(Federal Trade Commission)와 합의하였다. 더욱이 닌텐도는 기존 고객에게 향후 닌텐도 게임 소프트웨어의 구입시 사용할 수 있는 5달러짜리 쿠폰을 발행하였다. 이 사건에 대해 미국의 「배런(Barron's)」지는 1991년 12월 3일자에 "반독점 관련 담당자들이 사건의 배심보다는 '수퍼마리오 형제 3' 게임을 효과적으로 판매할 수 있는 데 더욱 매달렸던 것 같다"고 비판했다.

6장

1) J. L. Showers and L. M. Charkin, "Reducing Uncollectible Revenue From Residential Telephone Customers", Interfaces, December 1981, p. 21.
2) J. Scott Armstrong, 「Long-Range Forecasting」(New York: Wiley, 1978).
3) Robyn M. Dawes and Bernard Corrigan, "Linear Models in Decision Making", Psychological Bulletin, February 1974, p. 95.

7장

1) Robert A. Burgleman, "Fading Memories : A Process Theory of Strategic Business Exit in Dynamic Environment", Administrative Science Quarterly 39(1994), pp. 24~56.

8장

1) 타임 페이싱 대 이벤트 페이싱과 관련된 연구를 보기 위해서는 Connie J. G. Gersick, "Pacing Strategic Change : The Case of a New Venture", Academy of Management Journal, vol. 37, pp. 9~45 참조하라.
2) Gabriel Szulanski, "Appropriability and the Challenge of Scope : Banc One Routinizes Replication", working paper(Wharton School, University of Pennsylvania, 1997) 참조하라.
3) M. Anjali Satry, "Problems and Paradoxies in a Model of Punctuated and Organizational Change", Administrative Science Quarterly, vol. 42, no. 2, June 1997, pp. 237~275. 참조하라.

4) Susan Sanderson and Mustafa Uzumeri, "Managing Product Families : The Case of the Sony Walkman", Research Policy, vol. 24, 1995. 참조하라.

옮긴이 **현대경제연구원**

1986년에 현대그룹의 싱크탱크로 출범한 경영·경제 연구 및 교육 사업을 전개하는 국내 굴지의 연구 기관이다. 경제 및 산업 분석과 정책 연구, 기업과 공공기관을 대상으로 한 경영·컨설팅, 그리고 인재 육성을 위한 교육·훈련 서비스를 통해 경영의 선진화를 유도하며 사회의 발전 방향을 제시하고 있다. 「한국경제주평」을 비롯, 「VIP 리포트」, 「통일경제」 등 다양한 정기간행물을 발간하고 있으며, 2007년부터는 경제, 경영, 라이프스타일 등에 관한 다양한 주제들을 PC는 물론 모바일 기기들을 통해 5분 동영상으로 서비스하는 지식포털을 운영하고 있다. 펴낸 책으로 『한국경제의 새로운 미래 BRICs』 『제조업의 디지털 경영전략』 『치미아 이코노믹스』 등이 있다.

KI신서 1814
하버드비즈니스클래식
불확실성 경영

1판 1쇄 인쇄 2009년 5월 4일
1판 1쇄 발행 2009년 5월 18일

지은이 클레이튼 크리스텐슨 외 **옮긴이** 현대경제연구원 **펴낸이** 김영곤 **펴낸곳** (주)북이십일 21세기북스
기획·편집 엄영희 **디자인** 네오북 **전략영업본부장** 이양종 **마케팅·영업** 최창규, 이경희, 이종률, 서재필
출판등록 2000년 5월 6일 제10-1965호
주소 (우413-756) 경기도 파주시 교하읍 문발리 파주출판단지 518-3
대표전화 031-955-2100 **팩스** 031-955-2151 **이메일** book21@book21.co.kr
홈페이지 www.book21.co.kr **커뮤니티** cafe.naver.com/21cbook

값은 뒤표지에 있습니다.
ISBN 978-89-509-1873-6 13320

이 책은 1999년에 발간된 『불확실성 경영』의 개정판입니다.

이 책 내용의 일부 또는 전부를 재사용하려면 반드시 (주)북이십일의 동의를 얻어야 합니다.
잘못 만들어진 책은 구입하신 서점에서 교환해 드립니다.